预算绩效管理教学与研究系列丛书
丛书主编：马海涛

政府与社会资本合作（PPP）项目绩效管理：理论与实践

马海涛 温来成 曹堂哲 秦士坤 ◎ 主编

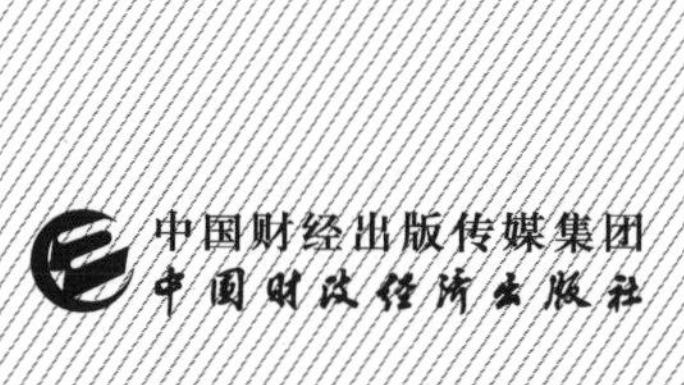

图书在版编目（CIP）数据

政府与社会资本合作（PPP）项目绩效管理：理论与实践 / 马海涛等主编. --北京：中国财政经济出版社，2021.5（2022.7重印）

（预算绩效管理教学与研究系列丛书）

ISBN 978-7-5223-0463-2

Ⅰ. ①政…　Ⅱ. ①马…　Ⅲ. ①政府投资—合作—社会资本—应用—财政预算—经济绩效—财政管理—研究—中国　Ⅳ. ①F832.48 ②F124.7 ③F812.3

中国版本图书馆CIP数据核字（2021）第053971号

责任编辑：胡　博　张晓丽　　　　责任印制：刘春年

封面设计：陈宇琰　　　　　　　　责任校对：张　凡

政府与社会资本合作（PPP）项目绩效管理：理论与实践

ZHENGFU YU SHEHUI ZIBEN HEZUO（PPP）XIANGMU JIXIAO GUANLI：LILUN YU SHIJIAN

中国财政经济出版社 出版

URL：http：//www. cfeph. cn

E-mail：cfeph@ cfeph. cn

社址：北京市海淀区阜成路甲28号　邮政编码：100142

营销中心电话：010-88191522

天猫网店：中国财政经济出版社旗舰店

网址：https：//zgczjjcbs. tmall. com

北京财经印刷厂印刷　各地新华书店经销

成品尺寸：185mm×260mm　16开　17印张　322 000字

2021年5月第1版　2022年7月北京第2次印刷

定价：59.00元

ISBN 978-7-5223-0463-2

（图书出现印装问题，本社负责调换，电话：010-88190548）

本社图书质量投诉电话：010-88190744

打击盗版举报热线：010-88191661　QQ：2242791300

丛书总序

全面实施预算绩效管理是建立现代财政制度的重要组成部分，是政府治理和预算管理的深刻变革。党中央、全国人大、国务院高度重视预算绩效管理工作，多次强调要深化预算制度改革，加强预算绩效管理，提高财政资金使用效益和政府工作效率。党的十六届三中全会提出“建立预算绩效评价体系”，十七届二中、五中全会分别提出“推行政府绩效管理和行政问责制度”“完善政府绩效评估制度”。国务院还专门批准建立了由监察部牵头的政府绩效管理工作部际联席会议制度，推进包括预算绩效管理的政府绩效管理试点。《预算绩效管理工作规划（2012—2015年）》大力推进了预算绩效管理工作。2015年开始实施的新《预算法》六次提及“绩效”，奠定了预算绩效管理的法律基础。党的十八届三中全会提出“财政是国家治理的基础和重要支柱”，确立了包括预算绩效管理在内的财政活动的重要地位。

进入新时代，习近平总书记在党的十九大报告中强调，要加快建立现代财政制度，“建立全面规范透明、标准科学、约束有力的预算制度，全面实施绩效管理”。李克强总理提出，要将绩效管理覆盖所有财政资金，贯穿预算编制、执行全过程，做到花钱必问效、无效必问责。2018年9月《中共中央 国务院关于全面实施预算绩效管理的意见》印发，要求力争用3—5年时间基本建成全方位、全过程、全覆盖的预算绩效管理体系，实现预算与绩效管理一体化，这是党中央国务院对全面实施预算绩效管理作出的顶层设计和重大部署，为预算绩效管理指明了方向、规划了路线、明确了措施。预算是政府活动和宏观政策的集中反映，也是规范政府行为的有效手段。预算绩效是衡量政府绩效的主要指标之一，本质上反映的是各级政府、各部门的工作绩效。全面实施预算绩效管理是推进国家治理体系和治理能力现代化的内在要求，是增强政府公信力和执行力、提高人民群众满意度的有效途径，是建设高效、责任、透明政府的重大措施。

《意见》印发以来，全国上下积极响应、扎实推动，各地区、各部门、各单位掀起了贯彻落实全面实施预算绩效管理的高潮，对预算绩效管理的理论、知识、技能的需求也与日俱增，亟须提质拓围，拓展国际视野，以“顶天立地”的思维高质量发展。作为我国经济学、管理学学科领域的重要科研创新基地，中央财经大学在应用经济学领域处于全国领先，形成了以经济学、管理学和法学学科为主体，文学、理学、工学、教育学、艺术学等多学科协调发展的学科体系，在协同创新中推动预算绩效管理理论研究和实践创新是新时代赋予我们的光荣使命。中央财经大学历来重视预算绩效管理的教学和研究，积累了一批研究成果和教学案例，形成了一支教学研究队伍，设立了预算绩效管理博士和博士后研究方向，形成了全校多学科协同创新的发展势态。

在新时代全面实施预算绩效管理背景下，我们依托中央财经大学中国财政发展协同创新中心等单位力量，编撰了“预算绩效管理教学与研究系列丛书”。丛书主要包括典型国家预算绩效管理制度、预算绩效管理理论研究、预算绩效管理实践发展报告、分行业分领域预算绩效管理研究等方面的选题，力图反映国内外预算绩效的最新理论和实践，为预算绩效管理学科建设、人才培养奠定坚实的基础，打造预算绩效管理的教学和研究高地。

本丛书的根本目的是为我国建立“全方位、全过程、全覆盖”的预算绩效管理体系提供一张思维网、施工图和操作法，聚焦国家重大需求提出的理论热点问题，推动我校“双一流”学科建设，提高学科建设水平和人才培养质量，推动学校财政理论协同创新。

丛书编写过程中我们虽然已经付出了巨大的努力，由于受各种客观因素影响和作者水平限制，书中难免有疏漏和不足，恳请同行和读者批评指正。

马海涛

2019年1月1日于中央财经大学

前　言

政府与社会资本合作（Public-Private Partnership，以下简称“PPP”）是2014年以来我国大力推广的公共服务供给机制，是政府与社会资本在基础设施及公共服务领域建立的一种长期合作关系，在稳投资、保民生等方面发挥了积极作用。根据财政部政府和社会资本合作中心发布的数据显示，2014年至2020年11月末，我国累计入库PPP项目9954个、投资额15.3万亿元；累计签约落地项目6920个、投资额11.0万亿元，落地率69.5%；累计开工建设项目4188个、投资额6.4万亿元，开工率60.5%。由此可见，PPP已成为当前我国重要的投融资模式。近年来，大量的PPP项目开始进入建设、运营维护阶段，能否激励各参与主体发挥各自优势、提升运营效率关系到公共服务供给的质量与财政资金的使用效益。在这一背景下，PPP绩效管理作为约束参与方行为的激励机制受到了较多的关注。

作为一般公共预算绩效管理体系的重要方面，PPP绩效管理的制度建设是在“全面实施预算绩效管理”的背景下得到不断推进的。党中央、全国人大、国务院高度重视预算绩效管理工作，多次强调要深化预算制度改革，加强预算绩效管理，提高财政资金使用效益和政府工作效率。党的十六届三中全会提出“建立预算绩效评价体系”，党的十七届二中、五中全会分别提出“推行政府绩效管理和行政问责制度”“完善政府绩效评估制度”。国务院还专门批准建立了由监察部牵头的政府绩效管理工作部际联席会议制度，推进包括预算绩效管理的政府绩效管理试点。《预算绩效管理工作规划（2012—2015年）》大力推进了预算绩效管理工作。《中华人民共和国预算法》（2014年修正）六次提及“绩效”，奠定了预算绩效管理的法律基础。进入新时代，习近平总书记在党的十九大报告中强调，要加快建立现代财政制度，建立全面规范透明、标准科学、约束有力的预算制度，全面实施绩效管理。李克强总理提出，要将绩效管理覆盖所有财政资金，贯穿预算编制、执行全过程，做到花钱必问效、无效必问责。为解决预算绩效管理存在的突出问题，2018年9月，《中共中央 国务院关于全面实施预算绩效管理的意见》（以下简称《意见》）印发，要求用3—5年时间加快建成全方位、全过程、全覆盖的预算绩效管理体系，实现预算与绩效管理一体化，这是党中央、国务院对全面实施预算绩效管理作出的顶层设计和重大部署，为预算绩效管理指明了方向、规划了路线、明确了措施。其中，《意见》提出“积极开展涉及一般公共预算等财政资金的政府投资基金、主权财富基金、政府和社会资本合作（PPP）、政府采购、政府购买服务、政府债务项目绩效管理”，PPP绩效管理成为一般公共预算绩效管理体系的重要一环。2020年3月，财政部印发《政府和社会资本合作（PPP）项目绩效管理操作指引》（以下简称《操作指引》），对PPP项目绩效管理提出了明确的政策指导。PPP绩效管理制度得到了进一步地完善。

为了适应国家治理现代化和社会实践的新要求，特别是根据《操作指引》等最新政策的要求，总结PPP项目绩效管理的实践，探索政策背后的理论原理，借鉴国际经验与做法，我们组织编写了《政府与社会资本合作（PPP）项目绩效管理：理论与实践》一书，希望能为PPP项目绩效管理的科研、教学、培训和咨询工作贡献绵薄之力。本书兼顾政策要求与学理分析，兼顾国内学术探讨与国际研究前沿，兼顾原理阐述和实践操作，旨在反映PPP项目绩效管理领域的基本理论、基本知识和基本方法，为PPP绩效管理高层次人才培养提供合适的培训教材。本书具有以下特点：

一是政策导向明确。本书收集了与PPP项目绩效管理相关的大量政策文本，并梳理政策演进、归纳政策体系，包含了顶层设计、项目规范、行业发展等多个维度，为读者呈现清晰的政策发展脉络，有助于把握PPP项目绩效管理的政策走向。

二是理论基础扎实。本书从历史视角对绩效管理的内涵进行了梳理，对政策背后隐含的理论进行了分析，如利益相关者理论、合同治理理论、平衡计分卡等，从而有助于读者理解PPP绩效管理政策含义，并根据现有的实践情况有针对性地提炼研究问题。本书还对国外PPP项目管理情况以及最新的国际学术动态进行了可视化图表展示，有助于读者掌握最新的学术前沿。

三是实践经验丰富。本书根据最新的政策要求，构建了包括主体、对象、过程等方面的知识体系，展示了事前、事中、事后全流程的PPP项目绩效管理流程，可为实践提供有效的参考指引。

四是知识模块合理。本书以PPP项目绩效管理流程为主线，分类阐述了政府付费、可行性缺口补助和使用者付费项目的绩效管理流程，并辅以国际比较与案例分析，有助于读者形成从微观到宏观的系统性知识框架，既体现了预算绩效管理的共性原则，也充分展示了PPP项目绩效管理的个性要求。

全书按照PPP项目绩效管理的内在规律和逻辑关系分为八章，内容涵盖PPP项目绩效管理概论、管理系统、全生命周期管理流程、国际比较和案例分析等内容。全书力图在布局谋篇上实现理论与实践的统一、国外与国内的结合；力图在内容结构上实现历史与未来的贯通、宏观与微观的协调。全书编写提纲、章节安排及书稿总纂由马海涛教授、温来成教授、曹堂哲教授和秦士坤完成。第一章PPP项目绩效管理概论由马海涛教授和秦士坤撰写；第二章PPP项目绩效管理的理论与体系由曹堂哲教授和周玥撰写；第三章PPP项目事前绩效评估与目标管理、第四章PPP项目绩效运行监控与中期评估管理、第七章PPP项目管理国际比较与展望和第八章PPP项目绩效管理案例分析由秦士坤撰写；第五章PPP项目绩效评价管理由温来成教授和肖林炎撰写；第六章PPP项目绩效评价结果应用与监督由温来成教授和云铮撰写。

本书作为新时代全面实施预算绩效管理背景下，关于PPP预算绩效管理的研究生教材，旨在为建立健全PPP绩效管理体系提供思维网、施工图和操作法，为打开PPP项目绩效管理的理论研究和实践探索的大门提供有益的向导。本书既可以作为财经类院校的研究生教学用书，也可以作为从事PPP绩效管理专业领域的人员学习参考，同时对于关注国家治理体系和治理能力现代化的公务人员和社会大众也是一本有益的参考读物。

本书能够顺利出版衷心感谢中央财经大学研究生院的资助，也感谢中国财政经济出版社编校人员的辛勤付出，因为他们的大力支持而使本书顺利出版。由于作者水平有限，书中难免有疏漏和不足，恳请同行和读者予以批评指正。

马海涛

2020年12月12日

目　录

图表及专栏目录

图目录

表目录

专栏目录

▶ 第一章
PPP 项目绩效管理概论

内容提要

我国已成为当今世界上应用 PPP 规模最大的国家，随着新增项目数量的减少与累积项目数量的增多，当前越来越多的项目进入运营期，PPP 项目绩效管理变得日益迫切与重要。尽管 PPP 项目绩效管理政策体系在近年来得到了不断完善，但 PPP 项目绩效管理实践仍存在一定的难度。梳理 PPP 项目绩效管理的内涵与政策要求有助于厘清当前我国 PPP 绩效管理现状，从而更好地落实绩效管理实践。本章从 PPP 基本概念出发，梳理了 PPP 项目绩效管理管理的含义与历史演变，并整理了重要的相关政策。

第一节 PPP概述

一、PPP的概念

政府和社会资本合作（Public-Private Partnership，以下简称“PPP”）是指政府与社会资本间形成的一种合作关系。尽管PPP已在全球范围内广泛应用，但是事实上并不存在统一的概念。例如，世界银行在《PPP指南》中提及PPP并不存在广为接受的定义，而是通常包含一些关键特征：“私营方与政府实体之间签订一项长期合同，用于提供公共资产或服务，在该合同中，私营方一般承担重大风险和管理责任，并且收益与绩效挂钩。”欧洲投资银行的PPP中心则认为：“PPP是政府当局与私营合作伙伴之间的一项安排，旨在根据长期合同提供公共基础设施项目和服务。根据该合同，私营部门承担重大风险和管理责任，公共机构按照绩效进行支付或授予私营合作伙伴收取收益的权利。”英国政府官方网站上的相关定义是：“PPP是长期合同，由私营部门设计、建造、融资和运营基础设施项目。”美国联邦公路局（Federal Highway Administration，FHWA）对新建PPP与存量PPP分别进行了定义，其中新建PPP“可能涉及建造新的地面运输资产或对现有设施进行现代化升级或扩展。这些PPP的结构是设计—建造—财务—运营—维护（DBFOM）的特许权，这些特许权捆绑在一起，并在特许权期限内将设计、建造、财务以及长期运营和维护的职责转移给私营部门合作伙伴”，对于存量项目，“PPP的特许权可用于在规定的时间段内将现有的公共收费的收费设施租赁给私营部门的投资运营商，在此期间，他们有权在设施上收取通行费。作为交换，私人伙伴必须运营和维护该设施，并在某些情况下对其进行改进。私人合作伙伴还必须支付经营权和保留通行费收入的前期特许权费”。日本内阁府则将PPP定义为“一种利用私人资金、管理能力和技术能力来建设，维护和运营公共设施的新方法”。

我国的官方政策文本中亦有对PPP的定义，例如在国务院办公厅转发财政部、发展改革委、中国人民银行《关于在公共服务领域推广政府和社会资本合作模式指导意见的通知》（国办发〔2015〕42号）中提出：“政府和社会资本合作模式是公共服务供给机制的重大创新，即政府采取竞争性方式择优选择具有投资、运营管理能力的社会资本，双方按照平等协商原则订立合同，明确责权利关系，由社会资本提供公共服务，政府依据公共服务绩效评价结果向社会资本支付相应对价，保证社会资本获得合理收益。”财政部在其发布的《关于推广运用政府和社会资本合作模式有关问题的通知》（财金〔2014〕76号）中提出“政府和社会资本合作模式是在基础设施及公共服务领域建立的一种长期合作关系。通常模式是由社会资本承担设计—建设—运营—维护基础设施的大部分工作，并通过使用者付费及必要的政府付费获得合理投资回报；政府部门负责基础设施及公共服务价格和质量监管，以保证公共利益最大化”。与国际上的普遍定义不同，我国PPP的典型特征是参与合作的社会资本不仅包括私营部门，也包括国有企业，如在财政部发布的《关于印发政府和社会资本合作模式操作指南（试行）的通知》（财金〔2014〕113号）中将社会资本定义为“已建立现代企业制度的境内外企业法人，但不包括本级政府所属融资平台公司及其他控股国有企业”，因此我国的PPP模式在合作伙伴的定义上更为宽泛。

我国的PPP模式于2014年起步之初曾经借鉴世界银行国际经验，吸取了英国与法国经验，后来又与联合国欧经委、亚太经社会进行过国际交流。正如世界银行的《PPP指南》所述，PPP没有统一的定义，而且仍在不断演化发展。李开孟（2016）认为，现代PPP模式大致可分为三代层次：第一代PPP是基于英国PFI/PF2概念而提出，体现出现代PPP模式的核心理念；第二代PPP借鉴法国特许经营模式的经验，将PPP作为提升区域经济发展质量和效率的一种工具；第三代PPP是一种全新形态，坚持以人为本，在第一代PPP强调财政资金使用效率、第二代PPP强调提升区域经济发展效率的基础上，更强调经济社会发展中的公平问题，其动力来自对社会责任及可持续发展目标的关注。熊伟、诸大建（2017）提出了以可持续发展为导向的PPP模式3.0版本，认为新一代的PPP模式应注重经济、社会、环境的协调发展。

自2014年以来，我国政府连续出台政策鼓励通过PPP吸引社会资本进入公共产品和服务领域。根据全国PPP综合信息平台的数据，2014年至2020年11月末，我国累计入库PPP项目9954个、投资额15.3万亿元；累计签约落地项目6920个、投资额11.0万亿元，落地率达69.5%；累计开工建设项目4188个、投资额6.4万亿元，开工率为60.5%。PPP已成为当前我国重要的投融资模式。

二、PPP的分类

PPP在不同维度上有着不同的分类方式。根据《关于印发政府和社会资本合作模式操作指南（试行）的通知》（财金〔2014〕113号），按照运作方式进行划分，PPP主要包括委托运营（Operations & Maintenance，O&M）、管理合同（Management Contract，MC）、建设—运营—移交（Build—Operate—Transfer，BOT）、建设—拥有—运营（Build—Own—Operate，BOO）、转让—运营—移交（Transfer—Operate—Transfer，TOT）和改建—运营—移交（Rehabilitate—Operate—Transfer，ROT）等。其中，O&M是指政府将存量公共资产的运营维护职责委托给社会资本或项目公司，社会资本或项目公司不负责用户服务的政府和社会资本合作项目运作方式；政府保留资产所有权，只向社会资本或项目公司支付委托运营费，合同期限一般不超过8年。MC是指政府将存量公共资产的运营、维护及用户服务职责授权给社会资本或项目公司的项目运作方式；政府保留资产所有权，只向社会资本或项目公司支付管理费。MC通常作为ROT的过渡方式，合同期限一般不超过3年。BOT是指由社会资本或项目公司承担新建项目设计、融资、建造、运营、维护和用户服务职责，合同期满后项目资产及相关权利等移交给政府的项目运作方式，合同期限一般为20—30年。BOO由BOT方式演变而来，二者区别主要是BOO方式下社会资本或项目公司拥有项目所有权，但必须在合同中注明保证公益性的约束条款，一般不涉及项目期满移交。TOT是指政府将存量资产所有权有偿转让给社会资本或项目公司，并由其负责运营、维护和用户服务，合同期满后资产及其所有权等移交给政府的项目运作方式，合同期限一般为20—30年。ROT是指政府在TOT模式的基础上，增加改扩建内容的项目运作方式，合同期限一般为20—30年。

按照项目回报机制（社会资本取得投资回报的资金来源）进行划分，PPP包括使用者付费（User Charge）、可行性缺口补助（Viability Gap Funding）和政府付费（Government Payment）等支付方式。使用者付费是指由最终消费用户直接付费购买公共产品和服务。可行性缺口补助是指使用者付费不足以满足社会资本或项目公司成本回收和合理回报，而由政府以财政补贴、股本投入、优惠贷款和其他优惠政策的形式，给予社会资本或项目公司的经济补助。政府付费是指政府直接付费购买公共产品和服务，主要包括可用性付费（Availability Payment）、使用量付费（Usage Payment）和绩效付费（Performance Payment）。

三、PPP目的与意义

根据PPP的定义与运作原理，相较传统投资运营方式，运用得当的PPP模式能实现如下作用：

（一）降低政府财政压力

通过PPP模式引入社会资本参与建设运营，可降低运营维护成本，节省建设成本，优化项目风险分配结构，减轻当地的财政压力。基础设施建设项目前期资本性投入大，通过引入社会资本，可将短期大额建设支出转化为合作期内的分期支付可用性服务费和运维绩效服务费，有利于平衡财政支付资金压力。

另外，在PPP模式下，由于私营机构在建设施工、技术、运营管理等方面的相对优势得以充分发挥，PPP合同约定成本会小于公共部门独立开展项目时的相应成本，即所谓的“物有所值”部分。根据《财政部关于印发〈PPP物有所值评价指引（试行）〉的通知》（财金〔2015〕167号），物有所值（Value For Money，VFM）评价是判断是否采用PPP模式代替政府传统投资运营方式提供公共服务项目的一种评价方法。定量评价是在假定采用PPP模式与政府传统投资方式产出绩效相同的前提下，通过对PPP项目全生命周期内政府方净成本的现值（PPP值）与公共部门比较值（PSC值）进行比较，根据物有所值的量值计算公式VFM=PSC值-PPP值，若VFM值>0，则表明PPP方案能够为政府节约成本。

在化解存量债务方面，根据财政部发布的《关于实施政府和社会资本合作项目以奖代补政策的通知》（财金〔2015〕158号），对符合条件、规范实施的转型为PPP项目的地方融资平台公司存量项目，财政部将在择优评选后，按照项目转型实际化解地方政府存量债务规模的2%给予奖励。根据《政府和社会资本合作项目财政承受能力论证指引》（财金〔2015〕21号），财政部鼓励列入地方政府性债务风险预警名单的高风险地区，采取PPP模式化解地方融资平台公司存量债务。PPP模式有BOT、TOT、股权转让等多种具体形式，不仅适用于新建设施，也适用于已建设施。其中，采取社会资本受让已建设施方式的，政府取得的转让资金可用于化解存量债务。

PPP还能够合理分配风险。PPP项目在初期就可以实现风险分配，同时由于政府分担一部分风险，使风险分配更合理，减少了承建商与投资商风险，从而降低了融资难度，提高了项目融资成功的可能性。政府在分担风险的同时也拥有一定的控制权，有利于降低项目建设、运营成本。完善的PPP项目能基于竞争将各种项目风险分配给应对能力最强的参与者，从而提高资源使用效率。

（二）改善基础设施建设

相对于传统采购模式，同样的预算额度内，采用PPP模式可以提供更大规模和数量的公共基础设施和公共服务的供给。在当前政府部门预算紧张的情况下，若不采用PPP模式，一些公共基础设施建设项目可能无法在现阶段进行投资。而采用PPP模式以后，耗资巨大的基础设施建设工程能在短时间建设并投入使用。这大大加快了基础设施建设的步伐，对后续新型城镇化建设提供了良好的开端及有利的保证。因此在当前融资形势下，PPP成为重要的、合规的融资途径。PPP项目中对资本金投入比例的要求一般为最低比例（多为20%左右），资本金之外的资金，可通过项目贷款等债务融资方式解决。通过PPP模式引入社会资本，获得充足的资金，可在财政资金不足的情况下提前进行项目投资建设及运营。

（三）转变政府职能

PPP模式要求政府在与社会资本方合作中“既不越位也不失位”：一方面要遵循市场原则和契约精神，切实履行义务、承担相应风险；另一方面在加强项目规划、筛选和评估的同时，通过建立和落实基于绩效的考核机制，加强对社会资本方的监管，切实保障公共产品和服务质量得到改善，达到“物有所值”。提升公共服务供给质量，在实现惠民生的同时，促进政府职能转变，提高公共管理水平。

由于社会资本有营利性的驱动和市场化的激励机制，因而比政府部门更具效率。社会资本方想要获得PPP合同，面对众多的竞争对手，需要向政府部门提出更有效率的做法，以此成为优胜投标方。同时，在PPP合同中规定不能履行合约会导致收入减少，投资者和贷款方对于项目公司的约束能够保证快速的检测并处理管理中效率低下和其他问题，因此社会资本能够带来更具效率的工作。通过应用PPP模式，设置建设期绩效考核与运营期绩效考核，使政府支付的可行性缺口补贴与考核结果挂钩，可有效提升政府公共服务质量，加快政府职能转变。

综上所述，应用PPP模式能够降低政府财政压力、改善基础设施建设、转变政府职能。然而，PPP的目的与意义不仅仅局限于此，PPP还与我国宏观管理体制的改革有着直接关系。当前我国的PPP市场规模巨大，某种程度上对宏观经济产生了深远影响。

第二节 PPP项目绩效管理概述

一、PPP项目绩效与PPP项目绩效管理的含义

随着PPP项目大量进入运营阶段，加强PPP项目绩效管理变得日益紧迫和重要。2018年9月，中共中央、国务院发布《关于全面实施预算绩效管理的意见》（中发〔2018〕34号），从顶层设计方面构建了全方位的绩效管理格局，要求建立全覆盖的预算绩效管理体系。PPP作为一般公共预算绩效管理体系中的重要一环，2019年4月，财政部发布《政府和社会资本合作（PPP）项目绩效管理操作指引（征求意见稿）》（财办金〔2019〕39号）进一步明晰了绩效监控、绩效评价、部门间PPP工作绩效管理等内容。对未来的可持续发展发出了积极的信号。2020年3月，财政部正式印发《政府和社会资本合作（PPP）项目绩效管理操作指引》，对PPP项目绩效管理提出了明确的政策指导。根据这一最新政策文件，PPP项目绩效管理是指在PPP项目全生命周期开展的绩效目标和指标管理、绩效监控、绩效评价及结果应用等项目管理活动。

二、PPP项目绩效管理的目的与意义

根据中共中央、国务院发布的《关于全面实施预算绩效管理的意见》（中发〔2018〕34号），我国现行预算绩效管理仍然存在一些突出问题，主要是绩效理念尚未牢固树立，一些地方和部门仍然存在重投入轻管理、重支出轻绩效的惯性思维；绩效管理的广度和深度不足，尚未覆盖所有财政资金，

一些领域的财政资金低效无效、闲置沉淀、损失浪费等问题较为突出，克扣挪用、截留私分、虚报冒领等现象时有发生；绩效激励约束作用不强，绩效评价结果与预算安排和政策调整的挂钩机制尚未建立。当前，我国经济已由高速增长阶段转向高质量发展阶段，正处在转变发展方式、优化经济结构、转换增长动力的攻关期，建设现代化经济体系是跨越关口的迫切要求和我国发展的战略目标。发挥好财政职能作用，必须按照全面深化改革的要求，加快建立现代财政制度，建立全面规范透明、标准科学、约束有力的预算制度，以全面实施预算绩效管理为关键点和突破口，解决好绩效管理中存在的突出问题，推动财政资金聚力增效，提高公共服务供给质量，增强政府公信力和执行力。

我国当前已成为世界上应用PPP规模最大的国家，随着新增项目数量的减少与累积项目数量的增多，当前越来越多的项目进入运营期，且大量项目涉及政府预算支出责任。加强PPP项目绩效管理不仅与当前我国预算体制改革相吻合，而且也是提高资金使用效率、防范财政风险的重要举措。

三、PPP项目绩效管理的特征

相比其他类型的绩效管理，PPP项目绩效管理涉及的参与方众多，且时间周期较长，各参与方应当按照科学规范、公开透明、物有所值、风险分担、诚信履约、按效付费等原则开展PPP项目全生命周期绩效管理。因此，加强前期的目标管理就显得尤为关键。由于PPP绩效管理涉及的内容较多，对于不同类型的PPP项目也有着不同的管理方式，需要地方政府投入大量的人力、物力，因此，财政部提出“项目实施机构应在项目所属行业主管部门的指导下开展PPP项目绩效管理工作，必要时可委托第三方机构协助”。

第三节 PPP项目绩效管理的历史演变

一、PPP项目绩效管理的演变

绩效的概念本身源于企业管理，并逐步扩展到财政预算管理与PPP项目层面（焦军等，2020）。绩效目标管理是美籍奥地利管理学家德鲁克（Peter Drucker）于1954年在《管理实践》中最先提出的，其后他又提出“目标管理和自我控制”的主张。德鲁克认为，并不是有了工作才有目标，而是有了目标才可以确定每个人的工作，所以“企业的使命和任务，必须转化为目标”。目标管理对20世纪的企业管理产生了深远的影响。在传统的管理模式下，经理人的管理中心在于努力工作，保证过程的合规性。而目标管理理论的鲜明特点，是将管理的重点从寻找弱点转移到绩效分析上来，重视管理行为的结果，而非监督活动本身。

目标管理运用了行为科学理论中的自我控制和参与式管理，其中自我控制使管理人员能够发挥主观能动性。参与式管理指上级与下级共同参与的工作方式，即由过去上级监督下级转变为上级设定客观标准，激发下级的主观能动性，参与式管理显著改善了双方的沟通方式。目标管理理论打破了过去监督式的管理体系，开始科学的引导员工发挥主观能动性，在实践中产生了广泛的影响，被称作“划时代的思想革命”。但与此同时，目标管理理论也受到了较多的质疑，如人本主义心理学的代表人物马斯洛（Abraham Harold Maslow）提出，目标管理理论是有一定的适用范围，对于天生惰性的人，目标管理无法激发其主观意识来更好地完成工作。当代国际最知名的质管大师戴明（William Edwards Deming）认为，目标是否能够达成与个人的努力关系不大，而目标管理以目标为导向，不是以过程为导向，仅注重结果，而不重视过程，会导致员工牺牲产品的服务质量为代价去实现“目标”，这样有可能危及企业的长远利益和持续经营。

不可否认的是目标管理理论为这个时代带来了重要的思想变革，也为政府部门的改革提供了重要思想工具。新公共管理运动以后，西方国家将绩效、目标的理念引入了预算管理，并逐步延伸至项目层面，在PPP项目中形成了绩效管理的工作方式。然而在我国的实践中，某些项目对于绩效评价的要求、在指标目标设置方面缺乏科学的论证，绩效评价沦为走过场或者不利于操作，激励机制的设定不足、难以激励项目公司主观能动性、实现主动管理的目的。此外，政府部门在与社会资本沟通时，仍难以摆脱监督、强制性的管理方式，与目标管理理论所倡导的“参与式管理”相左，未能发挥绩效管理对项目效率的提升作用。简言之，根据德鲁克的目标管理理论，PPP项目在实践中应充分运用自我控制和参与式管理理念，由双方共同拟定绩效目标，并使目标能够充分发挥社会资本的主观能动性，保障项目更好运营。绩效管理的目标指标设定要科学规范，避免形式化，以合理的激励机制促进项目管理提质增效，维护好利益共享、风险共担的合作关系。

随着企业绩效管理理论的发展，政府部门的运行方式也受到了影响，逐渐形成了政府绩效管理理论。政府绩效管理理论源于西方国家，主要内涵是以结果为导向，将企业绩效管理的先进经验引入政府部门，从而提高政府的工作效率。政府部门的绩效管理理论对PPP项目绩效管理有着最为深刻和直接的影响。20世纪60年代，全球范围内兴起了“新公共管理运动”，起因是一些国家出现了财政赤字等现象，政府的管理水平越来越难以跟上新时代背景下的经济发展，而在全球化的发展趋势之下，提高公共治理水平也成为了普遍诉求。过去的政府管理方式主要为行政手段，而真正的公共管理正是兴起于这一时期。新公共管理运动的重要理念之一，就是将政府当作企业看待，通过一系列的改革提高效率，提升管理水平。在这一理念下进行改革的标志性国家是里根政府时期的美国与撒切尔夫人领导时期的英国。通过管理水平的提升，政府的管理手段也发生了巨大变化，形成了以经济性（Economy）、效率性（Effectiveness）与效果性（Efficiency）并重的多重指标审计，被称作“3E”评价。而随着这一理论的不断发展，各国又根据自身发展理念对其进行了进一步深化调整，如加入平等性（Equality）等要素。但总体看来，“3E”评价已成为绩效评价的基础理论。

新公共管理的核心原则可归结为：强调专业化管理、强调具体的绩效标准与测量、强调结果控制、强调去中心化、强调竞争、强调私人部门的管理模式、强调规则与资源节约。在英国，对公共部门的改革运动促使公共资源市场化得到推进，一度形成私有化的风潮，并在项目投资领域催生了引入社会资本的管理模式（Private Finance Initiative，PFI）。由此可见，绩效管理与PFI模式引入社会资本的模式有着相同的出发点，即通过先进手段提高政府部门的工作效率，实现公共物品与服务供给质量的提升。政府部门的绩效管理逐渐形成了不同于公共行政的理论体系，并在新的结果导向目标下，在预算体系构建上形成了新的运行方式——新绩效预算，即要求在预算编制、执行、监督的全过程中，更加关注预算资金的产出和结果，通过可行的具体方法和有效运行机制，促使政府部门不断改进服务水平和质量，花尽量少的资金、办尽量多的实事，向社会公众提供更多、更好的公共产品和公共服务。

与政府部门的绩效管理理论发展的同时期，项目绩效管理理论体系也在逐步形成。20世纪80年代，西方国家从众多的政府支出绩效评价案例中归纳出“3E”评价准则用于一般项目的绩效考核；1984年美国知名学者弗里曼（R. Edward Freeman）出版的《战略管理：利益相关者方法》，为利益相关者理论的发展奠定了基础；1993年美国卡内基梅隆大学软件工程研究院提出用于软件开发项目评价的成熟度模型——能力成熟度模型（Capability Maturity Mode，CMM）。在此基础上，适用于一般项目和工程项目的成熟度模型开始陆续出现。其中，来自加州大学伯克利分校的Ibbs教授和他的助手Kwak助理教授于2002年提出了项目管理过程成熟度模型（Project Management Process Maturity Mode，PMPMM）。该模型考虑了成熟度与项目管理九大知识领域的关系，并将工程项目管理能力定义为五个等级：简单化、程序化、系统化、集成化、最优化。每一等级与前一等级相比其项目管理能力都有较大的提升。

由理论发展历程可知，政府部门绩效管理理念源于企业管理经验，最终形成一套有着明确内涵、目标、方法的理论体系。而PPP项目的绩效管理正是在政府绩效管理理念指导下进行的，其核心目标是以结果为导向，提高公共物品和服务的供给质量。在实践操作中，企业、政府、项目绩效理论相关的一些工具、方法（如目标管理、数据包络分析等）可综合运用至PPP项目的绩效管理之中，从而更好地实现政策目标。

虽然绩效管理的相关理论在西方国家已有着丰富的实践经验，也取得了显著的效果。但是，随着政府部门改革的推进，新公共管理范式的绩效管理也受到了质疑。当前理论界已经建立了后新公共管理范式，其中以新公共服务理论、网络（化）治理理论、整体性治理理论、数字治理理论、公共价值管理理论为代表的公共治理五大前沿理论影响最大，在过去结果导向的基础之上，更强调以公民为中心，以平等地位实现多方的治理。在我国提升政府治理过程中，西方国家的公共管理改革对我国的行政改革产生了一定影响。绩效管理理念的引入有助于完善我国国家治理体系，提高财政资金的使用效率。但由于我国的制度、文化等与西方国家有着显著差异，这一理念的运用不能照搬西方国家的经验，而应该基于我国国情，结合项目实际经验，在结果导向的基础之上，体现国民参与，设计出一套组织成本较低、能显著提高公共产品与服务质量的管理流程。

政府绩效管理的理论方法对我国也产生了一定程度的影响。查阅政策文献，可知绩效管理在我国公共部门的运用可追溯至2003年，即党的十六届三中全会提出“建立预算评价体系”，开始了我国政府绩效管理的探索。我国财政部于2011年发布的《财政支出绩效评价管理暂行办法》（财预〔2011〕285号）也借鉴了“3E”评价理论框架。党的十九大报告中也明确提出“建立全面规范透明、标准科学、约束有力的预算制度，全面实施绩效管理”。在财政预算绩效管理的基础上，我国的PPP项目绩效管理制度在近年来逐渐得以完善，并纳入了PPP特有的管理要求，如《政府和社会资本合作（PPP）项目绩效管理操作指引》提出“绩效目标应符合物有所值的理念，体现成本效益的要求”。相比财政预算的绩效管理，PPP项目绩效管理仍处于起步阶段，随着越来越多项目实践经验的累积，我国PPP项目绩效管理制度必将进一步的演变与完善。

二、我国PPP项目绩效管理的现状和问题

我国当前的PPP项目绩效管理存在一定的问题，如部分项目绩效指标不够完善，或实施过程容易流于形式，较难起到真正有效的作用。PPP绩效指标等的设定具有较强的专业性要求，需要充分考虑项目自身情况以及行业特征、政策要求等，其后续落实也需要投入一定的人力物力，因此对一些缺乏经验的地方政府而言存在一定的难度。此外，由于既有的PPP绩效管理实施经验相对较少，地方政府缺少可参照的对象，部分地区尚处于探索阶段，管理机制是否行之有效仍有待实践检验。

PPP项目绩效管理的落实涉及地方政府的财政支出责任，因此也与财政风险直接相关。近年来，随着越来越多的PPP项目进入运营阶段，PPP与财政风险管理之间的关联受到越来越多的关注。地方政府的举债行为有着一定的外在风险，可能向其他方向转嫁，PPP已成为隐性债务扩张的新进形式，极易导致财政风险的加剧。财政部网站发布的《PPP项目财政承受能力汇总分析报告》，对PPP项目财政支出责任总体情况进行了分析，对各省超限地区数量进行了披露，发现部分PPP项目财政承受能力报告质量不高、信息不完整，一些报告未对本地区全部项目的支出责任进行汇总统计，或所用一般公共预算支出预测增长率口径不一致等。因此，加强PPP项目绩效管理也将成为防范与化解财政风险的重要一环。

第四节　我国PPP项目绩效管理的相关政策

一、PPP政策演进

PPP模式的扩张与国家层面的宏观体制改革往往是相伴而生的。例如，英国等发达国家推广PPP模式的时点对应20世纪末针对财政赤字所实行的财政体制改革，一些新兴国家对PPP的应用往往与城镇化背景紧密关联。PPP在我国的发展历程可以明显反映出中央政府推行PPP模式的内在逻辑。早期PPP模式在我国的引入主要是为了吸引外商投资。1978年我国实行了改革开放战略，急需吸引和利用外资推动经济建设，外商直接投资（FDI）成为我国基础设施建设的重要资金来源。1986年国务院颁布了《关于鼓励外商投资的规定》，出台税费方面等优惠政策吸引外资。在此背景下，外商资金开始进入我国的基础设施领域，如深圳沙角B电厂BOT项目成为我国大陆实施较早的PPP项目。在这一阶段中，合作模式仍以BOT为主，社会资本多为国外资本，项目类型以电力、交通为主。1997年暴发的亚洲金融危机，对我国的PPP市场产生了显著影响。中央政府采取积极的财政政策，以发行国债的方式稳定经济增长。在此背景下，由于地方政府的资金问题得到了缓解，导致原有的PPP模式不再受到青睐，并对违规项目进行了清理，PPP模式在我国陷入了停滞。随着危机影响的逐步消退，PPP模式开始进入新的发展期。党的十六届三中全会提出“放宽市场准入，允许非公有资本进入法律法规未禁入的基础设施、公用事业及其他行业和领域”。建设部出台《关于加快市政公用行业市场化进程的意见》《市政公用事业特许经营管理办法》，开始鼓励市政公用设施的市场开放。在政策驱动之下，大量项目运用PPP模式进行投资，如北京地铁4号线、国家体育场等重大项目均运用了PPP模式。2008年的全球金融危机对我国经济运行产生了重大影响，也刺激了地方政府的各类举债行为。根据审计署2013年发布的《全国政府性债务审计结果》，截至2013年6月底，地方政府负有偿还责任的债务达10.89万亿元，另外负有担保责任的债务2.67万亿元，可能承担一定救助责任的债务4.34万亿元。在这一背景下，PPP再度迎来了发展空间。

由上述分析可知，我国过去推动PPP模式的几个重要时点分别是20世纪80年代的对外开放战略、1994年的财政体制改革、21世纪初加速发展的城市化进程以及2014年前后的地方政府债务管理（见表1–1）。

表1–1　　PPP模式扩张时期所面临的国内环境

时间节点	典型项目类型	国内环境	主要相关政策
1984年开始	电厂	对外开放战略	《关于鼓励外商投资的规定》（国发〔1986〕95号）
1994年前后	水厂、电厂、高速公路	财政与金融体制改革	《对外贸易经济合作部关于以BOT方式吸收外商投资有关问题的通知》（外经贸法函〔1994〕89号）
2002年前后	污水处理、电厂、高速公路、地铁、体育场	市场机制改革	《市政公用事业特许经营管理办法》建设部令（2004年第126号）
2014年前后	市政工程、交通、环保、能源、城镇综合开发、养老等	地方政府债务管理	《关于创新重点领域投融资机制鼓励社会投资的指导意见》（国发〔2014〕60号）

资料来源：作者整理。

2014年以来，我国PPP市场发展伴随着一定的政策演化过程（见图1–1）。党的十八届三中全会提出“建立透明规范的城市建设投融资机制，允许地方政府通过发债等多种方式拓宽城市建设融资渠道，允许社会资本通过特许经营等方式参与城市基础设施投资和运营”，“使市场在资源配置中起决定性作用”。通过完善投融资机制实现基本公共服务均等化已成为我国重要的政策目标，也是稳定经济增长、推进“新型城镇化”的重要手段。2014年开始，为了化解由融资平台模式积累的大规模债务以及填补基础设施投资带来的收支缺口，PPP模式得到了较大程度的推广。2014年10月发布的《国务院关于加强地方政府性债务管理的意见》提出“建立健全政府和社会资本合作（PPP）机制”。自2014年底至2015年年初，相继有《国务院关于创新重点领域投融资机制鼓励社会投资的指导意见》（国发〔2014〕60号）、《基础设施和公用事业特许经营管理办法》（2015年第25号令）等重要文件出台，传递出了明显的政策信号，市场反应明显。2017年开始，为了防控债务风险，PPP高速发展过程中的“名股实债”“固定回报”“保底回购”等问题开始受到关注，PPP进入规范调整期。而短暂的规整之后，伴随各项推动政策的出台，PPP再度呈现快速发展态势，这一时期影响较大的政策文件是2017年年底发布的《关于规范政府和社会资本合作（PPP）综合信息平台项目库管理的通知》（财办金〔2017〕92号），这一文件要求"严格新项目入库标准、集中清理已入库项目"，对PPP可持续发展产生了深远影响。随着PPP项目大量进入运营阶段，加强PPP项目绩效管理变得日益紧迫和重要。2018年9月，中共中央、国务院从顶层设计方面构建了全方位的管理格局。2020年3月，为了提高PPP项目供给质量与效率，财政部发布《PPP项目绩效管理操作指引》，明晰了绩效监控、绩效评价、部门间PPP工作绩效管理，对PPP的可持续发展传递了积极的信号。

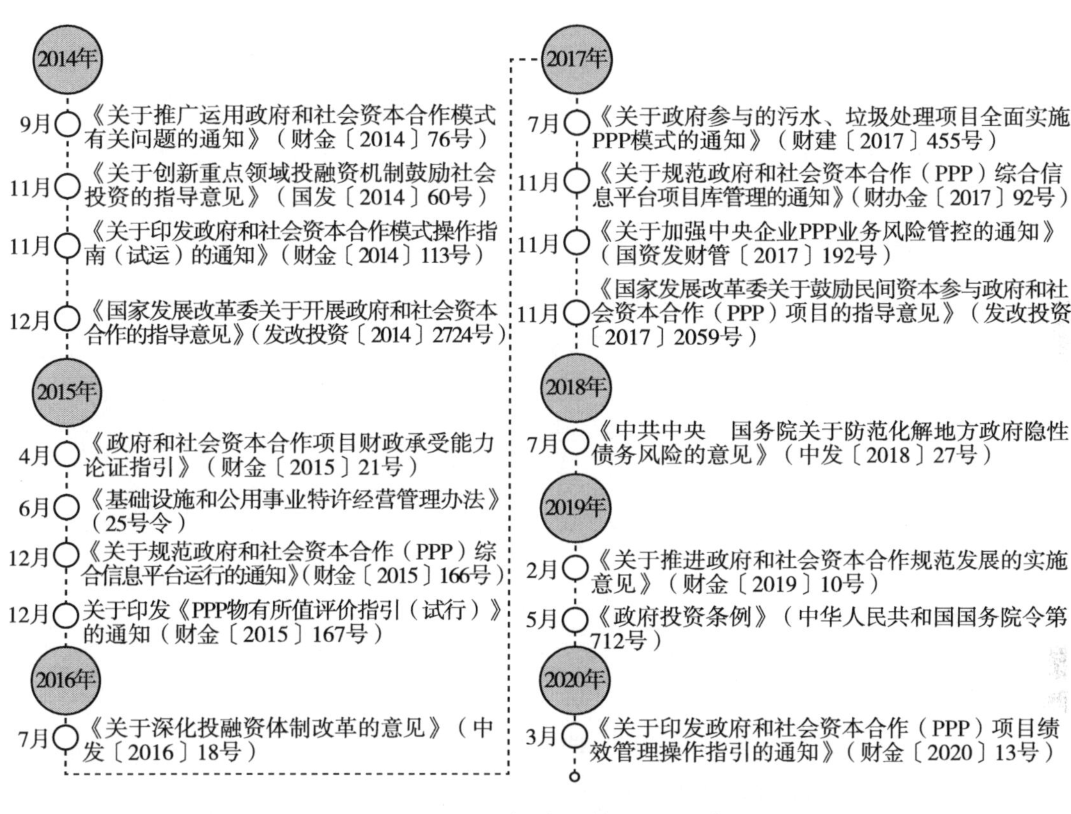

图1-1　PPP主要相关政策文件发布时间

资料来源：作者整理。

二、PPP政策体系

中央部委、地方政府相继出台了一系列针对PPP模式的规范要求，逐渐形成了由国务院主导，财政部、发改委出台管理机制，各行业部委细化行业具体要求的政策体系。以PPP模式适用的基础设施和公共服务领域项目为分析对象，可大致将我国PPP政策体系分为顶层设计类、项目规范类、行业发展类。

（一）顶层设计类

顶层设计类指国家相关部门结合宏观背景和市场趋势，从宏观层面明确PPP模式在我国的适用性并加强推广，规范PPP模式的适用范围、项目主体、运作方式等。根据政策内容侧重点，具体包括模式推广、债务管控。

1. 模式推广。

2014—2016年是我国PPP模式迅速崛起并快速发展的阶段，国务院、国家发改委、财政部均陆续发文推动PPP模式在基础设施和公共服务领域的应用。国家发改委明确PPP模式适用的“6+1”个基础设施领域，鼓励选择适宜的PPP实施模式盘活大量优质的基础设施存量资产，财政部通过全国PPP综合信息平台明确PPP模式适用的19个行业领域，并提出在垃圾处理、污水处理等领域开展“强制”试点。2017年，《基础设施和公共服务领域政府和社会资本合作条例》（征求意见稿）发布，受到社会的广泛关注并收到大量建议，但PPP法律的出台尚需时日。从法律效力角度看，该PPP条例及时通过也仅仅属于行政法规，无法解决现实中PPP操作遇到的法律冲突问题。因此目前我国PPP模式的法律体系中仍然缺乏上位法的指导。PPP模式在国家各部门的共同推动下发展迅速，2017年起因为合规整改和地方债务严查等因素开始出现收缩现象，国务院发文再次肯定了PPP模式的适用性，推动社会资本尤其是民间资本规范有序地参与10大基础设施领域投资，持续激发民间资本投资活力。相关政策文件见表1–2。

表1–2　　PPP模式推广相关政策文件

序号	政策名称	文号
1	《关于推广运用政府和社会资本合作模式有关问题的通知》	财金〔2014〕76号
2	《国务院关于创新重点领域投融资机制鼓励社会投资的指导意见》	国发〔2014〕60号
3	《国务院办公厅转发财政部发展改革委人民银行关于在公共服务领域推广政府和社会资本合作模式指导意见的通知》	国办发〔2015〕42号
4	《中共中央　国务院关于深化投融资体制改革的意见》	中发〔2016〕18号
5	《关于切实做好传统基础设施领域政府和社会资本合作有关工作的通知》	发改投资〔2016〕1744号
6	《关于在公共服务领域深入推进政府和社会资本合作工作的通知》	财金〔2016〕90号
7	《关于加快运用PPP模式盘活基础设施存量资产有关工作的通知》	发改投资〔2017〕1266号
8	《基础设施和公共服务领域政府和社会资本合作条例》（征求意见稿）	—
9	《关于保持基础设施领域补短板力度的指导意见》	国办发〔2018〕101号

2. 债务管控。

国务院发文要求加快建立规范的地方政府举债融资机制，推广使用PPP模式，并对地方政府性债务风险应急处置做出总体部署和系统安排。2017年以来，中央召开会议多次强调“防范化解系统性金融风险”，化解地方政府隐性债务风险已成为打好防范化解重大风险攻坚战的重要工作。金融监管机构持续出台文件，推动金融杠杆持续去化，改善资金“脱实向虚”态势。2017年4月起，财政部陆续发文强化地方债务管理，“堵后门、开前门”，出台政策规范地方政府融资管理，要求全面组织开展地方政府融资担保清理整改工作，严禁地方政府通过发展不规范的PPP项目、投资PPP项目的政府投资基金等方式违规举债，建立跨部门联合监测和防控机制，并大力推进信息公开，明确举债融资行为的政策边界和负面清单，正面引导地方政府履职尽责。财预〔2017〕87号文详细列举了政府购买服务的负面清单，坚持先预算后购买原则，明确政府购买服务所需资金应当在年度预算和中期财政规划中据实足额安排，防止以购买服务的名义增加政府支出责任。在防风险、去杠杆的背景下，地方债务情况将持续受到关注，这一阶段PPP项目的数量呈下降趋势。相关政策文件见表1-3。

表1-3　　PPP项目债务管控相关政策文件

序号	政策名称	文号
1	《国务院关于加强地方政府性债务管理的意见》	国发〔2014〕43号
2	《关于进一步规范地方政府举债融资行为的通知》	财预〔2017〕50号
3	《关于坚决制止地方以政府购买服务名义违法违规融资的通知》	财预〔2017〕87号
4	《关于进一步增强企业债券服务实体经济能力严格防范地方债务风险的通知》	发改办财金〔2018〕194号

（二）项目规范类

项目规范类指国家相关部门在PPP模式被逐渐实际运用的情况下，从项目层面明确具体PPP项目的通用实施方法，包括操作流程、融资方式、管理原则等。根据政策内容侧重点，具体包括三类政策：项目操作、项目管控、项目融资。

1.项目操作。

在国务院确定社会资本通过PPP模式参与投资的正当性后，财政部和国家发改委陆续发布政策文件，基本上确定了PPP模式的管理机制，主要包括实施流程、采购合同、合同管理、预算管理的相应规定。在采购模式方面，国家发改委基本沿用传统基础设施招标的方法，财政部提出PPP模式可采用新的采购方式——竞争性磋商。在实施流程方面，财政部明确指出PPP项目需要进行“一方案两论证”，并对物有所值和财政可承受能力这两项论证的具体操作流程及评估方法单独出文规定，国家发改委联合财政部等部门发布的《基础设施和公用事业特许经营管理办法》中纳入了财政部的两评作为可行性论证的一部分。在合同管理方面，两部委提出的合同指南均作为指导性文件，供参考使用。目前我国PPP模式实际操作中依赖的管理机制，主要由2014—2015年财政部及国家发改委的相关文件确定，其中一些重要文件已过期失效，但目前仍在实际应用中。相关政策文件见表1–4。

表1–4　　PPP项目操作相关政策文件

序号	政策名称	文号
1	《关于印发政府和社会资本合作模式操作指南（试行）的通知》	财金〔2014〕113号
2	《关于开展政府和社会资本合作的指导意见》（含《政府和社会资本合作项目通用合作指南》）	发改投资〔2014〕2724号
3	《关于规范政府和社会资本合作合同管理工作的通知》（含《PPP项目合同指南（试行）》）	财金〔2014〕156号
4	关于印发《政府采购竞争性磋商采购方式管理暂行办法》的通知	财库〔2014〕214号
5	关于印发《政府和社会资本合作项目财政承受能力论证指引》的通知	财金〔2015〕21号
6	关于印发《PPP物有所值评价指引（试行）》的通知	财金〔2015〕167号
7	关于印发《传统基础设施领域实施政府和社会资本合作项目工作导则》的通知	发改投资〔2016〕2231号

2.项目管控。

自2014年中央大力推广PPP模式后，PPP呈现迅猛增长态势，也带来了风险隐患。2017年起，PPP市场已明显出现两种异化现象：一是PPP项目泛滥化，部分项目性质、类型的套用PPP模式，以变相获取补贴或取得金融机构青睐；二是PPP项目边缘化，将本质上属于PPP的项目套上政府采购服务的帽子，以规避事前评估要求或财政承受能力要求。2017年底，财政部发布财办金〔2017〕92号文件，提出PPP项目入库前需进行合规性审查，已入库项目需进行清退审查，并详列审查条件，PPP项目合规性明显提升。财金〔2018〕54号文通过对示范项目的核查管理，再次强调PPP项目的规范管理要求。财金〔2019〕10号文强化并细化PPP项目的合规管理规则，地区财政支出占比按5%、7%、10%划分管理界限；明确新上的政府付费类项目需满足的审慎要求以及各级财政部门对项目的规范管理要求和职责。此后，国资委、发改委、财政部陆续发文，针对央企参与PPP项目、国有金融机构投资PPP项目、资管机构投资作出了进一步限制，要求PPP项目资本金“穿透”审查，严禁期限错配、刚性兑付、多层嵌套等行为。相关政策文件见表1–5。

表1-5　　PPP项目管控相关政策文件

序号	政策名称	文号
1	《关于进一步做好政府和社会资本合作项目示范工作的通知》	财金〔2015〕57号
2	《关于规范政府和社会资本合作（PPP）综合信息平台项目库管理的通知》	财办金〔2017〕92号
3	《关于加强中央企业PPP业务风险管控的通知》	国资发财管〔2017〕192号
4	《关于规范金融企业对地方政府和国有企业投融资行为有关问题的通知》	财金〔2018〕23号
5	《关于进一步加强政府和社会资本合作（PPP）示范项目规范管理的通知》	财金〔2018〕54号
6	《关于规范金融机构资产管理业务的指导意见》	银发〔2018〕106号
7	《关于推进政府和社会资本合作规范发展的实施意见》	财金〔2019〕10号

3.项目融资。

PPP模式推广前期，国家主要通过政策文件引导开发性和政策性银行优先支持PPP项目的融资需求。2016年年底，国家发改委鼓励PPP项目进行资产证券化，明确适宜进行资产证券化的PPP项目要求，为PPP项目提供新的融资途径，财政部在此基础上细化可开展PPP项目资产证券化的主体及项目要求。2017年，发改委鼓励PPP项目公司或社会资本方发行PPP项目专项债券，财政部陆续推出土地储备专项债、收费公路专项债作为试点，明确发行要求与发行期限等。此外，保监会连发两文，明确支持保险资金通过基础设施投资计划参与PPP项目、“一带一路”等国家发展重大项目。

在地方融资平台被规范限制后，资产证券化、保险资金、专项债券均为PPP项目融资提供了新的合理发展途径。2018年，财政部推出棚改专项债试点，要求加快地方政府专项债的发行进度，简化发行审查手续。截至2018年年底，我国地方政府债务置换已基本接近尾声，专项债券成为重要的地方政府融资途径。相关政策文件见表1-6。

表1-6　　PPP项目融资相关政策文件

序号	政策名称	文号
1	《关于推进开发性金融支持政府和社会资本合作有关工作的通知》	发改投资〔2015〕445号
2	《关于推进传统基础设施领域政府和社会资本合作（PPP）项目资产证券化相关工作的通知》	发改投资〔2016〕2698号
3	关于印发《地方政府土地储备专项债券管理办法（试行）》的通知	财预〔2017〕62号
4	《地方政府收费公路专项债券管理办法》	财预〔2017〕97号
5	《关于保险资金投资政府和社会资本合作项目有关事项的通知》	保监发〔2017〕42号

续表

序号	政策名称	文号
6	《关于规范开展政府和社会资本合作项目资产证券化有关事宜的通知》	财金〔2017〕55号
7	关于印发《政府和社会资本合作（PPP）项目专项债发行指引》的通知	发改办财金〔2017〕730号
8	关于印发《试点发行地方政府棚户区改造专项债券管理办法》的通知	财预〔2018〕28号
9	《关于做好地方专项债券发行工作的意见》	财库〔2018〕72号

（三）行业发展类

在国务院明确了深化改革下的PPP改革方向，国家发改委和财政部搭建了PPP管理机制后，中央各行业主管部门积极响应，关注在本行业领域内如何推进PPP模式。PPP模式在我国近年来的发展历程中，关于细分行业领域的指导文件基本覆盖了全部的基础设施与基本公共服务领域。然而，行业领域的政策多是提倡PPP模式的适用性，缺乏适应性调整和针对性指导意建，因此实操指导性有待进一步地加强。相关政策文件见表1–7。

表1–7　　行业发展类相关政策文件

序号	政策名称	文号
1	《关于鼓励民间资本参与养老度服务发展的实施意见》	民发〔2015〕33号
2	《关于市政公用领域开展政府和社会资本合作项目推介工作的通知》	财建〔2015〕29号
3	《关于运用政府和社会资本合作模式推进公共租赁住房投资建设和运营管理的通知》	财综〔2015〕15号
4	《关于印发全面深化交通运输改革试点方案的通知》	交政研发〔2015〕26号
5	《海绵城市建设绩效评价与考核办法（试行）》	建办城函〔2015〕635号
6	《关于促进具备条件的开发区向城市综合功能区转型的指导意见》	发改规划〔2015〕2832号
7	《关于大力发展休闲农业的指导意见》	农加发〔2016〕3号
8	《关于进一步鼓励和引导民间资本进入城市供水燃气供热污水和垃圾处理行业的意见》	建城〔2016〕208号
9	《关于进一步扩大旅游文化体育健康养老教育培训等领域消费的意见》	国办发〔2016〕85号
10	《关于运用政府和社会资本合作模式推进林业建设的指导意见》	发改农经〔2016〕2455号

续表

序号	政策名称	文号
11	《国家发展改革委　国家能源局关于规范开展增量配电业务改革试点的通知》	发改经体〔2016〕2480号
12	《关于推进农业额领域政府和社会资本合作的指导意见》	发改农经〔2016〕2574号
13	《关于全面放开养老服务市场提升养老服务质量若干意见》	国办发〔2016〕91号
14	《关于鼓励社会力量兴办教育促进教育健康发展的若干意见》	国发〔2016〕81号
15	《关于促进开发区改革和创新发展的若干意见》	国办发〔2017〕7号
16	《中共中央　国务院关于深入推进农业供给侧结构性改革加快培育农业农村发展新动能的若干意见》	中发〔2017〕1号
17	《关于进一步做好重大市政工程领域政府和社会资本合作（PPP）创新工作的通知》	发改投资〔2017〕328号
18	《关于促进交通运输与旅游融合发展的若干意见》	交规划发〔2017〕24号
19	《关于开展田园综合体建设试点工作的通知》	财办〔2017〕29号
20	《关于深入推进农业领域政府和社会资本合作的实施意见》	财金〔2017〕50号
21	《关于促进市域（郊）铁路发展的指导意见》	发改基础〔2017〕1173号
22	《住建部　生态环境部关于印发城市黑臭水体治理攻坚战实施方案的通知》	建城〔2018〕104号
23	《在旅游领域推广政府和社会资本合作模式指导意见》	文旅旅发〔2018〕3号
24	《国务院办公厅关于进一步加强城市轨道交通规划建设管理的通知》	国办发〔2018〕52号
25	《乡村振兴战略规划（2018—2022年）》	—
26	《在文化领域推广政府和社会资本合作模式的指导意见》	文旅产业发〔2018〕96号
27	《关于推进养老服务发展的意见》	国办发〔2019〕5号

三、PPP绩效相关政策表述

从2014年开始制定的PPP相关政策到2018年《关于全面实施预算绩效管理的意见》的发布，PPP相关政策均强调通过绩效评价的方式提高PPP的运作效率，从而保障公众利益。此外，政策要求绩效评价结果应作为定价调价、项目公司或社会资本方取得项目回报的依据。相关政策文件见表1-8。

表1-8　　　　　　　　　PPP绩效相关的政策要求

政策文件	相关内容
《关于开展政府和社会资本合作的指导意见》(发改投资〔2014〕2724号)	绩效评价：项目实施过程中，加强工程质量、运营标准的全程监督，确保公共产品和服务的质量、效率和延续性；鼓励推进第三方评价，对公共产品和服务的数量、质量以及资金使用效率等方面进行综合评价，评价结果向社会公示，作为价费标准、财政补贴以及合作期限等调整的参考依据；项目实施结束后，可对项目的成本效益、公众满意度、可持续性等进行后评价，评价结果作为完善PPP模式制度体系的参考依据
《关于推广运用政府和社会资本合作模式有关问题的通知》(财金〔2014〕76号)	对政府和社会资本合作示范项目，财政部将在项目论证、交易结构设计、采购和选择合作伙伴、融资安排、合同管理、运营监管、绩效评价等工作环节，为地方财政部门提供全方位的业务指导和技术支撑
《关于政府和社会资本合作示范项目实施有关问题的通知》(财金〔2014〕112号)	对PPP示范项目实施全生命周期监管，定期组织绩效评价，评价结果应作为定价调价的重要依据，保证公共利益最大化
《关于在公共服务领域推广政府和社会资本合作模式指导意见的通知》(国办发〔2015〕42号)	建立政府、公众共同参与的综合性评价体系，建立事前设定绩效目标、事中进行绩效跟踪、事后进行绩效评价的全生命周期绩效管理机制，将政府付费、使用者付费与绩效评价挂钩，并将绩效评价结果作为调价的重要依据，确保实现公共利益最大化
《政府和社会资本合作项目财政管理暂行办法》(财金〔2016〕92号)	各级财政部门应当会同行业主管部门在PPP项目全生命周期内，按照事先约定的绩效目标，对项目产出、实际效果、成本收益、可持续性等方面进行绩效评价，也可委托第三方专业机构提出评价意见
《传统基础设施领域实施政府和社会资本合作项目工作导则》(发改投资〔2016〕2231号)	PPP项目合同中应包含PPP项目运营服务绩效标准。项目实施机构应会同行业主管部门，根据PPP项目合同约定，定期对项目运营服务进行绩效评价，绩效评价结果应作为项目公司或社会资本方取得项目回报的依据
《关于全面实施预算绩效管理的意见》	建立一般公共预算绩效管理体系……支出方面，要重点关注预算资金配置效率、使用效益，特别是重大政策和项目实施效果……同时，积极开展涉及一般公共预算等财政资金的政府投资基金、主权财富基金、政府和社会资本合作（PPP）、政府采购、政府购买服务、政府债务项目绩效管理

从具体流程来看，在《政府和社会资本合作（PPP）项目绩效管理操作指引》发布以前，已有相关政策从绩效监测、绩效评价、中期评估、后评价等方面作出了相关要求。2020年发布的《操作指引》则将绩效管理定义为PPP项目全生命周期开展的绩效目标和指标管理、绩效监控、绩效评价及结果应用。相关政策文件见表1-9。

表1-9　　PPP绩效管理各环节的政策要求

	政策文件	相关内容
绩效监测	《政府和社会资本合作模式操作指南（试行）》（财金〔2014〕113号）	政府应公开不涉及国家秘密、商业秘密的政府和社会资本合作项目合同条款、绩效监测报告、中期评估报告和项目重大变更或终止情况等
	《政府和社会资本合作（PPP）综合信息平台信息公开管理暂行办法》（财金〔2017〕1号）	项目执行阶段应当公开的PPP项目信息包括：（五）项目公司绩效监测报告、中期评估报告、项目重大变更或终止情况、项目定价及历次调价情况
绩效评价	《关于在公共服务领域推广政府和社会资本合作模式指导意见的通知》（国办发〔2015〕42号）	政府作为监督者和合作者，减少对微观事务的直接参与，加强发展战略制定、社会管理、市场监管绩效考核等职责
	《关于开展重大市政工程领域政府和社会资本合作（PPP）创新工作的通知》（发改投资〔2016〕2068号）	政府通过合同管理、绩效考核、按效付费，实现全产业链和项目全生命周期的PPP合作
	《关于组织开展第四批政府和社会资本合作示范项目申报筛选工作的通知》（财金〔2017〕76号）	项目应当建立完善的运营绩效考核机制，有经营性现金流，投资回报机制以使用者付费为主
	《关于规范政府和社会资本合作（PPP）综合信息平台项目库管理的通知》（财办金〔2017〕92号）	存在下列情形之一的项目，不得入库：……项目建设成本不参与绩效考核，或实际与绩效考核结果挂钩部分占比不足30%，固化政府支出责任的
	《关于进一步加强政府和社会资本合作（PPP）示范项目规范管理的通知》（财金〔2018〕54号）	加强项目绩效考核，落实按效付费机制，强化激励约束效果，确保公共服务安全、稳定、高效供给
	《关于推进政府和社会资本合作规范发展的实施意见》（财金〔2019〕10号）	建立完全与项目产出绩效相挂钩的付费机制，不得通过降低考核标准等方式，提前锁定、固化政府支出责任
中期评估	《关于印发政府和社会资本合作模式操作指南（试行）的通知》（财金〔2014〕113号）	项目实施机构应每3—5年对项目进行中期评估，重点分析项目运行状况和项目合同的合规性、适应性和合理性；及时评估已发现问题的风险，制订应对措施，并报财政部门（政府和社会资本合作中心）备案
	《传统基础设施领域实施政府和社会资本合作项目工作导则》（发改投资〔2016〕2231号）	项目实施机构应会同行业主管部门，自行组织或委托第三方专业机构对项目进行中期评估，及时发现存在的问题，制订应对措施，推动项目绩效目标顺利完成
后评价	《关于开展政府和社会资本合作的指导意见》（发改投资〔2014〕2724号）	项目实施结束后，可对项目的成本效益、公众满意度、可持续性等进行后评价，评价结果作为完善PPP模式制度体系的参考依据

续表

	政策文件	相关内容
后评价	《传统基础设施领域实施政府和社会资本合作项目工作导则》（发改投资〔2016〕2231号）	项目移交完成后，地方政府有关部门可组织开展PPP项目后评价，对PPP项目全生命周期的效率、效果、影响和可持续性等进行评价。评价结果应及时反馈给项目利益相关方，并按有关规定公开
	《政府和社会资本合作（PPP）综合信息平台信息公开管理暂行办法》（财金〔2017〕1号）	项目移交阶段应当公开的PPP项目信息包括：项目后评价报告（含对项目产出、成本效益、监管成效、可持续性、PPP模式应用等进行绩效评价），以及项目后续运作方式
全流程	《政府和社会资本合作（PPP）项目绩效管理操作指引》（财金〔2020〕13号）	PPP项目绩效管理是指在PPP项目全生命周期开展的绩效目标和指标管理、绩效监控、绩效评价及结果应用等项目管理活动

本章小结

PPP项目绩效管理有着丰富的内涵，其政策体系也存在着继续优化的空间。党的十九届五中全会继续关注“推进国家治理体系和治理能力现代化”，其中优化政府职责体系、健全政策协同发力的制度体系是坚持和完善我国特色社会主义行政体制的重要内容。随着PPP市场的不断发展，跨领域的事务逐渐增多，对部门间的协同配合提出了更高要求。对于PPP这类跨领域、长周期的政策，部门间的协同配合对PPP绩效管理政策的落实有着重要意义。

课后习题

名词解释

PPP　BOT　目标管理物有所值（VFM）

简答题

1. 简要叙述PPP项目的几种分类形式。
2. 简要叙述PPP项目绩效管理的目的。
3. 简要叙述PPP项目绩效管理的特征。
4. 简要叙述PPP政策演进的趋势。

论述题

1. 请说明PPP项目绩效管理的概念起源。
2. 请说明当前PPP项目绩效管理存在的问题。
3. 请说明PPP项目绩效管理的主要政策体系。

本章推荐阅读书籍

[1] 马海涛，曹堂哲，王红梅.预算绩效管理理论与实践[M].北京：中国财政经济出版社，2020.

[2] 曹堂哲.部门预算绩效管理：战略、预算与绩效的系统集成[M].北京：中国财政经济出版社，2020.

[3] 彼得·德鲁克.管理的实践[M].齐若兰，译.北京：机械工业出版社，2006.

本章主要参考文献

[1] 曹堂哲，施青军.基于政府治理范式的政府绩效评估演变分析——兼论中国政府绩效评估发展的路径选择[J].财政研究，2018（03）.

[2] 陈工.英、美、澳、新等国家实施绩效预算的改革及其对我国的启示[J].财政研究，2006（01）.

[3] 程瑜.激励与约束：中国预算绩效管理的制度创新路径[J].财政研究，2014（09）.

[4] 杜鹏程，赵曙明.德鲁克经典管理思想解读——纪念德鲁克100周年诞辰暨德鲁克管理思想研讨会观点综述[J].外国经济与管理，2009，31（11）.

[5] 韩兆柱，翟文康.西方公共治理前沿理论述评[J].甘肃行政学院学报，2016（04）.

[6] 焦军，秦士坤.绩效管理溯源与PPP项目绩效指标应用研究[J].中国政府采购，2020（04）.

[7] 李开孟.PPP模式创新及可持续发展的路径选择[J].招标采购管理，2018（06）.

[8] 王宏武.澳大利亚中期预算和绩效预算管理的启示[J].财政研究，2015（07）.

[9] 邢天添.新公共管理视野下的绩效预算改革[J].郑州大学学报（哲学社会科学版），2007（03）

[10] 熊伟，诸大建.以可持续发展为导向的PPP模式的理论与实践[J].同济大学学报（社会科学版），2017，28（01）.

[11] 许一.目标管理理论述评[J].外国经济与管理，2006（09）.

▶ 第二章 PPP 项目绩效管理的理论与体系

内容提要

PPP 项目绩效管理是一个包括主体、对象、过程等方面的体系。这一体系建立的理论基础包括利益相关者理论、合同治理理论、PDCA 循环理论、物有所值理论、平衡计分卡理论等。财政部门、各级行业主管部门、项目实施机构和项目公司在 PPP 项目绩效管理中扮演不同的角色，共同构成全方位的 PPP 项目绩效管理体系。PPP 项目绩效管理的对象包括所有 PPP 项目，可分为政府付费、可行性缺口补助和使用者付费项目。PPP 项目绩效管理过程嵌入在 PPP 项目管理的全生命周期中，包括事前绩效评估、绩效目标管理、绩效运行监控、绩效评价、评价结果运用等环节。

第一节 PPP项目绩效管理的理论基础[①]

一、利益相关者理论

利益相关者（Stakeholder）一说最早见于1927年通用电气公司一位经理的就职仪式上，他提出公司应该为所有利益相关者服务。自此之后，特别是在20世纪80年代，西方经济学界展开了一场“股东利益至上”与“利益相关者共同管理”之间的大讨论。“利益相关者共同管理”思想逐步发展，形成了利益相关者理论，突破了传统股东中心理论，从以个体为研究视角逐步转向以关系网络为研究视角，并且研究范围从企业管理中的财务、会计和营销领域逐步扩展到政治领域中的民营化、跨域治理领域。

关于利益相关者的内涵，目前国际和国内并没有统一的定义，这一概念最初被定义为影响企业存在的支撑群体，美国学者弗里曼认为“利益相关者是能够影响组织目标实现，或者受到一个组织实现其目标过程影响的人”。他的定义反映了利益相关者同组织以及组织目标实现的关系，具有一定代表性。[②]威勒（Wheeler）按照社会性和紧密性的两种维度将利益相关者划分为四个层次，扩充了费里曼对于利益相关者的范围界定。[③]

① “第一节PPP项目绩效管理的理论基础”各部分的写作参考文献为：周玥.我国政府与社会资本合作模式（PPP）的绩效管理：基于合同式治理视角分析［D］.北京：中央财经大学，2017。

② Freeman，R.Edward.Strategic Management：A Stakeholder Approach［M］.Pitman Publishing Inc，1984；林曦.弗里曼利益相关者理论评述［J］.商业研究，2010（08）：66–70.

③ 威勒将所有的利益相关者分成四类：第一，首要的社会性利益相关者，他们与企业有直接的关系，如顾客、投资者、雇员、当地社区、供应商和其他商业合伙人等。第二，次要的社会性利益相关者，他们通过社会性活动与企业形成间接联系，如居民团体、相关企业和众多利益集团等。第三，首要的非社会利益相关者，他们对企业有直接影响，但不与具体的人发生联系，如自然环境和人类后代等。第四，次要的非社会性利益相关者，他们对企业有间接影响，也不包括与人的联系，如非人物种等。参见贾生华，陈宏辉.利益相关者的界定方法述评［J］.外国经济与管理，2002（05）：13–18；Wheeler D.，Maria S..Including the Stakeholders：The Business Cade［J］.Long Range Planning，1998，31（02）：201–210.

将利益相关者的内涵引入PPP模式中，其中不仅包括PPP合同中涉及需要承担责任的主体，还包括PPP项目中与其直接或者间接发生关系的主体，本书套用费里曼关于利益相关者社会性和紧密性二维度划分，对PPP项目的利益相关者进行归纳和整理，如图2–1所示。

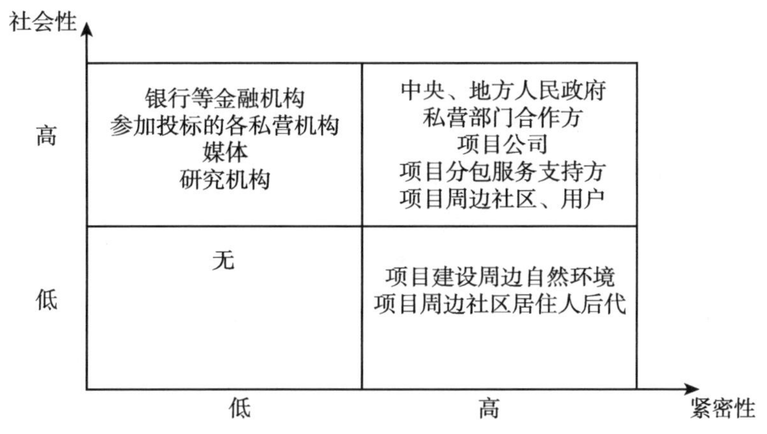

图2–1　PPP模式中利益相关者分析

由图2–1可知，在PPP模式中，社会性和紧密性居高的利益相关者有政府部门、私营部门投资方、项目公司、项目分包服务方以及项目周边社区及其居民，可将其划分为四类，分别是政府部门、私营部门投资、建设运营方（其中包括项目公司和项目分包服务方）以及项目受众。

（一）政府部门

作为政府和社会资本合作模式的重要参与主体，政府部门在其中扮演例如项目规划者、发起者、购买者、项目建设和运行的保证者、监管者和经济利益的保证者等角色[①]。可将这些角色分为两类：一类是同私营部门平等的项目投资方，另一类是作为市场监管主体的一方。通常将这两类角色称为政府在PPP项目中的“双重角色”。第一类角色中，作为项目股东同其他股东角色一致，政府同其他私营机构的项目投资方共同投入、分享收益，一般PPP项目的股东结构主要包括：政府出资代表[②]、私营机构和个人投资方，多元的投资主体往往更有利于项目资金的保证，不同的投资主体均按照出资或投入资金的多寡来分配相应的项目控制权和监督管理权，项目公司的存在即反映出经营权和管理权的分离，更有益于保证项目效率。在这种角色中，“公”和“私”作为股权所有者性质相同，但二者追求的利益完全不同，私营部门作为股东，投入的是私人资本，追求的是私人利益最大化；政府作为

① 王东.PPP主体关系中的政府——角色定位与行为机制框架［J］.中国政府采购，2015（03）.

② 在PPP项目中，政府不能直接从事对项目公司的股权投资行为且不具备实际控制力和管理权，通过企业作为出资代表落实对项目的出资并通过股东权利实施监管。

股东，投入的是税收或者转让特许经营权，追求的是公共利益最大化。另一类角色则为政府所独有，作为公共生活的管理者，经过公众的授权享有社会公权力，承担市场监管和提供公共服务的职能，在PPP模式中，政府部门拥有制定规则的权力，这要求政府始终代表大众利益，对市场各微观主体负有监管的职责。

（二）私营部门投资方、建设运营方

私营部门投资方和建设运营方是政府与社会资本合作的直接利益相关者，在一般的PPP项目中，私营部门投资运营方包括三大主体，分别是私营部门投资方、私营部门建设运营方以及PPP项目技术和服务支持方。

首先，就私营部门投资方而言，一般来说，在项目公司中的股东可以由中标的一个或者多个联合的私营部门独立担任，也可以由政府方国有股东和中标私营部门共同担任。可见，无论何种股东成分构成，私营部门都是PPP项目中的重要股东之一。不仅如此，依照财政部2014年印发的《PPP项目合同指南（试行）》中的规定，“政府在项目公司中的持股比例应当低于50%且不具有实际控制力及管理权”。社会资本必定能享有项目中超过一半的股权，例如江西峡江水利枢纽工程PPP项目中，除中央预算内资金定额补助和江西省省级财政共计401700万元的政府资本外，社会资本总投资590516万元[①]；安徽省安庆市市政道路PPP项目中，安庆市城投作为政府出资代表，在PPP项目中持股12%，中标的社会资本则持股88%。因此，在PPP项目中中标的私营部门投资方虽然将资本投入公共领域，但其营利也是按照市场规则，追求利益最大化。

其次，项目公司是在完成招投标过程的基础上，由私营部门或者政府出资方代表与私营部门共同组建成立，目的是代表两方完成项目建设、运营阶段融资、日常管理和维护以及利益分配等工作。项目公司既是公共部门和私营部门合作伙伴关系的体现和协调机构，也是项目成果的主要实现机构。在建设过程中，项目公司按照市场原则选择合作方，将建设任务分包给其他公司，在节约成本获得最大收益的原则下及时有效地完成项目建设工作，运营阶段则要兼顾公共利益和经济利益的实现，必要时要更好地满足社会公共需求，实现比传统单独行动更优的结果。

最后，PPP项目技术和服务支持方在规避风险方面起到举足轻重的作用。技术和服务支持方可以有多种表现形式，比如说工程承包商、供应商主要为项目公司提供资源供应和技术支持；运营商主要为协助项目公司的运营管理活动。在特定环境下有效规避风险成为各市场微观主体在竞争活动中的首要追求，项目公司为更有效地规避风险，也加强了同咨询公司和保险公司的合作，咨询公司提供第三方事前评价报告，保险公司则为项目公司分担风险，在发生影响建设和经营活动的自然灾

① 中华人民共和国国家发展和改革委员会官网PPP专栏，http：//tzs.ndrc.gov.cn/zttp/PPPxmk/pppxmal/。

害和意外事故后能够给予项目公司一定经济补偿，以保护投资者利益。因此这些技术、服务支持方均按照市场规则运转。

（三）项目受众

项目受众一般是指某PPP项目周围所覆盖区域的社区公众。在城市化进程中，人与人之间的联系更加紧密，城市和农村中出现了许多相对稳定的社会共同体，也就是通常所说的社区。一个社区的公众生活在相同的地域环境内，具有相似的价值观和经济水平，因此对公共产品和服务的需求也是相似甚至相同的。由政府部门牵头引入社会资本来提供包括基础设施在内的公共产品和服务，项目的受众也是紧密性最高的利益相关者之一。项目建成与否、运营水平高低直接关系到这些受众的生活，高绩效的PPP项目能够为周边社区居民提供足够的公共产品和服务，提升居民幸福感；而低绩效的PPP项目虽然在一定程度上也能够满足居民需求，但是由于时间成本和经济成本的增加，受众的满意度会大大降低。

戈兰·姆拉登诺维奇（Goran Mladenovic）等人整理了65篇相关文章后，对PPP交通项目的不同利益相关者预期的绩效评价指标进行了整理，如表2-1所示。

表2-1　　PPP项目不同利益相关者的绩效目标

公共部门绩效目标	私营部门绩效目标	使用者绩效目标
效率（全生命周期成本） 找到三个利益相关者各自期望的平衡点 效益 政策/规制的完善 形成稳定的长期关系（将机会最大化） 项目管理技术/经验 最小化成本、最大化使用者利益 风险分担	建立信任/长期的关系 找到三个利益相关者各自期望的平衡点 项目管理技术/经验 政策/规制的完善 风险分担 效率（全生命周期成本） 创新（创新的解决方案） 形成稳定的长期关系（将机会最大化）	安全 最小化经营成本（VOC） 物有所值 可用性 可靠性 舒适度 公共意识 可访问性
创新（创新的解决方案） 信任的建立 使用者满意度 物有所值（VFM） 机构改革 市场自由化 来自市场的技能 有效的技术转移 期望管理 持续的监测 规制/采购的专业化	期望管理 最小化成本、最大化使用者利益 来自市场的技能 机构改革 有效的技术转移 市场自由化 使用者满意度 内部回报率 监管的框架 交通事故风险	社会责任

资料来源：Goran Mladenovic，NevenaVajdic，Bjorn Wündsch，Alenka Temeljotov-Salaj.Use of key performance indicators for PPP transport projects to meet stakeholders’ performance objectives［J］.Built Environment Project and Asset Management，2013，Vol.3 No.2：228-249。

利益相关者理论奠定了分类开展PPP绩效评价的理论基础，不同的利益相关者利益诉求存在差异，各自追求的绩效目标也存在差异，因此在实施绩效评价的时候，应体现不同主体开展评价的差异性。比如《政府和社会资本合作（PPP）项目绩效管理操作指引》对建设期和运营期的PPP项目绩效评价分为项目公司评价和实施机构评价，两者的指标体系存在差异。

二、合同治理理论

合同式治理，又称合同制治理，其作为管理理念和政府治理工具是新公共管理改革的产物，不论是发达国家还是发展中国家，在公共管理领域，自上而下的权威模式和以平等为基础的协商模式相互交叉。后者协商模式就建立在“合同”的基础之上，如何能够从权威治理转向平等协商治理，发挥好合同式治理的纽带作用显得尤为重要。合同式治理理念的核心在于“合同”和“治理”二词，其中“治理”是根本，是公共部门运用行政权力调配社会资源，满足社会公共需求，从而实现有效地管理的重要手段，体现了一种垂直的行政权威。而“合同”是实现公共目的的一种手段，而非目的本身，因此合同式治理，区别于私营部门之间平等的合同管理，它是基于纵向的行政权威和横向合作协商下的政府管理手段。合同，又可以称为契约，罗马法最初将其看作是许多人共同从事某种交易而签订的协议。在不同国家的法律规范下，合同的内涵有所不同，在英美法系中合同是一种允诺、协议或法定债务；我国《中华人民共和国民法典》中将“平等主体的自然人、法人、其他组织之间设立、变更、终止民事权利义务关系的协议”视为合同的法定定义，更多强调的是主体之间的平等关系。把“合同”一词放至于公共领域中，一般合同可理解为指导公共产品和服务提供的各种协议的构成。

对于合同式治理中“合同”精神的起源，最早可以追溯到契约观念，特别是在西方国家，思想家们很早就将契约的精神同政治生活结合在一起，起初契约一词被用于解释国和法的产生，例如古希腊智者普罗泰戈拉（Protagoras）用契约来解释法，伊壁鸠鲁（Epicurus）则提出国家和法都是社会契约的产物。真正将契约精神引入政治生活则有赖于近代西方政治思想家霍布斯（Thomas Hobbes）、洛克（John Locke）、卢梭（Jean Jacques Rousseau）和孟德斯鸠（Baron de Montesquieu）等契约论思想家。

霍布斯等人为了避免落入“自己论证自己”的怪圈，将人的属性从政治和社会中剥离出来，人与人之间存在事实上的平等，并以个人利益的实现和满足作为原始意愿。随着人们自我满足的欲望不断膨胀，自然状态下的自然物品难以满足后就会出现合作，也就是人与人之间的同意，而表达同意的方式和载体就是社会契约。近代社会契约论中的契约即指每个自然人让渡自己的一部分自然权利给共同体，进而形成主权，主权者在维护公共秩序中拥有权威，让渡权利的自然人受到主权的约束来规范自己的行为，从而形成相对稳定的社会状态。16—17世纪的契约观解释的是社会和公共权力的形成，是拥有自由意志的自然人同其他人订立的合作契约。

现代意义的合同虽然同近代契约理论的形式、主体和范围都大不相同，但基本保留了近代契约观中为减少自身利益损失而寻求合作的思想，也基本保留了合同主体通过权利让渡，在所有合同相关者中形成一套规范来约束行为、承担责任以及获得利益等内容。直到20世纪70年代末80年代初，西方资本主义国家所奉行的凯恩斯主义为政府管理带来了制度僵化、机构臃肿、效率低下乃至政府失灵等问题，于是发轫于英国的新公共管理改革开始在世界范围内扩展，治理理论、委托—代理理论、交易成本理论应运而生，成为了合同式治理出现的基础，推动合同式治理向理论化方向发展。

世界银行于1989年用“Crisis in Governance”（治理危机）描述非洲的情势，首次提出了“治理”一词，而后“治理”一词进入各国的政治研究中，治理理论不断得到丰富和发展。归根结底，这一理论产生于全球化和不确定因素迅速增加的大变革时代，福利国家危机成为西方资本主义国家进行新公共管理改革的催化剂，以求在全球经济竞争中占据有利地位。在这种情况下，治理理论的有效性得以检验。治理理论将行政领域内关注的重点由传统行政关注组织内部，转向了关注组织和行为主体的复杂关系，强调平等、合作以及公共利益的实现。

21世纪初，我国学者俞可平在分析其他各国学者关于治理理论的五种观点以及治理的失效时，针对中国的政治现实，提出了“善治”这种政治分析框架①。他认为一个善治的政府应具有六种要素，分别是合法性、透明性、责任性、法治、有效和回应，认为公共权威来源于政府与公众的有效合作，区别于传统公共行政的新型政府与社会关系。

（一）委托—代理关系理论

委托—代理关系理论兴起于20世纪60—70年代，被用于分析在信息不对称的情况下委托人和代理人之间的相互影响和关系，以及如何能够在存在风险的前提下调整双方的关系，其中代理关系有狭义和广义两种理解。从狭义上来看代理关系是特指在公司的管理结构中，资本所有者通过合约明确将权利（控制权）授予代理

① 俞可平认为：“善治是政府与公民之间的积极而有成效的合作，这种合作成功与否的关键是参与政治管理的权力。公民必须有足够的政治权力参与选举、决策、管理和监督，才能促使政府并与政府一道共同形成公共权威和公共秩序。”

的关系，例如雇主和雇员之间的关系；广义上代理关系则泛指委托人通过任何方式的合约将控制权利赋予代理人并承担一定的风险的关系。由此不难发现，委托—代理关系理论最初是被运用在西方的企业管理实践中的[①]。后期西方学者也对此进行了大量的理论研究，各类研究的前提就在于委托方和代理方之间存在或明或暗的合约，以说明两者各自的权利和义务。

在这之后，随着政府再造运动的开展，原本严格划分的公私界限已被打破，公共部门和私营部门之间的互动与合作也越来越深入，委托—代理关系理论被引入公共领域，吕志奎（2008）指出政府合同制治理中必然会存在合同化的市场逻辑与政府部门公共属性之间的矛盾，这将产生逆向选择、寻租风险、道德风险、责任风险和政治风险等一系列委托—代理关系风险，因此从委托—代理关系理论的视角研究出选择性激励和第三方监管等交易规则，以化解风险。目前，委托—代理理论在我国行政管理领域的运用主要集中于以下四个方面：上下级政府关系、政府等公共部门与私营部门、公众之间关系、国有企业改革和腐败问题研究，其中在公共部门与私营部门和公众关系之间的应用主要体现在政府和社会资本合作方面。[②]

（二）交易费用经济学理论

交易费用经济学理论，也被称为交易成本理论，同委托—代理理论一样最早用于企业的生产经营活动中。交易费用经济学理论的阐述最早见于1937年科斯（Ronald H.Coase）《企业的性质》一书，科斯认为进入市场的交易并非按照完全竞争理论中的价格信息被所有的市场参与者掌握的条件进行，市场参与者在获得价格信息时要付出代价，这一代价就是成本，同时交易过程的复杂性也为顺利交流增添了一系列不确定因素，在克服这些不确定因素中所花费的资本也是成本。这些成本也就是交易费用，科斯通过交易费用来解释企业存在的原因。

交易费用经济学理论经过了阿曼·阿尔钦（Armen Alchian）、哈罗德·德姆塞茨（Harold Demsetz）等多名学者的研究和发展，其中美国经济学家奥利弗·威廉姆森（Oliver E.Williamson）是集大成者。威廉姆森认为交易的过程就是签订契约的过程，并将其视作静态过程，并对科斯提出的交易产生的成本作了补充，即成本不仅包括订立契约之前的成本，还包括订立契约之后为修改条约或退出交易所发生的成本。具体到公共部门领域，交易费用经济学认为公共部门会因为自身效率、能力不足以及市场偏好等种种原因，通过与其他部门签订合同来完成公共产品和服务的

① 美国经济学家Burley、Minnes（1932）在《现代公司与私有财产》中提出公司所有者同时拥有经营权这种情况存在着极大的弊端，因此提出委托—代理理论。

② 吕志奎.政府合同治理的风险分析：委托—代理理论视角［J］.武汉大学学报（哲学社会科学版），2008（05）：676-680.

提供，通过这种方式发生的成本要低于自身提供所带来的成本。

由此可见，合同式治理是政府在治理过程中订立合同来指导公共产品和服务的提供的制度安排，其中不仅包括公共部门同其他部门签订外包合同，来向社会提供公共产品和服务，还包括政府自身通过合同进行内部管理。正如莱恩（Jane Erik Lane）所说，“政府在决定一项公共物品和服务是由政府自身提供还是由其他组织提供时，是通过竞争性的合同制度来完成的”①。

通过对合同式治理内涵的阐述，可将合同式治理理论归纳为两个部分，分别是多种主体和一套流程。多种主体反映出合同式治理理论中公与私的融合，私营部门可以通过合同的形式进入公共部门领域，而公共部门也通过合同的方式转移部分权利、责任与风险。一套流程体现的是合同式治理模式的运作程序，传统的公共治理模式中的合同依靠的是行政权威，从纵向权力层级自上而下地完成社会供给，追求的是长期连续性和稳定性；而新公共管理中的合同式治理理论更多强调的是平等和互利共赢的合同运作，其中权力让渡并非彻底的转移，而只是在一定的合同期限内，通过政府与市场的互补，以外包或特许经营等方式完成公共产品和服务的供给。采用合同式治理的政府通常将实践的重点放在如何谈判、签订和执行合同方面，即强调合同从合作模式确定、合同方选择、合同签订、合同实施、合同评估以及合同终止整个过程。绩效管理以绩效评价为研究基础，各部门对绩效的要求逐渐从强调事后评价的绩效评价，向强调完整过程的绩效管理转变，PPP模式绩效管理的各个环节与合同式治理强调的过程观相符合。

三、PDCA理论

PDCA是英语单词Plan（计划）、Do（执行）、Check（检查）和Act（处理）的首字母组合，PDCA循环就是按照这样的顺序进行质量管理，并且循环不止地进行下去的科学程序。PDCA循环由美国质量管理专家休哈特（Walter A.Shewhart）博士首先提出，由戴明（William Edwards Deming）采纳、宣传并获得普及，所以又称戴明环。在质量管理活动中，要求把各项工作按照作出计划、计划实施、检查实施效果，然后将成功的纳入标准，不成功的留待下一循环去解决。

P（Plan）计划，包括方针和目标的确定，以及活动规划的制定。

D（Do）执行，根据已知的信息，设计具体的方法、方案和计划布局；再根据设计和布局，进行具体运作，实现计划中的内容。

---

①［英］简·莱恩.新公共管理［M］.赵成根，等，译.北京：中国青年出版社.2004：8.

C（Check）检查，总结执行计划的结果，分清哪些对了，哪些错了，明确效果，找出问题。

A（Act）处理，对总结检查的结果进行处理，对成功的经验加以肯定，并予以标准化；对于失败的教训也要总结，引起重视；对于没有解决的问题，应提交给下一个PDCA循环中去解决。

（一）P：计划阶段

PPP项目绩效管理的计划阶段是PPP项目绩效管理全过程的开端和基础，此阶段发生于公共部门和中标的私营部门的特许经营合同签订之前，主要工作内容有：

第一，PPP项目物有所值确认；

第二，由政府主导成立项目绩效管理机构，明确项目的绩效管理主体；

第三，识别项目绩效目标，即通过PPP项目，政府和私营部门在投入资金后预计能够得到的结果或产出；

第四，将绩效目标具体到PPP项目全生命周期的各个环节，从而明确项目主体的权利与义务，并这些内容明确在特许经营协议中。

1.识别绩效目标。

绩效目标是绩效管理全过程的重要组成部分，一般是指评估者对被评估人、被评估部门或者被评估项目实现结果的预估。公共领域中，我国学者夏书章在定义政府绩效管理内涵中强调了目标导向的绩效管理①，肯定了绩效目标在绩效管理中的重要地位。财政部2011年在《财政支出绩效评价管理暂行办法》中明确指出"绩效目标是绩效评价的对象计划在一定期限内达到的产出和效果"。并从指向明确、具体细化和合理可行三个方面对绩效目标的设定作出要求。

PPP模式涉及私营部门和公共部门，在识别绩效目标过程中也应该从这两个方面分别进行考量。私营部门的绩效目标更多考量的是其投入和产出，即主要从成本（时间成本、资金成本、人力成本和风险成本等）、产出（项目工程质量和运营质量）、结果（获得的经济利益）等方面设计绩效目标。政府部门在PPP模式绩效目标设计过程中除考虑上述私营部门侧重的方面外，更多的是对项目所能实现社会效益水平和程度，以及项目的可持续发展水平。因此，在项目合同签订前就绩效计划识别出明确、具体、可行以及兼顾公私的绩效目标。

2.将绩效目标落实为PPP项目主体间的权责关系。

当政府部门对某一项目通过物有所值评价，确定采取PPP模式来向社会提供公共产品和服务时，订立合同的过程也就开始了。合同不同于简单的联盟，基于合同

---

① 夏书章.行政管理学（第四版）[M].北京：高等教育出版社；广州：中山大学出版社，2008：453.

的合作关系，在法律层面和现实层面都具有很强的稳固性和可操作性。

PPP项目中的合同通常以特许经营协议呈现，经过物有所值评价、绩效管理主体确定和绩效目标识别等过程后，这些内容将以权利和义务等条款的方式落实到PPP项目各环节主体上。具体而言，特许经营协议签订双方分别为甲方——PPP项目所在区域政府及其相关部门，和乙方——中标的私营部门合作方，双方在协议中必须按照绩效目标将双方的基本权利和义务、一般责任以及经营权、建设要求、验收要求、运营要求、维护要求以及项目移交要求明确细致地反映在协议中。

（二）D：执行阶段

PPP项目中政府和私营部门按照特许经营协议的相关规定展开PPP项目的建设工作后即进入合同实施阶段，这也标志着该项目的绩效管理已从绩效计划阶段转入绩效监控阶段。绩效监控是绩效管理全过程中周期最长、变动因素最多的阶段。在这一阶段，绩效管理者和被管理对象只有积极配合、加强沟通、促进实施行为，并根据实际运作情况不断调整才能保证项目绩效目标的顺利完成。因此，在此环节中政府作为绩效管理的组织者和实施者，工作重点是对PPP项目建设运营过程中信息的收集、同私营部门投资方和项目公司的沟通以及落实绩效计划过程中识别的绩效目标。PPP项目绩效监控包括项目信息收集、项目沟通、合同管理三个步骤（见图2–2）。

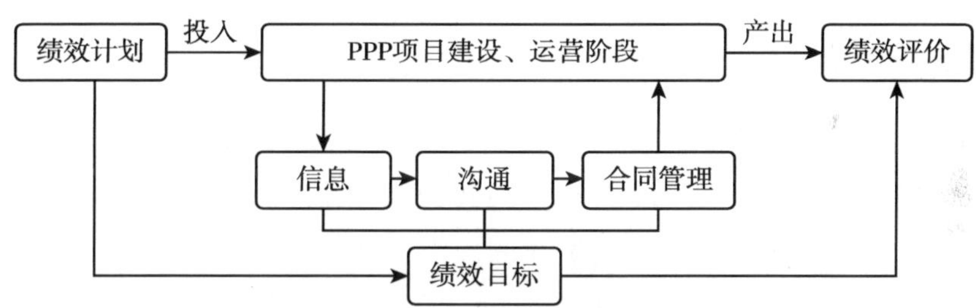

图2–2 PPP项目绩效监控步骤

1.项目信息收集。

项目信息收集无论是在经济领域还是在政治领域信息都至关重要，准确、及时的信息收集不仅能够在竞争中识别机会，取得先动优势，同时也是正确决策的基础。有效信息的收集之于绩效管理也是一项基础性的工作，特别是在绩效监控过程中，绩效管理者通过对有效信息的收集和整理，发现项目实施过程中的偏差与失误，从而作为与被管理人沟通的基础。

在PPP项目中，由于项目本身具有耗资大、工期长以及涉及面广等特征，且是社会效益与经济效益的融合，因此，政府在绩效监控过程中更要发挥宏观调控的作用，通过多种渠道、多种方式来收集项目信息。在信息收集的过程中特别要注意以下四点：第一，私营部门投资方、项目公司应协助绩效管理小组共同进行信息搜集；第二，要针对关键绩效指标相关内容进行有效的信息收集；第三，定期收集与不定期收集的方法相结合；第四，切勿将推测或者估计信息纳入到事实信息中。

2. 项目沟通。

针对信息收集结果进行的项目沟通是项目绩效监控的核心环节之一。绩效管理小组在收集各项同绩效相关的信息后，通过数据处理和分析，能够掌握反映出绩效高低的关键事件，从中可以获得绩效优异或者低下的潜在原因。在寻求纠偏措施的过程中需要PPP绩效管理小组与绩效管理对象进行持续的沟通。

项目沟通也可被称作持续绩效沟通，可分为书面沟通（报告）、团队沟通和非正式沟通等沟通方式。绩效管理小组要结合被评价项目的实际情况，选择一种或者多种沟通方式，以纠正或者缩小绩效实施过程中的偏差。

3. 合同管理。

PPP项目经过信息收集、绩效沟通等环节后最终要落实到合同管理上。不论是政府还是私营部门的行为，都受到合同条款的约束，通过合同进行管理是PPP项目绩效监控的着力点，一方面按照合同中的严格规定对被管理者低效、偏离绩效目标的行为进行强有力的督促与纠正，能够弥补绩效沟通的不足；另一方面如果在监控过程中发现绩效计划中存在的问题，也能够在合同中进行重新规划与管理。

（三）C：检查阶段

当PPP项目按照特许经营协议中规定的期限完成，或者提前完成项目建设运营工作，PPP项目将进入绩效评价阶段（特指终期评价）。在此阶段，相关部门需要完成移交准备、性能测试、资产交割和绩效评价等工作，其中最为核心的任务就是绩效评价。绩效计划和绩效监控从某种意义上来说，是绩效评价的前期准备环节。绩效计划和绩效监控使项目在实施过程中能够最大限度地按照绩效目标的要求进行，绩效评价则是对项目绩效目标完成程度的考量。

1. 确认评价主体、评价机构和评价对象。

确认绩效评价的主体，即为谁而评。PPP项目中存在多元且目标各异的利益相关者，政府及其相关部门对PPP项目进行绩效评价的目的在于衡量政府财政资金用于此项公共产品的提供是否做到物尽其用，以及此项目是否满足周边区域内公众的需求；而私营部门除上述考量之外，更多的是期望通过绩效评价考量项目建设中是否做到投入最小产出最大，项目运营中是否得到预计合理的经济利润回报。因此要在评价中明确主体，兼顾多元。

确认评价机构，即确认由谁来评。绩效管理小组是由政府组织成立的绩效监督管理单位，其中包括政府、相关领域专家学者以及私营部门合作方代表，目前国内外评估单位由于其较高的专业水平和客观程度，也开始承接PPP项目的绩效评价工作，通常称其为第三方评价。

确认评价对象，即评价谁，PPP项目就是绩效评价的客体。PPP项目绩效评价中既存在阶段项目评价又存在最终项目评价；既存在局部项目评价也存在整体项目评价，总之，绩效评价均建立在评价主体和评价机构全面深刻认识评价客体的基础之上。

2.建立评价指标体系。

绩效评价指标体系是具体化和系统化的绩效目标，衡量一个PPP项目是否实现原定或在绩效监控中调整后的绩效目标，需要凭借绩效评价指标体系。由此可见，绩效评价指标体系的设计是否科学合理至关重要。PPP项目绩效目标的复杂性客观上增加了绩效评价指标体系设计的难度，特别是对于社会效益实现程度的衡量，因此PPP项目绩效评价指标体系设计必须满足以下五项原则，简称CREAM原则①（见图2-3）。

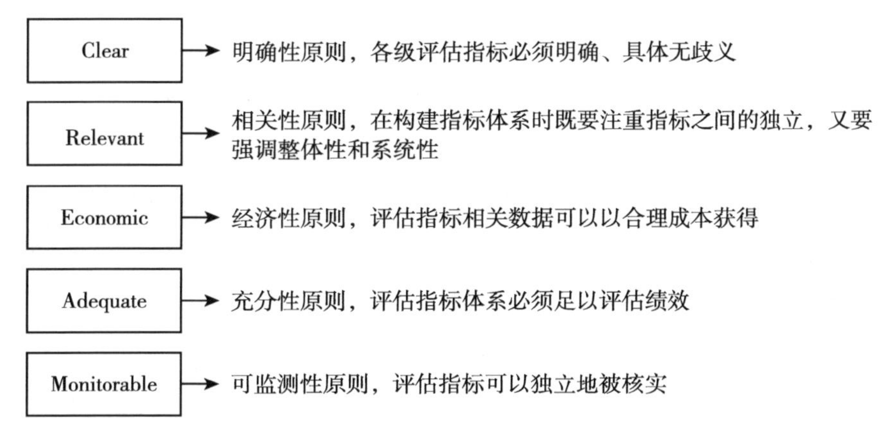

图2-3 PPP项目绩效评价指标体系设计原则

在明确PPP模式绩效评价指标设计原则基础上开展指标体系构建工作则可有多种方式，绩效评价指标体系中常含有多层指标。如何识别并设计出指标体系，重点在于识别关键绩效指标并进行赋值。

PPP项目绩效评价指标体系的设计通常需经过三道程序，分别是识别、筛选以及赋值，这三道程序分别可以采用平衡计分卡、问卷调查法和层次分析法实现。

3.实施绩效评价。

实施绩效评价是PPP项目绩效评价的最终环节，在此阶段绩效评价主体，需要按照确定的绩效评价指标和评价标准对每个指标PPP项目的实现情况进行打分，再

① 施青军.政府绩效评价：概念、方法与结果运用［M］.北京：北京大学出版社：1995.

通过指标权重确定PPP项目的最终评价分数，通过具体的分数定义该项目的绩效实现情况。建立在数字基础上的绩效评价能够更直接地反映出PPP项目绩效的高低。

（四）A：处理阶段

绩效评价结果的反馈与运用是绩效管理全过程的最终落实点，发生在政府部门和私营合作部门合同关系的结束之后，能够有效对绩效评价结果进行反馈和运用是这一阶段PPP绩效管理机构工作的重点。

绩效评价结果的反馈是绩效评价的后续阶段，PPP项目工期长、投资金额大以及利益相关者范围广的特征决定了PPP项目绩效评价不是单次的活动，而是项目中期阶段性评价和项目终期评价相结合的行为，这也决定了绩效评价结果反馈的持续性和连贯性，以保证项目绩效能够得到持续的改进和纠偏。反馈依赖绩效管理机构与被管理者长期有效的沟通。此阶段的沟通与绩效监控时期的沟通的不同之处在于，平等协商的成分小于按照合同的相关规定和绩效目标对被管理者提出绩效改进的要求，让项目实施方明确项目绩效水平，按照合同中的权责规定完成角色任务。

同全面质量管理[①]中强调持续改进与行为优化的特点类似，绩效管理也是一个循环往复的过程（见图2–4），绩效评价结果的反馈重在促进改进绩效，而绩效评价结果的运用更侧重于对下一阶段绩效计划制定的影响。优异的绩效评价结果能够为下一阶段绩效计划提供正向的参考意义，而低下的绩效评价结果也能够使绩效管理机构进行反思，规划各个环节的绩效管理行为。尤为重要的是，绩效评价结果反映出来的项目绩效情况直接反映出政府和私营部门是否切实履行了合同规定的义务、承担了项目责任和分担了项目风险，绩效评价结果是政府对项目付费的依据，同时也能为政府今后选择合同伙伴、制定规范性文件提供经验参考。

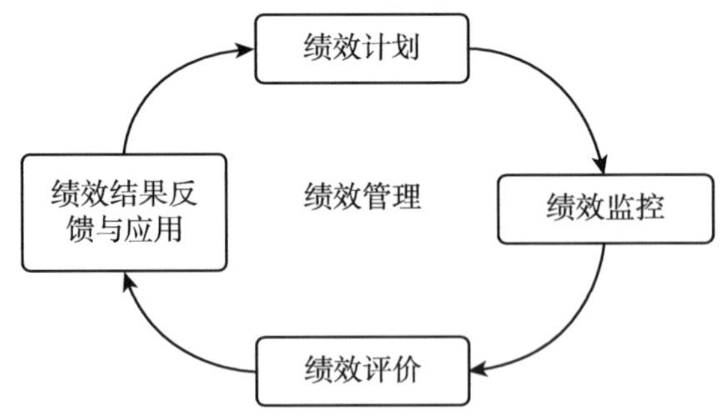

图2–4　PPP项目绩效管理全过程

① 全面质量管理，即TQM（Total Quality Management），1956年美国费根鲍姆提出全面质量控制概念，1961年在对全面质量控制理论进一步完善后出版了专著《全面质量管理》，标志着全面质量管理理论的形成。他将全面质量管理定义为为了能够在最经济的水平上，并考虑充分满足用户要求的条件下进行市场研究、设计、生产和服务，把企业内各部门研制质量、维持质量和提高质量的活动构成一体的一种有效体系。

四、物有所值理论

物有所值（VFM）源于20世纪90年代的英国，英国审计署把它定义为“最优化利用可用资源以获取想要的结果”，包含三个方面：节约（Economy）、效率（Efficiency）和效果（Effectiveness）。“节约”，是指通过谨慎地利用资源使成本最小化，是从成本角度对投入进行度量；“效率”，指使用较少的成本、时间和精力提供相同的服务，是从生产率的角度度量从投入中获得多少产出；“效果”则是指使用相同的成本、时间和精力提供更好的服务或获取更好的回报，用于度量项目可否有效地实现预期目标。因而，物有所值即用来衡量投入的资金所获得的效果，除了强调效率和效果外，还强调投入的成本和效果的关系。英国公路局认为物有所值是指针对特定的功能，使用最低的全寿命周期成本（Life Cycle Cost，LCC）满足要求的服务质量。世界银行政府和社会资本合作基础设施咨询基金（Public-Private Infrastructure Advisory Facility，PPIAF）将物有所值定义为“在满足用户要求的前提下，产品或服务的全寿命周期成本与质量性价比最优的组合”。澳大利亚基础设施中心把物有所值定义为“由社会资本提供的服务结果与风险转移程度对政府财政的综合影响”。新西兰对物有所值的定义为“经济、有效和无浪费地利用资源，综合考虑一种采购安排的总成本和效益，以及对要实现的成果的贡献”。南非财政部PPP中心认为物有所值为“社会资本提供原由政府部门提供的职能和服务，从而在成本、价格、质量、数量、风险转移等方面给政府带来的净效益”。欧洲PPP中心将物有所值定义为“全生命周期的所有收益、成本、风险的最佳效果”。①

项目VFM值越大，说明PPP项目实现的经济价值越大，绩效也就越高。所以，PPP项目在实施过程中是否实现物有所值实际上是PPP项目是否取得成功的关键。

五、平衡计分卡

平衡计分卡（Balanced Score Card，BSC）由哈佛大学教授罗伯·卡普兰（Robert Kaplan）和诺朗顿研究院执行长大卫·诺顿（David Norton）为衡量组织绩效而研究得出的绩效评价体系设计方法，最初这种方法被用于企业中，因此衡量的维度也以财务评价为主，之后被引入公共领域。我国学者以平衡计分卡在企业中的评价维度为基础，结合公共项目的特点，发展出PPP项目绩效评价指标体系的五大维度②，并

① 崔彩云.基础设施PPP项目VFM驱动机理与治理绩效改善研究［D］.北京：中国矿业大学，2018.

② 王玉梅，严丹良.基于平衡计分卡的PPP项目绩效评价体系研究［J］.会计之友，2014（02）.

从五大维度出发根据项目相关领域的评价指标，发展出二级、三级等多级指标，如图2-5所示。

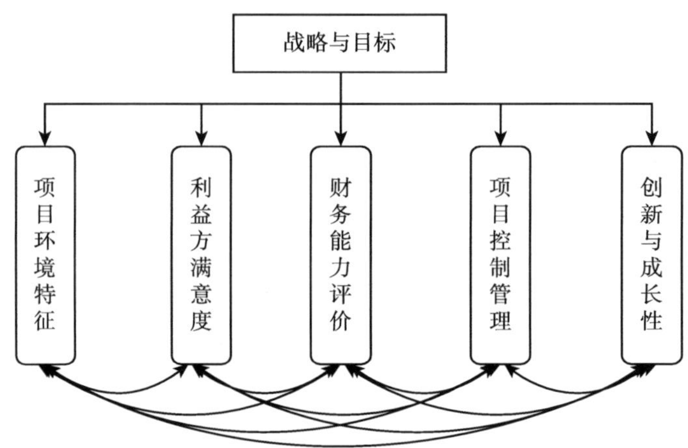

图2-5　基于平衡计分卡PPP项目绩效评价指标维度

通过平衡计分卡法得出一系列指标后，需要对这些指标进行筛选，筛选环节采用问卷调查法较为有效。问卷调查法是将初步选取的指标以问卷的形式向各利益相关者进行发放与回收，从而得出关键绩效指标的方法。用这种指标设计出的绩效评价指标体系虽然耗费较多人力、物力、财力，但在一定程度上能够全面反映利益相关者对项目绩效的诉求，是绩效目标的充分体现。

关键绩效指标（Key Performance Indicators，KPI），是指将组织战略目标经过层层分解而产生的用以衡量组织战略实施效果的可操作性的关键指标体系，其目的是建立一种机制，将组织战略转化为内部流程和活动，从而不断增强组织的核心竞争力，使组织持续发展。关键绩效指标的假设是组织战略的实现往往依赖于关键成功领域的某些关键绩效要素，其管理精髓就在于抓住关键、以少治多，是“二八”原理的生动体现。关键绩效指标体系有三个重要的关键词：关键成功领域（Key Result Areas，KRA），关键绩效要素（Key Performance Factors，KPF）和关键绩效指标（Key Performance Indicators，KPI）。关键绩效指标通常采用财务指标、经营指标、服务指标和管理指标的分类方法，其中财务指标侧重衡量组织创造的经济价值；经营指标侧重衡量组织经营运作流程的绩效；服务指标侧重衡量利益相关者对组织及其所提供的产品和服务的态度；管理指标侧重衡量组织日常管理的效率和效果。

关键绩效指标的设计通常是采用基于战略的成功关键因素分析法来建立的，关键绩效指标体系的建立过程应当按照以下六个步骤进行操作：确定关键成功领域、确定关键绩效要素、确定关键绩效指标、汇总组织级KPI表、确定部门级KPI以及确定个人KPI。①

2020年财政部印发的《政府和社会资本合作（PPP）项目绩效管理操作指引》制定了PPP项目建设期绩效评价共性指标框架（参考）和PPP项目运营期绩效评价共性指标框架（参考），可在关键绩效指标理论的指导下，进一步丰富不同PPP项目的个性指标，并及时更新、完善指标库。

① 曹堂哲，罗海元，孙静.政府绩效测量与评估方法：系统、过程与工具［M］.北京：经济科学出版社，2017：163–165.

第二节 PPP项目绩效管理的主体

PPP项目绩效管理的主体可以从宏观和微观两方面予以分析。

从宏观的角度来说，政府在整个社会中扮演着公共管理者的角色，对社会承担着公共责任。进入新公共管理时期，政府所承担的公共责任的侧重点发生了变化，从传统的侧重效率向兼顾效率与公平转变；同时公共责任的承担机制或管理机制也发生了变化，从关注过程的规范和公平向关注结果、关注绩效转变。在这种观念和机制的转变中，政府对于社会公共产品和服务的提供有了更多的选择，PPP模式由于兼具了私营部门和公共部门的优势，成为新时期下最佳的政府管理工具创新之一。另外，根据政府所处的位置而言，它不同于处在经济环境中的私营部门，虽然对于市场竞争没有足够的灵敏度，但是它能够对社会资源进行统筹和宏观调控。这决定了政府必须是PPP模式绩效管理的宏观主体。

从微观层面而言，经过招投标环节，政府同中标的私营部门签订特许经营合同，随即组建项目公司，由项目公司负责PPP项目的建设运营等活动。项目公司对代表政府出资企业、私营部门投资方以及其他注资机构等股东负责，因此项目公司必须对整个项目的运作进行有效绩效管理，以求股东利益不受损、项目受众对项目成果满意。

本节主要强调宏观层面PPP项目绩效管理主体，这里所说的政府通常是指PPP项目所在区域内的省级财政部门。由省级财政部门组织成立PPP项目绩效管理小组，然而政府作为管理者，受到有限理性的制约，在PPP项目绩效管理小组中包含PPP项目中所涉及领域的专家学者，以及专门的评价机构协助政府部门对PPP项目进行全面、客观的绩效管理。

财政部2020年印发的《政府和社会资本合作（PPP）项目绩效管理操作指引》第三条规定：“项目实施机构应在项目所属行业主管部门的指导下开展PPP项目绩效管理工作，必要时可委托第三方机构协助。各级财政部门负责PPP项目绩效管理制度建设、业务指导及再评价、后评价工作。”具体而言，PPP项目各方绩效管理职责具体如下：[①]

一、财政部门

财政部门绩效管理的职责可以概括为：

第一，建章立制。各级财政部门应会同相关部门，建立健全PPP项目绩效管理工作相关制度和共性指标框架。

第二，业务指导。加强项目识别论证、政府采购、预算收支与绩效管理及信息披露等业务指导，切实做好项目合规性审查，确保项目全生命周期规范实施、高效运营。

第三，绩效目标审核。各级财政部门应结合预算绩效管理要求，认真审核PPP项目财政收支预算申请及PPP项目绩效目标和指标体系。

第四，预算管理。充分考虑本级财政承受能力，合理安排财政预算，加强对财政资金使用合规性和有效性的监督。

第五，绩效再评价。各级财政部门可结合每年工作重点，选取重大PPP项目开展绩效再评价。

第六，信息管理。各级财政部门应会同相关主管部门依托PPP综合信息平台，加强PPP项目信息管理。

二、各级行业主管部门

各级行业主管部门的绩效管理职责为：

第一，指标标准建设。应按照绩效管理相关制度要求，建立健全本行业、本领域核心绩效指标体系，明确绩效标准。

第二，预算管理。合规履行预算编制、申报和执行程序。

第三，协调配合。加强与财政及其他相关部门的协调配合。

① 关于个主体职责的阐述参考了《政府和社会资本合作（PPP）项目绩效管理操作指引》（财金〔2020〕13号）。

三、项目实施机构

项目实施机构的绩效管理职责为：

第一，合同履约。应严格履行合同约定，确保各项工作合法合规。

第二，具体开展绩效管理。项目实施机构应做好PPP项目绩效管理具体工作，并对PPP项目实施规范性、财政资金使用的合规性和有效性负责。

第三，信息公开。项目实施机构和项目公司（社会资本）应根据项目实际进展及时提供和更新PPP项目绩效管理相关信息，做好信息公开，接受社会监督。

四、项目公司（社会资本）

项目公司（社会资本）的绩效管理职责是严格履行合同约定，确保各项工作合法合规；做好项目投资、建设、运营、维护、移交等工作的日常管理和信息记录；积极配合开展PPP项目绩效管理工作，并对所提供资料和信息的真实性、完整性和有效性负责。

第三节 PPP项目绩效管理的对象

PPP绩效管理的对象包括所有PPP项目。从付费方式的角度来看，包括政府付费、可行性缺口补助和使用者付费项目。

将PPP付费与PPP绩效评价结果挂钩，实现PPP物有所值，是提高基础设施和公共服务质量的重要制度安排和政策要求。财政部关于印发《政府和社会资本合作模式操作指南（试行）》（财金〔2014〕113号）要求："对于政府有支付义务的PPP项目，相关实施机构应根据合同约定，按照实际的绩效结果向社会资本或项目公司及时支付。"财政部印发的《关于规范政府和社会资本合作（PPP）综合信息平台项目库管理的通知》（财办金〔2017〕92号）要求："新建项目存在下列情形之一的，不得入库：未建立按效付费机制，包括政府付费、可行性缺口补助方式购买服务；未建立与项目绩效相挂钩的付费机制的；政府付费或可行性缺口补助在合作期内未连续支付的，导致某一时期内财政支出压力激增的。"《传统基础设施领域实施政府和社会资本合作项目工作导则》明确："PPP项目合同中应包含PPP项目运营服务绩效标准。项目实施机构应会同行业主管部门，根据PPP项目合同约定，定期对项目运营服务进行绩效评价，绩效评价结果应作为项目公司或社会资本方取得项目回报的依据。项目实施机构应会同行业主管部门，自行组织或委托第三方专业机构对项目进行中期评估，及时发现存在的问题，制订应对措施，推动项目绩效目标顺利完成。"

一、政府付费

政府付费（Government Payment）是指政府直接付费购买

公共产品和服务，主要包括可用性付费（Availability Payment）、使用量付费（Usage Payment）和绩效付费（Performance Payment）。政府付费的依据主要是设施可用性、产品和服务使用量和质量等要素。[①]政府付费类PPP项目具有公益性、一定的非排他性和非竞争性以及项目融资难度大等特点，这些特点决定了此类项目开展绩效管理的政策要求。

2015年4月，财政部颁布《政府与社会资本合作项目财政承受能力论证指引的通知》，明确对政府付费模式的项目，在项目运营补贴期间，政府承担全部直接付费责任。政府每年直接付费数额包括：社会资本方承担的年均建设成本（折算成各年度现值）、年度运营成本和合理利润。计算公式为：

$$\text{当年运营补贴支出数额}=\frac{\text{项目全部建设成本}\times(1+\text{合理利润率})\times(1+\text{年度折现率})^{n}}{\text{财政运营补贴周期（年）}}+\text{年度运营成本}\times(1+\text{合理利润率})$$

政府付费机制下，政府通常会依据项目的可用性、使用量和绩效中的一个或多个要素的组合向项目公司付费。

（一）可用性付费

可用性付费（Availability Payment）是指政府依据项目公司所提供的项目设施或服务是否符合合同约定的标准和要求来付费。绩效评价成为判定合同约定标准和要求是否达到的重要手段。

（二）使用量付费

使用量付费（Usage Payment）是指政府主要依据项目公司所提供的项目设施或服务的实际使用量来付费。在按使用量付费的项目中，项目的需求风险通常主要由项目公司承担。因此，在按使用量付费的项目中，项目公司通常需要对项目需求有较为乐观的预期或者有一定影响能力。实践中，污水处理、垃圾处理等部分公用设施项目较多地采用使用量付费。使用量付费需要科学地计量、监测和评价使用量，以便作为付费的依据。

（三）绩效付费

绩效付费（Performance Payment）是指政府依据项目公司所提供的公共产品或服务的质量付费，通常会与可用性付费或者使用量付费搭配使用。《关于规范政府

① 《财政部关于印发政府和社会资本合作模式操作指南（试行）的通知》（财金〔2014〕113号）附件2名词解释中第7条。

和社会资本合作（PPP）综合信息平台项目库管理的通知》（财办金〔2017〕92号）首次对按效付费机制提出了明确要求："通过政府付费或可行性缺口补助方式获得回报的项目，必须建立与项目产出绩效相挂钩的付费机制。政府付费或可行性缺口补助在项目合作期内要连续、平滑支付，不能导致某一时期内财政支出压力激增；项目建设成本要参与绩效考核，建设成本30%以上必须与绩效考核结果挂钩，不得固化政府支出责任。"就政府付费类PPP项目而言，在运营期应将项目的可用性、使用量和市场表现等作为政府付费的重要依据。[①]

二、可行性缺口补助

可行性缺口补贴（Viability Gap Funding）是指使用者付费不足以满足社会资本或项目公司成本回收和合理回报，而由政府以财政补贴、股本投入、优惠贷款和其他优惠政策的形式，给予社会资本或项目公司的经济补助。[②]

根据《政府和社会资本合作项目财政承受能力论证指引》（财金〔2015〕21号）的相关规定，可行性补贴计算公式如下：

$$当年运营补贴支出数额=\frac{项目全部建设成本\times(1+合理利润率)\times(1+年度折现率)^{n}}{财政运营补贴周期（年）}+年度运营成本\times(1+合理利润率)-当年使用者付费数额$$

其中：n为折现年数，财政运营补贴周期为财政提供运营补贴的年数。

合理利润率应以商业银行中长期贷款利率水平为基准，充分考虑可用性付费、使用量付费和绩效付费的不同情景，结合风险等因素确定。

三、使用者付费

使用者付费（Oser Payment）是指由最终消费用户直接付费购买公共产品和服务。[③]项目公司直接从最终用户处收取费用，使用者付费项目中项目公司的成本回收和收益取得与项目的使用者实际需求量（即市场风险）直接挂钩。

① 谢天一.政府付费类PPP项目资产证券化研究［D］.兰州：兰州财经大学，2018.

②《财政部关于印发政府和社会资本合作模式操作指南（试行）的通知》（财金〔2014〕113号）附件2名词解释中第6条。

③《财政部关于印发政府和社会资本合作模式操作指南（试行）的通知》（财金〔2014〕113号）附件2名词解释。

第四节 PPP项目绩效管理的过程

PPP项目具有利益相关者多元、建设生命周期长等特点，PPP项目绩效管理贯穿在PPP项目识别、准备、采购、执行和移交各环节的始终，是保证政府和社会资本合作项目实施质量的重要制度安排。

一、事前绩效评估

《中共中央　国务院关于全面实施预算绩效管理的意见》要求“各部门各单位要结合预算评审、项目审批等，对新出台重大政策、项目开展事前绩效评估，重点论证立项必要性、投入经济性、绩效目标合理性、实施方案可行性、筹资合规性等，投资主管部门要加强基建投资绩效评估，评估结果作为申请预算的必备要件，各级财政部门要加强新增重大政策和项目预算审核，必要时可以组织第三方机构独立开展绩效评估，审核和评估结果作为预算安排的重要参考依据。”

PPP项目事前绩效评估指财政部门和会同行业主管部门，结合PPP项目的特点，在传统项目立项必要性、投入经济性、绩效目标合理性、实施方案可行性和筹资合规性等的评估论证基础上，结合PPP的特点，以物有所值评价和财政承受能力论证为主要形式，在项目识别阶段实施的项目评估筛选工作和项目准备阶段进行的评估验证工作。

（一）项目识别阶段的事前绩效评估

根据《财政部关于印发政府和社会资本合作模式操作指南（试行）的通知》（财金〔2014〕113号）的要求，PPP项目识别阶段的主要包括PPP项目发起、评估筛选、制定项目年度和中期开发计划三项目工作。（1）PPP项目主要适用于投资规模较大、需求长期稳定、价格调整机制灵活和市场化程度较高的基础设施及公共服务类项目。政府和社会资本合作项目由政府或社会资本发起，以政府发起为主。（2）财政部门（政府和社会资本合作中心）会同行业主管部门，对潜在政府和社会资本合作项目进行评估筛选，确定备选项目。（3）财政部门（政府和社会资本合作中心）应根据筛选结果制定项目年度和中期开发计划。对于列入年度开发计划的项目，项目发起方应按财政部门（政府和社会资本合作中心）的要求提交相关资料。新建、改建项目应提交可行性研究报告、项目产出说明和初步实施方案；存量项目应提交存量公共资产的历史资料、项目产出说明和初步实施方案。

PPP项目事前绩效评估应紧密结合PPP项目识别阶段的相关工作展开，为PPP项目的筛选提供决策依据。按照《关于推广运用政府和社会资本合作模式有关问题的通知》（财金〔2014〕76号）要求，“地方各级财政部门要会同行业主管部门，根据有关政策法规要求，扎实做好项目前期论证工作。除传统的项目评估论证外，还要积极借鉴物有所值评价理念和方法，对拟采用政府和社会资本合作模式的项目进行筛选，必要时可委托专业机构进行项目评估论证”。PPP项目的事前评估由财政部门会同行业主管部门开展，主要目的是从“潜在”的项目中筛选出适合PPP形式实施的项目，除了从立项必要性、投入经济性、绩效目标合理性、实施方案可行性和筹资合规性等方面对项目进行评估论证以外，还需要在评估论证中引入物有所值评价和财政承受能力论证，通过物有所值评价和财政承受能力论证的项目，可进行项目准备。

1.物有所值评价。

财政部门（政府和社会资本合作中心）会同行业主管部门，从定性和定量两方面开展物有所值评价工作。

定性评价重点关注项目采用政府和社会资本合作模式与采用政府传统采购模式相比能否增加供给、优化风险分配、提高运营效率、促进创新和公平竞争等。

定量评价主要通过对政府和社会资本合作项目全生命周期内政府支出成本现值与公共部门比较值进行比较，计算项目的物有所值量值，判断政府和社会资本合作模式是否降低项目全生命周期成本。定量评价工作由各地根据实际情况开展。

2.财政承受能力论证。

为确保财政中长期可持续性，财政部门应根据项目全生命周期内的财政支出、政府债务等因素，对部分政府付费或政府补贴的项目，开展财政承受能力论证，每年政府付费或政府补贴等财政支出不得超出当年财政收入的一定比例。

（二）PPP项目准备的事前绩效评估

PPP项目准备阶段的主要工作包括政府组建专门协调机制、确定项目实施机构、编制实施方案、开展物有所值和财政承受能力验证。（1）县级（含）以上地方人民政府可建立专门协调机制，主要负责项目评审、组织协调和检查督导等工作，实现简化审批流程、提高工作效率的目的。（2）政府或其指定的有关职能部门或事业单位可作为项目实施机构，负责项目准备、采购、监管和移交等工作。（3）项目实施机构应组织编制项目实施方案，方案包括项目概况、风险分配基本框架、项目运作方式、交易结构、合同体系、监管架构和采购方式选择。（4）财政部门（政府和社会资本合作中心）应对项目实施方案进行物有所值和财政承受能力验证，通过验证的，由项目实施机构报政府审核；未通过验证的，可在实施方案调整后重新验证；经重新验证仍不能通过的，不再采用政府和社会资本合作模式。

项目准备阶段对项目实施方案开展的物有所值和财政承受能力验证，是项目识别阶段对初步实施方案开展的物有所值评价和财政承受能力论证的验证和深化，也是事前绩效评估工作的深化。

二、绩效目标管理

绩效目标是指财政预算资金计划在一定期限内达到的产出和效果，是建设项目库、编制部门预算、实施绩效监控和开展绩效评价等的重要基础和依据。绩效目标管理贯穿在PPP项目识别、准备、执行和移交全生命周期中，是对绩效目标设定、审核、批复、调整和结果运用等环节开展的管理活动。

根据《政府和社会资本合作（PPP）项目绩效管理操作指引》（财金〔2020〕13号）的规定，PPP项目绩效目标包括总体绩效目标和年度绩效目标。总体绩效目标是PPP项目在全生命周期内预期达到的产出和效果；年度绩效目标是根据总体绩效目标和项目实际确定的具体年度预期达到的产出和效果，应当具体、可衡量、可实现。

PPP项目绩效目标编制应符合以下要求：

一是指向明确。绩效目标应符合区域经济、社会与行业发展规划，与当地财政收支状况相适应，以结果为导向，反映项目应当提供的公共服务，体现环境—社会—公司治理责任（Environment—SocialResponsibility—Corporate Governance，ESG）理念，ESG是一种关注企业环境、社会、治理绩效而非财务绩效的投资理念和企业评价标准。①

① 李戴玉.基于ESG的电力企业经济绩效评价研究［D］.北京：华北电力大学，2019.

二是细化量化。绩效目标应从产出、效果和管理等方面进行细化，尽量进行定量表述；不能以量化形式表述的，可采用定性表述，但应具有可衡量性。

三是合理可行。绩效目标应经过调查研究和科学论证，符合客观实际，既具有前瞻性，又有可实现性。

四是物有所值。绩效目标应符合物有所值的理念，体现成本效益的要求。

PPP项目绩效目标应包括预期产出、预期效果及项目管理等内容。预期产出是指项目在一定期限内提供公共服务的数量、质量和时效等。预期效果是指项目可能对经济、社会、生态环境等带来的影响情况，物有所值实现程度，可持续发展能力及各方满意程度等。项目管理是指项目全生命周期内的预算、监督、组织、财务、制度、档案和信息公开等管理情况。

PPP项目绩效指标是衡量绩效目标实现程度的工具，应按照系统性、重要性、相关性、可比性和经济性的原则，结合预期产出、预期效果和项目管理等绩效目标细化量化后合理设定。

与经常性的项目支出相比，PPP项目绩效目标设定具有以下五个特点：

一是突出物有所值。PPP项目绩效目标编制应该体现物有所值理念，体现成本效益的要求。

二是分为总体目标和年度目标。考虑到PPP周期长的特点，“PPP项目绩效目标包括总体绩效目标和年度绩效目标。总体绩效目标是PPP项目在全生命周期内预期达到的产出和效果；年度绩效目标是根据总体绩效目标和项目实际确定的具体年度预期达到的产出和效果，应当具体、可衡量、可实现。”①

三是重视PPP项目管理绩效目标。绩效目标应包括预期产出、预期效果及项目管理等内容。项目管理是指项目全生命周期内的预算、监督、组织、财务、制度、档案和信息公开等管理情况。

四是分阶段开展绩效目标管理并明确异议解决途径。《政府和社会资本合作（PPP）项目绩效管理操作指引》对PPP项目准备阶段、采购阶段、执行阶段以及移交完成后各阶段绩效目标管理举措作了明确的规定。②对各阶段项目公司（社会资本）对绩效目标或指标体系调整结果有异议的争议解决机制进行了明确。③

五是绩效目标编制与财政预算相衔接。《政府和社会资本合作（PPP）项目绩效管理操作指引》第十三条规定：“编制政府付费和可行性缺口补助PPP项目年度支出预算时，应将年度绩效目标和指标连同编制的预算申报材料一并报送财政部门审核。使用者付费PPP项目参照执行。”

① 《政府和社会资本合作（PPP）项目绩效管理操作指引》（财金〔2020〕13号）第七条。

② 《政府和社会资本合作（PPP）项目绩效管理操作指引》（财金〔2020〕13号）第十条。

③ 《政府和社会资本合作（PPP）项目绩效管理操作指引》（财金〔2020〕13号）第十二条。

（一）项目准备阶段的绩效目标编制与审核

按照“谁申请资金，谁设定目标”的原则，绩效目标由项目实施机构设定。按照《政府和社会资本合作（PPP）项目绩效管理操作指引》（财金〔2020〕13号），在PPP项目准备阶段，项目实施机构应根据项目立项文件和历史资料，结合PPP模式特点，在项目实施方案中编制总体绩效目标和绩效指标体系，并充分征求相关部门和潜在社会资本等相关方面的意见。财政部门应会同相关主管部门从依据充分性、设置合理性和目标实现保障度等方面进行审核。

编制政府付费和可行性缺口补助PPP项目年度支出预算时，应将年度绩效目标和指标连同编制的预算申报材料一并报送财政部门审核，使用者付费PPP项目参照执行①。本级政府在批复项目实施方案的时候同时批复绩效目标。

（二）项目采购阶段绩效目标确定与批复

项目采购阶段包括资格预审项目、项目采购文件的编制、项目采购邀请及响应文件评审、采购谈判及项目合同签订等工作。

PPP项目采购阶段，项目实施机构可结合社会资本响应及合同谈判情况，对绩效指标体系中非实质性内容进行合理调整。PPP项目绩效目标和指标体系应在项目合同中予以明确。本级政府在批复项目合同的同时批复绩效目标。

（三）项目执行阶段绩效目标调整与批复

PPP项目执行阶段，绩效目标和指标体系原则上不予调整。但因项目实施内容、相关政策、行业标准发生变化或突发事件以及不可抗力等无法预见的重大变化影响绩效目标实现而确需调整的，由项目实施机构和项目公司（未设立项目公司时为社会资本，下同）协商确定，经财政部门及相关主管部门审核通过后报本级人民政府批准。

若项目公司（社会资本）对绩效目标或指标体系调整结果有异议，可申请召开评审会，就调整结果的科学性、合理性和可行性等进行评审。双方对评审意见无异议，按评审意见完善后履行报批程序；若仍有异议，则按照合同约定的争议解决机制处理②。

PPP绩效目标管理包括绩效目标设定、审核、批复、调整、监控、评价和结果运用等环节。监控和评价的相关内容，我们单独进行阐述。

---

①《政府和社会资本合作（PPP）项目绩效管理操作指引》（财金〔2020〕13号）第十三条。

②《政府和社会资本合作（PPP）项目绩效管理操作指引》（财金〔2020〕13号）第十二条。

三、绩效运行监控

项目执行阶段开展绩效运行监控。PPP项目绩效监控是对项目日常运行情况及年度绩效目标实现程度进行的跟踪、监测和管理，通常包括目标实现程度、目标保障措施、目标偏差和纠偏情况等[①]。

项目执行阶段的主要工作包括项目公司设立、融资管理、政府支付及绩效监测、合同执行与管理、中期评估、项目监管和信息披露等内容。（1）社会资本可依法设立项目公司。政府可指定相关机构依法参股项目公司。项目实施机构和财政部门（政府和社会资本合作中心）应监督社会资本按照采购文件和项目合同约定，按时足额出资设立项目公司。（2）项目融资由社会资本或项目公司负责。社会资本或项目公司应及时开展融资方案设计、机构接洽、合同签订和融资交割等工作。财政部门（政府和社会资本合作中心）和项目实施机构应做好监督管理工作，防止企业债务向政府转移。（3）项目合同中涉及的政府支付义务，财政部门应结合中长期财政规划统筹考虑，纳入同级政府预算，按照预算管理相关规定执行。财政部门（政府和社会资本合作中心）和项目实施机构应建立政府和社会资本合作项目政府支付台账，严格控制政府财政风险。在政府综合财务报告制度建立后，政府和社会资本合作项目中的政府支付义务应纳入政府综合财务报告。（4）项目实施机构应根据项目合同约定，监督社会资本或项目公司履行合同义务，定期监测项目产出绩效指标，编制季报和年报，并报财政部门（政府和社会资本合作中心）备案。政府有支付义务的，项目实施机构应根据项目合同约定的产出说明，按照实际绩效直接或通知财政部门向社会资本或项目公司及时足额支付。设置超额收益分享机制的，社会资本或项目公司应根据项目合同约定向政府及时足额支付应享有的超额收益。项目实际绩效优于约定标准的，项目实施机构应执行项目合同约定的奖励条款，并可将其作为项目期满合同能否展期的依据；未达到约定标准的，项目实施机构应执行项目合同约定的惩处条款或救济措施。（5）社会资本或项目公司违反项目合同约定，威胁公共产品和服务持续稳定安全供给，或危及国家安全和重大公共利益的，政府有权临时接管项目，直至启动项目提前终止程序。政府可指定合格机构实施临时接管。临时接管项目所产生的一切费用，将根据项目合同约定，由违约方单独承担或由各责任方分担。社会资本或项目公司应承担的临时接管费用，可以从其应获终止补偿中扣减。在项目合同执行和管理过程中，项目实施机构应重点关注合同修订、违约责任和争议解决等工作。（6）项目实施机构应每3—5年对项目进行中期评估，重点分析项目运行状况和项目合同的合规性、适应性和合理性；及时评估已发

① 《政府和社会资本合作（PPP）项目绩效管理操作指引》（财金〔2020〕13号）第十五条。

现问题的风险，制订应对措施，并报财政部门（政府和社会资本合作中心）备案。（7）政府相关职能部门应根据国家相关法律法规对项目履行行政监管职责，重点关注公共产品和服务质量、价格和收费机制、安全生产、环境保护和劳动者权益等。社会资本或项目公司对政府职能部门的行政监管处理决定不服的，可依法申请行政复议或提起行政诉讼。（8）政府、社会资本或项目公司应依法公开披露项目相关信息，保障公众知情权，接受社会监督。社会资本或项目公司应披露项目产出的数量和质量、项目经营状况等信息。政府应公开不涉及国家秘密、商业秘密的政府和社会资本合作项目合同条款、绩效监测报告、中期评估报告和项目重大变更或终止情况等。社会公众及项目利益相关方发现项目存在违法、违约情形或公共产品和服务不达标准的，可向政府职能部门提请监督检查。①

按照“谁支出，谁监控”的原则，“项目实施机构应根据项目合同约定定期开展PPP项目绩效监控，项目公司（社会资本）负责日常绩效监控”。

一是项目公司（社会资本）开展PPP项目日常绩效监控，按照项目实施机构要求，定期报送监控结果。

二是项目实施机构应对照绩效监控目标，查找项目绩效运行偏差，分析偏差原因，结合项目实际，提出实施纠偏的路径和方法，并做好信息记录。项目实施机构应根据绩效监控发现的偏差情况及时向项目公司（社会资本）和相关部门反馈，并督促其纠偏；偏差原因涉及自身的，项目实施机构应及时纠偏；偏差较大的，应撰写《绩效监控报告》报送相关主管部门和财政部门。

项目实施机构应根据项目合同约定，监督社会资本或项目公司履行合同义务，定期监测项目产出绩效指标，编制季报和年报，并报财政部门（政府和社会资本合作中心）备案。政府有支付义务的，项目实施机构应根据项目合同约定的产出说明，按照实际绩效直接或通知财政部门向社会资本或项目公司及时足额支付。设置超额收益分享机制的，社会资本或项目公司应根据项目合同约定向政府及时足额支付应享有的超额收益。项目实际绩效优于约定标准的，项目实施机构应执行项目合同约定的奖励条款，并可将其作为项目期满合同能否展期的依据；未达到约定标准的，项目实施机构应执行项目合同约定的惩处条款或救济措施。②

四、绩效评价

项目支出绩效评价（以下简称“绩效评价”）是指财政部门、预算部门和单位，

①《财政部关于印发政府和社会资本合作模式操作指南（试行）的通知》（财金〔2014〕113号）。

②《政府和社会资本合作（PPP）项目绩效管理操作指引》（财金〔2020〕13号）第二十二条。

依据设定的绩效目标，对项目支出的经济性、效率性、效益性和公平性进行客观、公正的测量、分析和评判。①

（一）绩效评价形式

结合PPP项目实施进度及按效付费的需要确定绩效评价时点。原则上项目建设期应结合竣工验收开展一次绩效评价，分期建设的项目应当结合各期子项目竣工验收开展绩效评价；项目运营期每年度应至少开展一次绩效评价，每3—5年应结合年度绩效评价情况对项目开展中期评估；移交完成后应开展一次后评价。PPP项目绩效评价包括以下几种形式：

1. 年度绩效评价。

项目实施机构应根据项目合同约定，在执行阶段结合年度绩效目标和指标体系开展PPP项目绩效评价。②

2. 中期评估。

每3—5年应结合年度绩效评价情况对项目开展中期评估。项目实施机构应每3—5年对项目进行中期评估，重点分析项目运行状况和项目合同的合规性、适应性和合理性；及时评估已发现问题的风险，制订应对措施，并报财政部门（政府和社会资本合作中心）备案。③

3. 后评价。

项目移交阶段的工作主要包括移交准备、性能测试和绩效评价等工作。财政部门应会同相关主管部门、项目实施机构等在项目移交完成后开展PPP项目后评价。项目移交完成后，财政部门（政府和社会资本合作中心）应组织有关部门对项目产出、成本效益、监管成效、可持续性以及政府和社会资本合作模式应用等进行绩效评价，并按相关规定公开评价结果。评价结果作为政府开展政府和社会资本合作管理工作决策参考依据。④

（二）绩效评价的程序

按照《政府和社会资本合作（PPP）项目绩效管理操作指引》（财金〔2020〕13号）的要求，PPP项目绩效评价工作通常按照以下程序进行：

1. 下达绩效评价通知。

项目实施机构确定绩效评价工作开展时间后，应至少提前5个工作日通知项目

---

①《项目支出绩效评价管理办法》（财预〔2020〕10号）。

②《政府和社会资本合作（PPP）项目绩效管理操作指引》（财金〔2020〕13号）第十七条。

③《政府和社会资本合作（PPP）项目绩效管理操作指引》（财金〔2020〕13号）第十八（二）条。

④《政府和社会资本合作（PPP）项目绩效管理操作指引》（财金〔2020〕13号）第二十二条。

公司（社会资本）及相关部门做好准备和配合工作。

2.制定绩效评价工作方案。

项目实施机构应根据政策要求及项目实际组织编制绩效评价工作方案，内容通常包括项目基本情况、绩效目标和指标体系、评价目的和依据、评价对象和范围、评价方法、组织与实施计划以及资料收集与调查等。项目实施机构应组织专家对项目建设期、运营期首次及移交完成后绩效评价工作方案进行评审。

3.组织实施绩效评价。

项目实施机构应根据绩效评价工作方案对PPP项目绩效情况进行客观、公正的评价。通过综合分析、意见征询，区分责任主体，形成客观、公正、全面的绩效评价结果。对于不属于项目公司或社会资本责任造成的绩效偏差，不应影响项目公司（社会资本）绩效评价结果。

4.编制绩效评价报告。

PPP项目绩效评价报告应当依据充分、真实完整、数据准确、客观公正，内容通常包括项目基本情况、绩效评价工作情况、评价结论和绩效分析、存在问题及原因分析、相关建议以及其他需要说明的问题。

5.资料归档。

项目实施机构应将绩效评价过程中收集的全部有效资料，主要包括绩效评价工作方案、专家论证意见和建议、实地调研和座谈会记录、调查问卷和绩效评价报告等一并归档，并按照有关档案管理规定妥善管理。

6.评价结果反馈。

项目实施机构应及时向项目公司（社会资本）和相关部门反馈绩效评价。

（三）绩效评价争议解决与复核

《政府和社会资本合作（PPP）项目绩效管理操作指引》（财金〔2020〕13号）第二十条规定，项目公司对绩效评价结果有异议的，应在5个工作日内明确提出并提供有效的佐证材料，向项目实施机构解释说明并达成一致意见。无法达成一致意见的，应组织召开评审会，双方对评审意见无异议的，根据评审意见确定最终评价结果；仍有异议的，按照合同约定的争议解决机制处理。

《政府和社会资本合作（PPP）项目绩效管理操作指引》（财金〔2020〕13号）第二十一条规定，项目实施机构应将PPP项目绩效评价报告报送相关主管部门、财政部门复核，复核重点关注绩效评价工作方案是否落实、引用数据是否真实合理、揭示的问题是否客观公正、提出的改进措施是否有针对性和可操作性等。

五、绩效评价结果运用

PPP项目绩效评价结果是按效付费、落实整改和监督问责的重要依据。

（一）按效付费

政府付费和可行性缺口补助项目，政府承担的年度运营补贴支出应与当年项目公司（社会资本）绩效评价结果完全挂钩。财政部门应按照绩效评价结果安排相应支出，项目实施机构应按照项目合同约定及时支付。

使用者付费项目，项目公司（社会资本）获得的项目收益应与当年项目公司（社会资本）绩效评价结果挂钩。绩效评价结果优于约定标准的，项目实施机构应执行项目合同约定的奖励条款；绩效评价结果未达到约定标准的，项目实施机构应执行项目合同约定的违约条款，可通过设置影响项目收益的违约金、项目展期限制或影响调价机制等方式实现。绩效评价结果可作为项目期满合同是否展期的考量因素。

（二）落实整改

项目实施机构应根据绩效评价过程中发现的问题统筹开展整改工作，并将整改结果报送相关主管部门和财政部门。涉及自身问题的，项目实施机构应及时整改；涉及项目公司（社会资本）或其他相关部门问题的，项目实施机构应及时督促整改。

（三）监督问责

项目实施机构应及时公开绩效评价结果并接受社会监督；项目实施机构绩效评价结果应纳入其工作考核范畴。

本章小结

利益相关者理论、合同治理理论、PDCA循环理论、物有所值理论以及平衡计分卡理论为理解PPP项目绩效管理提供了不同的理论视角。财政部门、各级行业主管部门、项目实施机构和项目公司（社会资本）在PPP项目管理中履行不同的职责，具有不同的目标和诉求。上述各方在PPP项目绩效管理中各司其责，共同推动PPP绩效管理的实施。按效付费是PPP项目的重要特点，政府付费、可行性缺口补助和使用者付费项目都要全面开展绩效管理。绩效评价与管理为实施按效付费制度奠定了基础。PPP绩效管理贯穿在PPP项目识别、准备、采购、执行和移交等环节，形成了事前绩效评估、绩效目标管理、绩效运行监控、绩效评价以及评价结果运用的闭环机制。

课后习题

名词解释

利益相关者　PDCA循环　物有所值　平衡计分卡　政府付费　事前绩效评估　可行性缺口补助　使用者付费　绩效目标　绩效评价　中期评估

简答题

1. 简述PDCA循环运用于PPP项目绩效管理的基本环节。
2. 简述物有所值的基本含义。
3. 简述PPP项目绩效管理各主体的职责。
4. 简述PPP项目绩效管理对象的基本类型。
5. 简述PPP项目识别和准备阶段的事前绩效评估。
6. 简述PPP项目准备、采购和执行阶段的绩效目标管理。
7. 简述PPP项目的绩效运行监控。
8. 简述PPP项目绩效评价的含义、形式和程序。

论述题

1. 如何理解PPP项目绩效管理嵌入PPP项目全生命周期？

2.PPP项目绩效评价结果运用有哪些方面？

3.PPP项目绩效管理的主要环节有哪些？

本章推荐阅读文献

［1］马海涛，曹堂哲，王红梅.预算绩效管理理论与实践［M］.北京：中国财政经济出版社，2020.

［2］宋蕊.政府和社会资本合作（PPP）项目绩效评价实施指南［M］.北京：中国电力出版社，2019.

［3］刘薇.PPP高质量发展：规范与绩效［M］.北京：经济科学出版社，2020.

［4］陈青松，宋映忠，陈轶群.PPP项目绩效考核实操指南［M］.北京：经济管理出版社，2020.

［5］傅庆阳，张阿芬，李兵.PPP项目绩效评价理论与案例［M］.北京：中国电力出版社，2019.

［6］崔德高.PPP项目执行阶段操作指南：100个实务问题深度解析［M］.北京：法律出版社，2018.

［7］袁竞峰.基础设施特许经营PPP项目的绩效管理与评估［M］.南京：东南大学出版社，2013.

［8］孙洁.PPP项目的绩效评价研究［M］.北京：经济科学出版社，2010.

［9］曹堂哲，罗海元，孙静.政府绩效测量与评估方法：系统、过程与工具［M］.北京：经济科学出版社，2017.

本章主要参考文献

［1］［英］简·莱恩.新公共管理［M］.赵成根，等，译.北京：中国青年出版社，2004.

［2］施青军.政府绩效评价：概念、方法与结果运用［M］.北京：北京大学出版社，2016.

［3］崔彩云.基础设施PPP项目VFM驱动机理与治理绩效改善研究［D］.北京：中国矿业大学，2018.

[4] 谢天一.政府付费类PPP项目资产证券化研究[D].兰州：兰州财经大学，2018.
[5] 中共中央、国务院关于深化投融资体制改革的意见（2016年7月5日）.
[6] 国务院关于鼓励和引导民间投资健康发展的若干意见（国发〔2010〕13号）.
[7] 国务院办公厅关于鼓励和引导民间投资健康发展重点工作分工的通知（国发〔2010〕120号）.
[8] 关于印发政府和社会资本合作模式操作指南（试行）的通知（财金〔2014〕113号文）.
[9] 国务院关于创新重点领域投融资机制鼓励社会投资的指导意见（国发〔2014〕60号）.
[10] 国务院办公厅关于创新投资管理方式建立协同监管机制的若干意见（国办发〔2015〕12号）.
[11] 国务院办公厅关于进一步做好民间投资有关工作的通知（国办发明电〔2016〕12号）.
[12] 政府和社会资本合作（PPP）综合信息平台信息公开管理暂行办法（财金〔2017〕1号）.
[13] 政府和社会资本合作（PPP）咨询机构库管理暂行办法（财金〔2017〕8号）.
[14] 关于进一步加强政府和社会资本合作（PPP）示范项目规范管理的通知（财金〔2018〕54号）.
[15] 发展改革委关于依法依规加强PPP项目投资和建设管理的通知（发改投资规〔2019〕1098号）.
[16] 项目支出绩效评价管理办法（财预〔2020〕10号）.
[17] 政府和社会资本合作（PPP）项目绩效管理操作指引（财金〔2020〕13号）.

第三章
PPP 项目事前绩效评估与目标管理

内容提要

PPP项目事前绩效管理是PPP全生命周期中的重要程序，在政策层面有着明确的相关规定。落实 PPP 项目事前管理不仅是落实中央层面全面实施预算绩效管理的必要手段，也是保障后期项目顺利运营、实现物有所值的前提。2019 年 4 月，财政部发布《政府和社会资本合作（PPP）项目绩效管理操作指引（征求意见稿）》（财办金〔2019〕39 号），进一步明晰了绩效监控、绩效评价、部门间 PPP 工作绩效管理，对未来的可持续发展发出了积极的信号。2020 年上半年，正式的《政府和社会资本合作（PPP）项目绩效管理操作指引》终于出台，为 PPP 项目管理流程、目标设定提供了明确的方向。尽管这一流程仍有待进一步细化，但其提出的一系列硬性约束无疑将提升 PPP 项目绩效管理的有效性，值得进一步地梳理。

第一节 PPP项目事前绩效评估

一、基本概念

《中共中央　国务院关于全面实施预算绩效管理的意见》提出“预算绩效管理既要全面推进，将绩效理念和方法深度融入预算编制、执行、监督全过程，构建事前事中事后绩效管理闭环系统……对新出台重大政策、项目开展事前绩效评估，重点论证立项必要性、投入经济性、绩效目标合理性、实施方案可行性、筹资合规性等，投资主管部门要加强基建投资绩效评估，评估结果作为申请预算的必备要件。各级财政部门要加强新增重大政策和项目预算审核，必要时可以组织第三方机构独立开展绩效评估，审核和评估结果作为预算安排的重要参考依据”，因此PPP项目的事前绩效管理是整个绩效管理的重要流程。财政部在《关于贯彻落实〈中共中央　国务院关于全面实施预算绩效管理的意见〉的通知》（财预〔2018〕167号）中也提出“将绩效关口前移，各部门各单位要对新出台重大政策、项目，结合预算评审、项目审批等开展事前绩效评估，评估结果作为申请预算的必备要件，防止‘拍脑袋决策’，从源头上提高预算编制的科学性和精准性”。PPP项目事前绩效评估工作包括物有所值评价、财政承受能力论证以及项目实施方案的可行性与可操作性论证等。根据2020年初财政部发布的《政府和社会资本合作（PPP）项目绩效管理操作指引》（财金〔2020〕13号）（以下简称《操作指引》），“PPP项目绩效管理是指在PPP项目全生命周期开展的绩效目标和指标管理、绩效监控、绩效评价及结果应用等项目管理活动”，由此可知，PPP项目事前绩效管理包括绩效目标与指标管理。本书主要根据财政部发布的最新《操作指引》，对PPP事前绩效管理进行梳理。

二、制度体系

PPP事前绩效管理主体较多，包括项目实施机构、财政部门、行业主管及项目公司，而绩效管理对象包括项目实施机构及项目公司。因此相较政府采购项目，PPP项目的绩效管理主体与对象更多，且由于PPP项目涉及长达数十年的运营期，因此PPP项目绩效管理是在全生命周期内开展，涉及的周期更长。2019年5月5日，国务院公开发布《政府投资条例》，并于2019年7月1日起正式施行。随着该条例的实施，PPP项目事前绩效管理必将进一步走向规范化。

三、流程、指标和方法

根据《关于印发政府和社会资本合作模式操作指南（试行）的通知》（财金〔2014〕113号），财政部门（政府和社会资本合作中心）应对项目实施方案进行物有所值和财政承受能力验证，通过验证的，由项目实施机构报政府审核；未通过验证的，可在实施方案调整后重新验证；经重新验证仍不能通过的，不再采用政府和社会资本合作模式。其中物有所值（Value For Money，VFM），是指一个组织运用其可利用资源所能获得的长期最大利益。VFM评价是国际上普遍采用的一种评价传统上由政府提供的公共产品和服务是否可运用政府和社会资本合作模式的评估体系，旨在实现公共资源配置利用效率最优化。具体指标方面，物有所值评价包括定性与定量两方面，定性评价重点关注项目采用政府和社会资本合作模式与采用政府传统采购模式相比能否增加供给、优化风险分配、提高运营效率、促进创新和公平竞争等。定量评价主要通过对政府和社会资本合作项目全生命周期内政府支出成本现值与公共部门比较值进行比较，计算项目的物有所值量值，判断政府和社会资本合作模式是否降低项目全生命周期成本。此外，为确保财政中长期可持续性，财政部门应根据项目全生命周期内的财政支出、政府债务等因素，对部分政府付费或政府补贴的项目，开展财政承受能力论证。根据《政府和社会资本合作项目财政承受能力论证指引》（财金〔2015〕21号），每一年度全部PPP项目需要从预算中安排的支出责任，占一般公共预算支出比例应当不超过10%。

▶ 专栏3-1　山东省关于PPP项目绩效管理的事前评估规定

一、抓好 PPP 项目事前绩效评估

财政部门会同行业主管部门、项目实施机构做好拟实施PPP项目事前绩效评估工作，即物有所值评价、财政承受能力论证以及项目实施方案的可行性与可操作性论证等。

1.要切实加强可行性论证。新建项目在识别和准备阶段，鼓励根据项目付费机制通过预算评审进行投资控制，合理确定项目主要内容和投资规模。规范有序盘活存量资产，积极运用转让—运营—移交（TOT）、改建—运营—移交（ROT）等方式，将融资平台公司存量公共服务项目转型为PPP项目，引入社会资本参与改造和运营，减轻地方政府的债务压力，腾出资金用于重点民生和补短板重大项目建设。

2.各级财政部门要切实履行财政承受能力论证审核职责，并会同项目实施机构做好物有所值评价工作，通过项目联合评审方式不断优化实施方案，形成依法合规、边界清晰、权责明确的法律关系，切实消除各方风险隐患，对于通过事前绩效评估的项目，经严格审核纳入PPP综合信息平台管理，并加大推进力度。

二、强化 PPP 项目绩效目标管理

3.行业主管部门是PPP项目绩效目标制定和管理的第一责任人。PPP项目绩效目标包括项目产出、经济效益、社会效益、生态效益、可持续影响和服务对象满意度等绩效指标。绩效指标应根据行业特点和提供公共产品和服务的属性等因素确定。各级财政部门要将绩效目标作为政府付费或可行性缺口补助项目申请预算的前置条件，加强绩效目标审核。对新增项目，要在项目实施方案编制和审查过程中充分听取有关部门、专家及潜在社会资本的意见，制定指向明确、具体细化、合理可行的绩效目标，经本级政府批复后，在PPP项目合同中予以明确。

三、构建 PPP 项目绩效指标体系

4.各级财政部门要配合行业主管部门建立科学合理、细化量化、可比可测、动态调整、共建共享的绩效评价标准体系。绩效指标和标准体系要与基本公共服务标准、一般公共预算支出标准相互衔接匹配，突出结果导向，注重考核实绩。

四、加强 PPP 项目绩效监控

5.各级财政部门要依托财政部PPP综合信息平台，全面掌握已纳入管理库的项目实施进展情况，重点关注PPP项目是否按照项目合同补充协议约定推进实施。对入库之日起一年内无任何实质性进展的项目，省级财政部门将责成设区市财政部门予以退库。

资料来源：《关于开展政府和社会资本合作（PPP）“绩效管理年”活动的指导意见》（鲁财合〔2019〕3号）。

▶ 专栏3-2 成都天府国际空港新城起步区道路工程项目物有所值评价指标及财政承受能力论证

以成都天府国际空港新城起步区道路工程项目为例，可窥见PPP项目物有所值评价指标及财政承受能力论证的相关要求。本项目包含六个子项目，三个道路及附属工程（含地下综合管廊），三座桥梁及附属工程。分别是：南中心3平方千米配套道路及综合管廊工程，该子项目道路全长14.941千米，管廊全长1.709千米；起步区（核心区）配套道路及综合管廊工程，该子项目道路全长31.455千米，管廊全长2.21千米；绛溪北组团产业片区道路及综合管廊工程（一批次），该子项目道路全长11.136千米，管廊全长1.474千米；东一线跨绛溪河大桥工程，该子项目桥梁全长300米；西一线跨绛溪河大桥工程，该子项目桥梁全长308米；北一线跨绛溪河大桥工程，该子项目桥梁全长280米。本项目投资总额约630457.18万元（含建设期利息）。本项目选定社会资本后，项目实施机构与中标人草签PPP项目合同，待中标人与政府出资人代表根据合资合同（股东协议）成立项目公司后，再由项目实施机构与项目公司正式签署PPP项目合同。合资合同（股东协议）由政府出资人代表与中标的社会资本签署。合作期内，由成都高新技术产业开发区管理委员会授权成都天府国际空港新城管理委员会与项目公司签署PPP项目合同，由项目公司负责本项目的投资、建设并提供运营维护服务，收取入廊费和日常维护费，经政府方批准后享有智慧路灯的广告经营权和服务设施经营权并获得相应收益，有权获得项目实施机构支付的运营补贴。合作期届满时，项目公司应将全部项目设施完好无偿移交给项目实施机构或其指定机构。本项目物有所值评价指标见表1。

表1　　物有所值评价指标及权重、评分标准、评分结果

指标名称	权重	评分标准	评分结果
全生命周期整合程度	15	81—100：项目设计、投融资、建造和运营维护等所有环节都能实现长期、充分的整合；61—80：项目设计、投融资、建造和运营维护等所有环节基本完整，绝大部分工作得到整合；41—60：项目设计、融资、建造和维护等将整合到一个合同中，但不包括运营；或融资、建造、运营和维护等将整合到一个合同中，但不包括设计；21—40：项目所有环节中不能将其中的若干环节整合；0—20：项目所有环节中的各项工作均为独立、分散，无法整合。	78.57
风险识别与分配	15	81—100：已进行深入的风险识别，各类风险识别全面，预计各类风险都能在政府与社会资本之间进行合理分配且制定了有效的风险应对措施，参与主体具有很好的风险控制和管理能力；61—80：已进行较为深入的风险识别，各类风险识别较为全面，预计绝大部分风险都能在政府与社会资本之间进行合理分配且制定了有效的风险应对措施，参与主体具有较好的风险控制和管理能力；41—60：已进行初步的风险识别，各类风险识别尚不够全面，预计一般风险能在政府与社会资本之间进行合理分配且制定了有效的风险应对措施，参与主体具备基本的风险控制和管理能力；21—40：已开展了风险识别工作，但未能清晰识别项目中的各类风险，预计少部分风险能在政府与社会资本之间进行合理分配且制定了有效的风险应对措施，参与主体具备较弱的风险控制和管理能力；0—20：尚未开展风险识别，预计各类风险均无法制定有效的风险应对措施，参与主体具备较差的风险控制和管理能力。	76.86
绩效导向与鼓励创新	15	81—100：围绕公共服务供给数量、质量和效率建立绩效指标，且监测管理机制和激励导向价格设定具有合理性。项目在方案设计、服务提供、组织管理等众多方面几乎无限制，可完全进行独立自主创新，创新能力强。61—80：围绕公共服务供给数量、质量和效率建立绩效指标，监测管理机制和激励导向价格设定合理性在可接受范围内。项目在方案设计、服务提供、组织管理等众多方面限制较少，可较好进行独立自主创新，创新能力较强。41—60：部分指标围绕公共服务供给数量、质量和效率建立，监测管理机制和激励导向价格设定合理性在可接受范围内。项目在方案设计、服务提供、组织管理等众多方面有一定限制，可进行一定范围的独立自主创新，创新能力一般。21—40：绩效指标设定较为随意，缺乏相关参考依据，监测管理机制和激励导向价格设定不太具有合理性。项目在方案设计、服务提供、组织管理等众多方面限制较多，较难进行独立自主创新，创新能力较弱。0—20：绩效指标设定无市场逻辑，缺乏相关参考依据，监测管理机制和激励导向价格设定超出市场可接受范围。项目在方案设计、服务提供、组织管理等众多方面限制非常多，无法进行独立自主创新，缺乏创新能力。	75.71
潜在竞争程度	15	81—100：项目具有很大市场吸引力，存在较多可参与竞争的市场主体，已有多家市场主体有意向参与，竞争程度激烈；61—80：项目具有较大市场吸引力，存在较多可参与竞争的市场主体，预计将有多家市场主体参与，竞争程度较高；41—60：项目市场吸引力一般，存在可参与竞争的市场主体，预计将有一定数量的市场主体参与，竞争程度一般；21—40：项目缺乏市场吸引力，存在少量可参与竞争的市场主体，预计将有少量市场主体参与，市场竞争不足；0—20：项目严重缺乏市场吸引力，预计难以找到可参与竞争的市场主体，市场竞争严重缺乏。	78.29

续表

指标名称	权重	评分标准	评分结果
政府机构能力	10	81—100：政府具备很强的履约能力，不能履约可能性很小，相关政府部门能很好行使监督权；61—80：政府具备较强的履约能力，不能履约可能性较小，相关政府部门能较好行使监督权；41—60：政府具备较强的履约能力，但预计不能履约可能性较大，相关政府部门能基本行使监督权；21—40：政府履约能力不强，但预计未来将得到改善，相关政府部门行使监督权存在一定困难；0—20：政府履约能力不强，且预计未来无法改善，不能履约可能性很大，相关政府部门无法充分行使监督权。	84.29
可融资性	10	81—100：项目对金融机构吸引力很大，普遍容易获得融资，已有多家金融机构表达意向；61—80：项目对金融机构吸引力较大，且市场主体融资能力强，较容易获得融资；41—60：项目对金融机构吸引力一般，且市场主体融资能力不强，可取得更多支持条件获得融资；21—40：项目对金融机构吸引力较差，且市场主体融资能力不强，不易取得更多支持条件获得融资；0—20：项目对金融机构吸引力差，且市场主体融资能力不强，融资非常困难。	73.57
全生命周期成本估计准确性	10	81—100：项目的全生命周期成本已被很好地理解和认识，并且被准确预估的可能性很大；61—80：项目的全生命周期成本已被较好的理解和认识，并且被准确预估的可能性较大；41—60：项目的全生命周期成本已被较好的理解和认识，但尚无法确定能否被准确预估；21—40：项目的全生命周期成本理解和认识还不够全面清晰；0—20：项目的全生命周期成本基本上没有得到理解和认识。	80.14
项目规模大小	5	81—100：新建项目的投资或存量项目的资产公允价值在5亿元以上；61—80：新建项目的投资或存量项目的资产公允价值介于2亿元到5亿元之间；41—60：新建项目的投资或存量项目的资产公允价值介于1亿元到2亿元之间；21—40：新建项目的投资或存量项目的资产公允价值介于5000万元到1亿元之间；0—20：新建项目的投资或存量项目的资产公允价值小于5000万元。	75.29
行业示范性	5	81—100：项目采用PPP模式获得国家政策和法规的大力支持；并对区域和行业有良好的示范作用；61—80：项目采用PPP模式属于国家政策和法规支持的范围；并对区域和行业有较好的示范作用；41—60：项目采用PPP模式符合国家政策和法规；并对区域和行业有一定的示范作用；21—40：项目采用PPP模式符合国家政策和法规；属于一般性PPP项目；0—20：项目采用PPP模式受到国家政策和法规的限制；对行业无示范作用。	77

本项目财政承受能力论证的相关测算见表2。

表2　本项目财政承受能力论证测算的财政支出责任需从预算中安排的支出责任汇总

支出年度	A：本项目一般公共预算支出数额（万元）	B：本级已有管理库项目一般公共预算支出数额（万元）	C：年度一般公共预算支出数额（万元）	占比（%）
2018	3389	8195	1871561	1.65
2019	3405	7949	2179631	1.25

续表

支出年度	A：本项目一般公共预算支出数额（万元）	B：本级已有管理库项目一般公共预算支出数额（万元）	C：年度一般公共预算支出数额（万元）	占比（%）
2020	2673	10243	2449469	2.11
2021	11	7675	2714991	1.99
2022	11	103	2991377	1.57
2023	13	104	3245345	1.46
2024	16	116	3623103	1.45
2025	16	130	4010775	1.3
2026	16	127	4426692	1.19
2027	17	123	4881313	1.2
2028	17	123	5383600	1.11
2029	17	120	5956953	0.99
2030	18	116	6579455	0.89
2031	18	116	7264376	0.8
2032	18	111	8020598	0.72
2033	19	107	8857948	0.65
2034	19	106	9785375	0.65
2035	18	100	10806968	0.59

资料来源：财政部政府和社会资本合作中心，http：//www.cpppc.org/。

▶ 第二节 PPP项目绩效目标设定

在PPP项目的实施方案中一般对PPP项目绩效目标设定有所描述，其中最核心的是绩效指标的设定。尽管PPP合同签订时仍然可以对指标体系进行调整，但是基本的指标框架应当在前期设定，且一般不能进行实质性的调整。因此，PPP项目绩效目标需要根据行业特征精心设计。

一、绩效目标定义和分类

PPP前期的目标与指标管理作为按效付费、落实整改、监督问责的重要依据，是未来PPP绩效评价、监控、结果应用的重要基础。根据《政府和社会资本合作（PPP）项目绩效管理操作指引》（以下简称《操作指引》），PPP项目绩效目标包括总体绩效目标和年度绩效目标。总体绩效目标是PPP项目在全生命周期内预期达到的产出和效果；年度绩效目标是根据总体绩效目标和项目实际确定的具体年度预期达到的产出和效果，应当具体、可衡量、可实现。《操作指引》提出PPP项目绩效目标编制应符合以下要求：（1）指向明确。绩效目标应符合区域经济、社会与行业发展规划，与当地财政收支状况相适应，以结果为导向，反映项目应当提供的公共服务，体现环境—社会—公司治理责任（ESG）理念。（2）细化量化。绩效目标应从产出、效果、管理等方面进行细化，尽量进行定量表述；不能以量化形式表述的，可采用定性表述，但应具有可衡量性。（3）合理可行。绩效目标应经过调查研究和科学论证，符合客观实际，既具有前瞻性，又有可实现性。（4）物有所值。绩效目标应符合物有所值的理念，体现成本效益的要求。

指标与方法方面，《操作指引》提出PPP项目绩效指标是衡量绩效目标实现程度的工具，应按照系统性、重要性、相关性、可比性和经济性的原则，结合预期产出、预期效果和项目管理等绩效目标细化量化后合理设定。PPP项目绩效指标体系由绩效指标、指标解释、指标权重、数据来源、评价标准与评分方法构成。指标权重是指标在评价体系中的相对重要程度。确定指标权重的方法通常包括专家调查法、层次分析法、主成分分析法、熵值法等。数据来源是在具体指标评价过程中获得可靠和真实数据或信息的载体或途径。获取数据的方法通常包括案卷研究、资料收集与数据填报、实地调研、座谈会、问卷调查等。评价标准是指衡量绩效目标完成程度的尺度。绩效评价标准具体包括计划标准、行业标准、历史标准或其他经相关主管部门确认的标准。评分方法是结合指标权重，衡量实际绩效值与评价标准值偏离程度，对不同的等级赋予不同分值的方法。

指标数据的汇总分析是指标体系构建中不可或缺的一部分。在形成了完善的指标内容以后，通过运用科学的指标量化工具，可实现对数据内容的有效挖掘。PPP项目适用的指标量化工具包括：

（一）李克特量表

李克特量表是社会调查等领域中经常使用的方法，其反映了被调查者对某事物或主题的综合态度。在PPP项目评价过程中，此方法可作为绩效评价标准加以运用。另外，绩效评价中一般会包含社会公众满意度，在客户满意度调查中，可应用李克特量表制作满意度调查问卷，最终实现反馈信息的量化分析。

（二）关键事件法

关键事件法利用项目积累记录，由主管者与被评价者进行讨论，为测评提供依据。在PPP项目绩效管理中，一年一次或多次的绩效评价往往缺乏足够的依据，而关键事件法可作为评价的重要依据。例如在动态绩效监测中，将项目公司在一年中所做的关键维护工作计入工作档案，积累了一定程度之后便可将其汇总，为涉及绩效付费的评分提供资料支持，也为项目公司的运营维护给予应得的鼓励，从而更好地实现项目管理。

（三）数据包络分析

数据包络分析方法目前已经广泛应用于评估部门之间的效率。在PPP项目绩效管理中，数据包络分析方法可作为数据分析模型对评价结果进行分析，为评价结果提供科学依据。虽然这一方法在学术界得到了广泛应用，但在实际操作中，由于数据包络分析计算较为复杂，且必须借助专用的计算软件，因此实践中并未得到广泛应用，只在某些专业的财政绩效管理系统中有所应用。随着PPP项目绩效管理的逐步推广，在未来这一方法有着较大的实践空间。

（四）相对比较法

不同指标在不同项目中的重要程度不同，指标的权重需根据建设内容、产出要求等具体设置。权重的科学合理性程度，很大程度上决定了最终得到的绩效评价结果的合理性。相对比较法要求操作人员具有一定的经验，其操作原理为：首先把所有指标排列形成N阶矩阵，使矩阵中每一指标都和其他指标对比，采用0—1打分法打分，然后得到各指标总得分，最后进行规范化处理。选择相对比较法时，只能选择0、0.5、1进行赋值，可赋值范围较小，容易受到主观因素的影响，且需要满足的条件是各指标间的相对重要程度有一定的可比性。

（五）德尔菲法

德尔菲法（Delphi）又称为专家调查法。在这一过程中，专家采取匿名的方式。调查者按照调查目的制定调查表，选定调查范围，向相关专家征询意见。这种方法的缺陷在于调查结果容易受到调查专家的经验、专业认知等主观因素的影响，且调查问卷的设计、发放、回收等耗时较多、工作量大，结果的可获得性具有一定的风险。

（六）层次分析法

层次分析法（AHP）可实现定性及定量分析的结合，以量化的形式体现出人的主观判断结果，可以将复杂的问题进行量化处理，得到预期结果，从而把复杂的问题简单化。在多目标决策以及多方案优化时常用到这种方法。

二、政策依据

多个政策文本对PPP绩效目标设定提出了明确要求，具体如表3-1所示。

表3-1　　政策依据

政策文件	相关表述
《关于推广运用政府和社会资本合作模式有关问题的通知》（财金〔2014〕76号）	（七）稳步开展项目绩效评价。省级财政部门要督促行业主管部门，加强对项目公共产品或服务质量和价格的监管，建立政府、服务使用者共同参与的综合性评价体系，对项目的绩效目标实现程度、运营管理、资金使用、公共服务质量、公众满意度等进行绩效评价。绩效评价结果应依法对外公开，接受社会监督。同时，要根据评价结果，依据合同约定对价格或补贴等进行调整，激励社会资本通过管理创新、技术创新提高公共服务质量。

续表

政策文件	相关表述
《关于印发政府和社会资本合作模式操作指南（试行）的通知》（财金〔2014〕113号）	第三十五条　项目移交完成后，财政部门（政府和社会资本合作中心）应组织有关部门对项目产出、成本效益、监管成效、可持续性、政府和社会资本合作模式应用等进行绩效评价，并按相关规定公开评价结果。评价结果作为政府开展政府和社会资本合作管理工作决策参考依据。
《政府和社会资本合作项目财政管理暂行办法》（财金〔2016〕92号）	第二十七条　各级财政部门应当会同行业主管部门在PPP项目全生命周期内，按照事先约定的绩效目标，对项目产出、实际效果、成本收益、可持续性等方面进行绩效评价，也可委托第三方专业机构提出评价意见。
《传统基础设施领域实施政府和社会资本合作项目工作导则》（发改投资〔2016〕2231号）	第十九条　运营绩效评价　PPP项目合同中应包含PPP项目运营服务绩效标准。项目实施机构应会同行业主管部门，根据PPP项目合同约定，定期对项目运营服务进行绩效评价，绩效评价结果应作为项目公司或社会资本方取得项目回报的依据。项目实施机构应会同行业主管部门，自行组织或委托第三方专业机构对项目进行中期评估。
《关于规范政府和社会资本合作（PPP）综合信息平台项目库管理的通知》（财办金〔2017〕92号）	未建立按效付费机制。包括通过政府付费或可行性缺口补助方式获得回报，但未建立与项目产出绩效相挂钩的付费机制的；政府付费或可行性缺口补助在项目合作期内未连续、平滑支付，导致某一时期内财政支出压力激增的；项目建设成本不参与绩效考核，或实际与绩效考核结果挂钩部分占比不足30%，固化政府支出责任的。
《关于推进政府和社会资本合作规范发展的实施意见》（财金〔2019〕10号）	建立完全与项目产出绩效相挂钩的付费机制，不得通过降低考核标准等方式，提前锁定、固化政府支出责任。

此外，绩效目标设定的依据还应符合如下政策文件要求：

（1）《中华人民共和国预算法》（2018年修正）。

（2）关于印发《财政支出绩效考核管理暂行办法》的通知（财预〔2011〕285号）。

（3）《关于推进预算绩效管理的指导意见》（财预〔2011〕416号）。

（4）《国务院关于深化预算管理制度改革的决定》（国发〔2014〕45号）。

（5）《中共中央国务院关于全面实施预算绩效管理的意见》（中发〔2018〕34号）。

（6）《政府和社会资本合作（PPP）项目绩效管理操作指引》（财金〔2020〕13号）。

（7）其他相关依据文件（例如涉及特定行业的质量标准等规范性文件）。

▶ 专栏3–3　市政道路项目行业规范性文件

不同行业类型的PPP项目需要遵守本行业领域的规范性文件。如表1所示，目前市政道路PPP示范项目建设期绩效考核主要集中在质量、安全、环境、文明施工等方面。其中国家层面的《城镇道路工程施工与质量验收规范》《建筑施工安全检查标准》《公路建设项目环境影响评价规范》等文件使用频率较高。

表1　　相关规范性文件

层级	标准、规范、法律法规名称	
国家级	质量	《城镇道路工程施工与质量验收规范》CJJ1-2008
		《给水排水管道工程施工及验收规范》GB50268-2008
		《城市道路照明工程施工及验收规程》CJJ89-2012
		《城市桥梁工程施工与质量验收规范》CJJ2-2008
		《园林绿化工程施工及验收规范》CJJ82-2012
		《混凝土结构工程施工质量验收规范》GB50204-2015
		《给水排水构筑物工程施工及验收规范》GB50141-2008
		《预应力混凝土用钢绞线》GB/T5224-2003
		《混凝土质量控制标准》GB50164-2011
		《混凝土和钢筋混凝土排水管》GB1836-2009
		《混凝土强度检验评定标准》GB/T50107-2010
		《钢筋机械连接技术规程》JGJ107-2010
		《公路桥涵施工技术规范》JTJF50-2011
		《沥青路面施工及验收规范》GB50092-1996
		《埋地塑料排水管道工程技术规程》CJJ143-2010
		《抹灰砂浆技术规程》JGJ/T220-2010
		《砌体结构工程施工质量验收规范》GB50203-2011
		《透水砖路面技术规程》CJJ/T 188-2012
		《城市道路交通规划规范》GB50220-1995
		《城市道路管理条例》国务院令第198号
		《城市污水处理工程项目建设标准》建标〔2001〕77号
		《粉煤灰石灰类道路基层施工及验收规程》CJJ4-1997
		《房屋建筑和市政基础设施工程竣工验收规定》建质〔2013〕171号
		《房屋建筑和市政基础设施工程施工安全监督工作规程》建质〔2014〕154号
		《公路桥涵设计通用规范》JTGD60-2004
		《公路桥梁抗震设计细则》JTG/TB02-01-2008
		《公路工程技术标准》JTGB01-2014
		《公路工程质量管理办法》交公路发〔1999〕90号
		《公路隧道设计细则》JTG/TD70-2010

续表

层级		标准、规范、法律法规名称
国家级	质量	《公路水运工程质量监督管理规定》交通运输部令2017第28号
		《室外给水设计规范》GB50013-2006
		《市政道路工程质量检验评定标准》CJJ1-1990
		《建设工程质量管理条例》国务院令第279号
		《建设工程质量验收统一标准》GB50300-2013
		《中华人民共和国公路法》
	安全	《建筑施工安全检查标准》JGJ59-2011
		《公路工程施工安全技术规范》JTGF90-2015（代替：《公路工程安全施工技术规程》JTJ076-95）
		《建设工程安全生产管理条例》国务院第393号令
		《公路水运工程安全生产监督管理办法》交通运输部令2016第9号
		《建设工程施工现场管理规定》建设部令第15号
	环境	《公路建设项目环境影响评价规范》JTGB03-2006
		《建设项目环境保护管理条例》
		《城市道路绿化规划与设计规范》CJJ75-1997
		《城市区域环境噪声标准》
		《环境空气质量标准》GB3095-2012
		《水土保持法实施条例》
		《中华人民共和国环境保护法》
		《声环境质量标准》GB3096-2008
		《大气污染物综合排放标准》GB16297-1996
地区级	文明	《内蒙古自治区建筑施工标准化文明示范工地标准》
	安全	《南京市市政公用工程施工现场管理规定》
		《南京市城市道路挖掘管理规定》
		《河南省市政公用工程安全文明施工管理规定（暂行）》豫城建〔2007〕46号
		《四川省人民政府办公厅关于加强公路桥梁安全管理的通知》
	环境	《郑州市城市园林绿化建设管理条例》

资料来源：《PPP项目绩效管理研究（一）》，http：//www.bridata.com/report/detail?id=5244。

三、绩效目标填报

《操作指引》要求编制政府付费和可行性缺口补助PPP项目年度支出预算时，应将年度绩效目标和指标连同编制的预算申报材料一并报送财政部门审核。使用者付费PPP项目参照执行。

▶ 专栏3-4 山东省省级项目支出绩效目标申报表

一些地方对绩效目标申报已开展明确的制度安排。如山东省制定了《山东省省级财政项目支出绩效目标管理办法（试行）》，提出项目绩效目标编制包括设定项目绩效目标、制定绩效指标及其指标值，按照“谁申请资金，谁编制目标”的原则进行，具体编制绩效目标项目范围由财政部门在布置年度预算编报时予以明确。项目绩效目标由业务主管部门申报预算和项目单位申报项目资金时填报。执行中申请调整预算的，应当随调整预算一并上报调整的项目绩效目标。项目支出绩效目标申报表如表1所示。

表1　　项目支出绩效目标申报表

（年度）

填报单位：　　　　　　　　　　　　　　　　填报日期：

<table>
<tr><td>项目名称</td><td colspan="2"></td><td>项目类别</td><td colspan="2">投资类项目□发展类项目□</td></tr>
<tr><td>主管部门</td><td colspan="2"></td><td>主管部门编码</td><td colspan="2"></td></tr>
<tr><td>项目实施单位</td><td></td><td>项目负责人</td><td></td><td>联系电话</td><td></td></tr>
<tr><td>项目类型</td><td colspan="5">上年原有项目□　新增固定项目□　新增一次性项目□　其他项目□</td></tr>
<tr><td>项目期限</td><td colspan="5">年月至年月</td></tr>
<tr><td rowspan="5">项目资金申请（万元）</td><td colspan="2">资金总额：</td><td colspan="3"></td></tr>
<tr><td colspan="2">财政拨款：</td><td colspan="3"></td></tr>
<tr><td colspan="2">事业收入：</td><td colspan="3"></td></tr>
<tr><td colspan="2">经营性收入：</td><td colspan="3"></td></tr>
<tr><td colspan="2">其他：</td><td colspan="3"></td></tr>
<tr><td>测算依据及说明</td><td colspan="5"></td></tr>
<tr><td>项目单位职能概述</td><td colspan="5"></td></tr>
</table>

续表

项目概况、主要内容及用途					
项目立项情况	项目立项的依据				
	项目申报的可行性和必要性				
项目实施进度计划	项目实施内容	开始时间		完成时间	
	1.				
	2.				
	3.				
	……				
项目绩效目标	长期目标			年度目标	
长期绩效指标	一级指标	二级指标	指标内容	指标值	备注
	产出指标	数量指标			
		质量指标			
		时效指标			
		成本指标			
		……			
	效益指标	经济效益指标			
		社会效益指标			
		生态效益指标			
		可持续影响指标			
		……			
	社会公众或服务对象满意度指标	具体指标			
	……	……			

续表

<table>
<tr><td rowspan="21">年度绩效指标</td><td>一级指标</td><td>二级指标</td><td>指标内容</td><td>指标值</td><td>备注</td></tr>
<tr><td rowspan="9">产出指标</td><td rowspan="2">数量指标</td><td></td><td></td><td></td></tr>
<tr><td></td><td></td><td></td></tr>
<tr><td rowspan="2">质量指标</td><td></td><td></td><td></td></tr>
<tr><td></td><td></td><td></td></tr>
<tr><td rowspan="2">时效指标</td><td></td><td></td><td></td></tr>
<tr><td></td><td></td><td></td></tr>
<tr><td rowspan="2">成本指标</td><td></td><td></td><td></td></tr>
<tr><td></td><td></td><td></td></tr>
<tr><td>…….</td><td></td><td></td><td></td></tr>
<tr><td rowspan="9">效益指标</td><td rowspan="2">经济效益指标</td><td></td><td></td><td></td></tr>
<tr><td></td><td></td><td></td></tr>
<tr><td rowspan="2">社会效益指标</td><td></td><td></td><td></td></tr>
<tr><td></td><td></td><td></td></tr>
<tr><td rowspan="2">生态效益指标</td><td></td><td></td><td></td></tr>
<tr><td></td><td></td><td></td></tr>
<tr><td rowspan="2">可持续影响指标</td><td></td><td></td><td></td></tr>
<tr><td></td><td></td><td></td></tr>
<tr><td>……</td><td></td><td></td><td></td></tr>
<tr><td>社会公众或服务对象满意度指标</td><td>具体指标</td><td></td><td></td><td></td></tr>
<tr><td>……</td><td>……</td><td></td><td></td><td></td></tr>
<tr><td>其他需要说明的问题</td><td colspan="5"></td></tr>
<tr><td>项目单位审核意见</td><td colspan="2">（签章）</td><td>业务主管部门审核意见</td><td colspan="2">（签章）</td></tr>
<tr><td>财政部门初审</td><td colspan="2"></td><td>财政部门复审</td><td colspan="2"></td></tr>
</table>

项目单位填报人：　　　　　　　　　　　　　　　　　　联系电话：

“项目支出绩效目标申报表”填报说明

一、适用范围

本表适用于业务主管部门和项目单位在申请项目支出预算时填报，作为项目绩效目标审核、预算资金确定和绩效评价的重要依据。

二、填报说明

（一）年度

填写编制部门预算所属年份或申请使用专项资金的年份。如：2014年编报2015年部门预算，填写“2015年”。

（二）项目基本情况

1.填报单位（盖章）：填写单位全称并加盖填报单位公章。

2.项目名称：按规范的项目名称内容填报，与部门预算项目名称一致。

3.项目类别：按照项目性质不同，项目支出分为业务类项目、投资类项目、发展类项目。此处只选择投资类项目和发展类项目，在所属选项“□”中画“√”。

4.主管部门：填写项目主管部门（一级单位）全称。

5.主管部门编码：按财政部门规定的预算编码填列。

6.项目实施单位：填写项目用款单位。

7.项目负责人：填写项目用款单位负责人。

8.联系电话：填写项目用款单位负责人联系电话。

9.项目类型：在所属选项“□”中画“√”。

10.项目期限：填写项目整体实施计划开始时间到计划完成时间。

11.项目资金申请：填写项目资金总额，并按资金来源不同分别填写，包括财政拨款、事业收入、经营性收入、其他等。

12.测算依据及说明：按项目支出内容分别填写申请资金的测算依据，包括政府出台的政策性文件或相关决议、补助标准、范围、数量及资金配套要求等，用以说明资金测算的合理性。

13.项目单位职能概述：简要描述项目实施单位的职能。

14.项目概况、主要内容及用途：简要描述项目的内容、目的、范围、期限、用途等基本情况；属于跨年度的延续项目，需对上年度绩效目标实现情况进行说明。

15.项目立项情况：分别描述项目立项的依据、项目申报的可行性和必要性分析等。

16.项目实施进度计划：描述本年度项目实施的进度，根据具体细化的实施内容，分别填写计划开始时间和计划完成时间。

（三）项目绩效目标

项目绩效目标：描述实施项目计划在一定期限内达到的产出和效果，分为长期目标和年度目标。

1.长期目标：概括描述项目整个计划期内的总体产出和效果（跨年度

的延续项目)。需要明确总体的计划、时间点、需要的资源及结果。如:《国家中长期教育改革和发展规划纲要(2010—2020年)》中对战略目标(部分)的表述为“到2020年,基本实现教育现代化,基本形成学习型社会,进入人力资源强国行列。实现更高水平的普及教育。基本普及学前教育;巩固提高九年义务教育水平;普及高中阶段教育,毛入学率达到90%;高等教育大众化水平进一步提高,毛入学率达到40%”等。

2.年度目标:概括描述项目在本年度所计划达到的产出和效果。

(四)长期绩效指标

长期绩效指标是对项目长期绩效目标的细化和量化,一般包括:

1.产出指标:反映预算部门根据既定目标计划完成的产品和服务情况。可进一步细分为:

数量指标,反映预算部门计划完成的产品或服务数量;如:完成1000人的专业教师培训,修建200公里农村公路,发放1000户低保家庭补贴等。

质量指标,反映预算部门计划提供产品或服务达到的标准、水平和效果;如:教师培训合格率达到90%以上,公路建设技术状况指数达到90%,低保户补贴覆盖比例达到95%等。

时效指标,反映预算部门计划提供产品或服务的及时程度和效率情况;如:结束培训后高级教师资格达标率达到60%,计划在12月份之前完成道路修建,按时间进度每月发放到低保户等。

成本指标,反映预算部门计划提供产品或服务所需成本,分单位成本和总成本等。如:租用大型会议室费用50万元、印刷培训材料费用30万元,水资源重点监控成本8000元/户(比去年下降500元/户),水泥、建材、石料价格等。

(1)指标内容:根据实际工作需要将细分的绩效指标确定为具体内容。如:专业教师培训人数、合格率、达标率,粮油物资达产量,购置专业设备台组数等。

(2)指标值:对指标内容确定具体值,其中,可量化的用数值描述,不可量化的以定性描述。对应以上指标内容,如:培训1000人、90%、60%,2000万吨,100台精密仪器等。

(3)备注:其他说明事项。

2.效益指标:反映与既定绩效目标相关的、财政支出预期结果的实现程度,包括经济效益指标、社会效益指标、生态效益指标、可持续影响指标等。

经济效益指标,指项目支出产生的经济效益。如:实现出口创汇5000万元,农贸市场交易额比改造前同比增长20%等。

社会效益指标，指项目支出产生的社会效益。如：下岗职工再就业率达到60%，适龄儿童入学率达到98%以上，农贸物资产品供需稳定，新修公路缩短了通行时间、提高了运输效率等。

生态效益指标，指项目支出带来的环境效益。如：污水排放量减排1000吨，植被覆盖率达到60%，饮用水源重金属含量下降70%等。

可持续影响指标，指项目支出带来的可持续影响。如：万元GDP能耗下降5%，高级职称占研发人员比重提高5%，水土流失现象得到控制、雾霾天气减少，水质得到明显改善、化学耗氧量COD值降低等。

（1）指标内容：根据实际工作需要将细分的绩效指标确定为具体内容。如：下岗职工再就业率，水质等级等。

（2）指标值：对指标内容确定具体值，其中，可量化的用数值描述，不可量化的以定性描述。对应以上指标内容，如：就业率大于90%，水质改善达到四级。

（3）备注：其他说明事项。

3.社会公众或服务对象满意度指标：反映社会公众或服务对象对财政支出效果的满意程度，根据实际细化为具体指标。如：参与培训人员满意度达到90%，人们对政府提供服务的满意率达到95%。

（1）指标内容：根据实际工作需要将细分的绩效指标确定为具体内容。

（2）指标值：对指标内容确定具体值，其中，可量化的用数值描述，不可量化的以定性描述。

（3）备注：其他说明事项。

4.实际操作中确定的长期绩效指标具体内容，可由各部门根据预算绩效管理工作的需要，在上述指标中选取或做另行补充。

（五）年度绩效指标

是对项目本年度绩效目标的细化和量化。具体内容填写参照“长期绩效指标”。

（六）其他需要说明的问题

反映项目绩效目标申请中其他需补充说明的内容。

（七）项目单位审核意见和业务主管部门审核意见

由项目单位、业务主管部门分别进行审核，按照绩效目标申报要求，确认申报资料是否齐全、内容是否详实，并提出建议安排资金的审核意见，加盖公章后报送财政厅各业务处室，同时报送电子文档。

（八）财政部门审核

分为财政部门初审和财政部门复审。初审由管理该项资金的业务处具体审核，并负责存档；复审由预算绩效管理处进行审核。

（九）其他

1.项目单位填报人：填写项目单位具体填报人员姓名。

2.联系电话：填写具体填报人员联系电话。

资料来源：《山东省省级财政项目支出绩效目标管理办法（试行）》（鲁财绩〔2014〕2号），保留原文格式。

四、建设期绩效目标

《操作指引》中不仅包含了针对项目公司的建设期指标框架，还包含了针对项目实施机构的建设期指标框架。涉及自身问题的，项目实施机构应及时整改；涉及项目公司（社会资本）或其他相关部门问题的，项目实施机构应及时督促整改。指标框架如表3–2所示（具体三级指标应根据项目特点与实际情况等适当调整）。

表3–2　　PPP项目绩效评价共性指标框架（参考）——建设期

	一级指标	二级指标	指标解释
项目公司（社会资本）绩效评价（100分）	产出	竣工验收	评价项目是否通过竣工验收及竣工验收情况
	效果	社会影响	评价项目建设活动对社会发展所带来的直接或间接的正负面影响情况如新增就业、社会荣誉、重大诉讼、公众舆情与群体性事件等
		生态影响	评价项目建设期间对生态环境所带来的直接或间接的正负面影响情况如节能减排、环保处罚等
		可持续性	评价项目公司或社会资本是否做好项目运营准备工作，如资源配置，潜在风险及沟通协调机制等
		满意度	政府相关部门、项目实施机构、社会公众（服务对象）对项目公司或社会资本建设期间相关工作的满意程度
	管理	组织管理	评价项目公司组织架构是否健全、人员配置是否合理，能否满足项目日常运作需求
		资金管理	评价社会资本项目资本金及项目公司融资资金的到位率和及时性
		档案管理	评价项目建设相关资料的完整性、真实性以及归集整理的及时
		信息公开	评价项目公司或社会资本履行信息公开义务的及时性与准确性

续表

	一级指标	二级指标	指标解释
项目实施机构绩效评价（100分）	产出	履约情况	评价项目实施机构是否及时、有效履行PPP项目合同约定的义务
		成本控制	评价项目实施机构履行项目建设成本监督管控责任的情况（注：PPP项目合同对建设成本进行固定总价约定的不适用本指标）
	效果	满意度	社会公众、项目公司或社会资本对项目实施机构工作开展的满意度程度
		可持续性	评价项目实施机构是否为项目可持续性建立有效的工作保障和沟通协调机制
	管理	前期工作	评价项目实施机构应承担的项目前期手续及各项工作的落实情况
		资金（资产）管理	评价项目实施机构股权投入、配套投入等到位率和及时性
		监督管理	评价项目实施机构是否按照PPP项目合同约定履行监督管理职能，如质量监督、财务监督及日常管理等
		信息公开	评价项目实施机构是否按照信息公开相关要求及时、准确公开信息

五、运营绩效目标

《操作指引》明确提出，“产出”指标应作为按效付费的核心指标，指标权重不低于总权重的80%，其中“项目运营”与“项目维护”指标不低于总权重的60%。此外，原则上不低于80分才可全额付费。指标框架如表3-3所示（具体三级指标应根据项目特点与实际情况等适当调整）。

表3-3　　PPP项目绩效评价共性指标框架（参考）——运营期

	一级指标	二级指标	指标解释
项目公司（社会资本）绩效评价	产出	项目运营	评价项目运营的数量、质量与时效等目标完成情况。如完成率、达标率与及时性等
		项目维护	评价项目设施设备等相关资产维护的数量、质量与时效等目标完成情况。如设施设备维护频次、完好率与维护及时性等
		成本效益	评价项目运营维护的成本情况。如成本构成合理性、实际成本与计划成本对比情况、成本节约率、投入产出比等（注：PPP项目合同中未对运营维护成本控制进行约定的项目适用本指标）
		安全保障	评价项目公司（或社会资本）在提供公共服务过程中安全保障情况，如重大事故发生率、安全生产率、应急处理情况等

续表

	一级指标	二级指标	指标解释
项目公司（社会资本）绩效评价	效果	经济影响	评价项目实施对经济发展所带来的直接或间接的正负面影响情况，如对产业带动及区域经济影响等
		生态影响	评价项目实施对生态环境所带来的直接或间接的正负面影响情况，如节能减排、环保处罚等
		社会影响	评价项目实施对社会发展所带来的直接或间接的正负面影响影响，如新增就业、社会荣誉、重大诉讼、公众舆情与群体性事件等
		可持续性	评价项目在发展、运行管理及财务状况等方面的可持续性情况
		满意度	政府相关部门、项目实施机构、社会公众（服务对象）对项目公司或社会资本提供公共服务质量和效率的满意程度
	管理	组织管理	评价项目运营管理实施及组织保障等情况。如组织架构、人员管理及决策审批流程等
		财务管理	评价项目资金管理、会计核算等财务管理内容的合规性
		制度管理	评价内控制度的健全程度及执行效率
		档案管理	评价项目运营、维护等相关资料的完整性、真实性以及归集整理的及时性
		信息公开	评价项目公司或社会资本履行信息公开义务的及时性与准确性
项目实施机构绩效评价	产出	按效付费	评价项目实施机构是否及时、充分按照PPP项目合同约定履行按效付费义务
		其他履约情况	评价项目实施机构是否及时、有效履行PPP项目合同约定的其他义务
	效果	满意度	社会公众、项目公司或社会资本对项目实施机构工作开展的满意程度
		可持续性	评价项目实施机构是否为项目可持续性建立有效的工作保障和沟通协调机制
		物有所值	评价项目物有所值实现程度
	管理	预算编制	评价项目实施机构是否及时、准确将PPP项目支出责任纳入年度预算
		绩效目标与指标	评价项目实施机构是否编制合理、明确的年度绩效目标和绩效指标
		监督管理	评价项目实施机构是否按照PPP项目合同约定履行监督管理职能，如质量监督、财务监督及日常管理等
		信息公开	评价项目实施机构是否按照信息公开相关要求及时、准确公开信息

▶ 专栏3-5　山东省旅游发展部门项目支出绩效评价指标体系框架（摘选）

对于不同类型的PPP项目，可参考各地区针对部门项目支出绩效评价指标体系框架，从而体现行业特征。如山东省制定了包括海洋与渔业部门、教育部门、旅游发展部门等指标体系框架（见表1），从而为PPP项目指标体系的完善提供了借鉴。

表1

部门项目支出绩效评价指标体系框架

一级	二级	三级	四级	指标说明	适用类别
投入	项目立项	项目立项规范性	项目立项必要性	对项目是否符合公共财政支出范围、是否为经济社会发展所必须、是否可由社会资金替代投入等进行评价	全部项目类型
			立项程序合规性	对项目立项过程是否经过必要的可行性研究、专家论证、风险评估、集体决策等进行评价	
			立项文件合理性	对项目立项文件内容是否完善，与相关立项办法是否一致进行评价	
		绩效目标合理性	绩效目标依据的政策相符性	对项目所设定的绩效目标是否符合国家相关法律法规、国民经济发展规划、部门发展政策与规划进行评价	
			绩效目标与项目单位职责的相关性	对绩效目标与部门职责、承担单位职责是否紧密相关进行评价	
			绩效目标的业绩水平合理性	对项目预期产出和效果是否符合正常业绩水平进行评价	
		绩效指标明确性	绩效目标细化和量化程度	对项目绩效目标（长期目标或年度目标）是否在数量、质量、成本、时效、效益等方面设置了细化、量化的绩效指标，以及指标内容是否清晰合理进行评价	
			绩效目标与任务计划相符性	对项目绩效目标是否与项目年度实施计划、基金额度相匹配进行评价	
	资金投入	资金到位率	上级财政资金到位率	对上级财政资金的实际到位情况进行评价（实际到位资金/计划投入资金×100%）。实际到位资金：一定时期内（本年度或项目期）内实际落实到具体项目的资金。计划投入资金：一定时期内（本年度或项目期）内计划投入具体项目的资金（下同）	
			地方（单位）资金到位率	对地方（单位）资金的实际到位情况进行评价（实际到位资金/计划投入资金×100%）	
		到位及时率	上级财政资金到位及时率	对上级财政资金是否在规定时间内及时到位进行评价（及时到位资金/应到位资金×100%）；及时到位资金：截止到规定时点实际落实到具体项目的资金；应到位资金：按照合同或项目进度要求截止到规定时点应落实到具体项目的资金（下同）	
			地方（单位）资金到位及时率	对地方（单位）资金是否在规定时间内及时到位进行评价（及时到位资金/应到位资金×100%）	

续表

一级	二级	三级	四级	指标说明	适用类别
过程	业务管理	管理机制健全性	业务管理制度健全性	对项目业务管理制度是否健全，内容是否合法、合规、完整进行评价	全部项目类型
			责任机制健全性	对项目是否建立健全责任机制进行评价	
		管理机制运转有效性	实施条件完备性	对项目实施过程中人员、场地、设施设备等条件是否落实，是否满足要求进行评价	
			进度管理有效性	对项目是否建立完善的进度控制计划和措施，以及执行是否有效进行评价	
			调整手续规范性	对项目调整是否按照权限履行规定程序进行评价	
		管理机制运转有效性	资产管护情况	对项目实施形成的资产管理是否符合相关规定，管护人员是否单位，权责是否清晰进行评价	
			档案管理情况	对项目档案是否有专人管理、保存是否符合要求、档案资料是否齐全进行评价	
		项目质量可控性	项目质量或标准健全性	对项目是否具有完备的质量与标准要求进行评价	
			项目质量检查、验收等控制情况	对项目单位是否对项目开展质量检查、验收等管控情况进行评价	
	财务管理	管理制度健全性	资金管理办法健全性	对项目资金管理制度是否健全进行评价	
			资金管理办法与财务会计制度相符性	对项目资金管理办法是否符合现行财务会计制度规定进行评价	
			资金管理办法可行性	对资金管理办法内容是否全面，是否具有针对性、可行性进行评价	
		资金使用合规性	资金使用合法合规性	对项目资金是否严格按照规定使用，是否存在截留、挤占、挪用、虚列支出等情况进行评价（若20%以上资金存在问题，则二级指标整体不得分）	
			资金拨付合规性	对项目资金拨付手续是否合法合规进行评价（若20%以上资金存在问题，则二级指标整体不得分）	
			政府采购合规性	对项目采购是否经过政府采购程序，符合招标法的相关规定，程序是否合规进行评价（若20%以上资金存在问题，则二级指标整体不得分）	
			项目支出与预算的符合性	对项目支出是否符合预算的要求，调整是否有完备的手续进行评价	
			预算执行率	对项目支出进度进行评价（若预算执行率低于80%，则二级指标整体不得分）	
		财务监控有效性	财务监控机制健全性	对财务监管措施和监管制度是否完善进行评价	
			财务监控机制运转有效性	对财务监控措施与制度的执行是否有效进行评价	

续表

一级	二级	三级	四级	指标说明	适用类别
产出	项目产出	数量	平台（系统、库）建设完成率	考察平台（系统、库）的建设完成情况，对实际情况与计划完成情况进行评价	信息化建设类
			平台对接工作完成率	考察平台与国家、各市及旅游企业大数据平台等对接完成情况，对实际情况与计划完成情况进行评价	
			系统运维计划完成率	考察系统运维工作的完成情况，是否按照计划完成各项运维工作	
			网站内容更新维护工作完成率	考察对网站内容更新维护工作的完成情况。网站内容更新维护工作完成率=更新维护工作实际完成量/更新维护计划工作量 ×100%	
		质量	平台（系统、库）建设验收合格率	考察平台（系统、库）建设的验收情况，体现其工作质量；平台（系统、库）建设验收合格率=验收通过工作量/实际完成工作量 ×100%	
			网站内容更新维护验收合格率	考察网站内容更新维护工作的验收情况，体现其工作质量；网站内容更新维护验收合格率=验收通过工作量/实际完成工作量 ×100%	
			故障处理率	考察系统运维工作的完成质量，是否对系统故障全部完成修复	
			功能调整处理率	考察系统或软件的运行维护质量	
		数量	工程完成情况	考察建设（修缮、改造）工程建设情况，对建设工程实际完成数量与计划数量进行评价	工程建设、修缮、改造类
		质量	工程验收合格情况	考察工程实施质量，是否通过工程验收	
		数量	全域旅游示范区创建数	考察全省国家级、省级全域旅游示范区创建单位获批数或成功创建获批数，对实际情况与计划完成情况进行评价	其他业务类
			测评、考核、检查、暗访完成情况	考察测评、考核、检查、暗访等工作的完成情况，对实际情况与计划完成情况进行评价	
			诚信旅游示范单位数	考察诚信旅游示范单位创建工作完成情况，对实际情况与计划完成情况进行评价	
		质量	全域旅游示范区建设验收合格情况	考察建设的国家级、省级全域旅游示范区通过验收情况	

续表

一级	二级	三级	四级	指标说明	适用类别
产出	项目产出	质量	测评、考核、检查、暗访完成达标情况	考察测评、考核、检查、暗访等工作的完成质量，是否是达到计划工作要求	其他业务类
			诚信旅游示范单位创建质量	考察旅游示范单位创建质量，是否是达到计划工作要求	
		时效	项目实施的及时性	考察项目实施的时效性，与计划进行比对，是否及时完成项目工作	全部项目类型
			项目整体进度的实施及时性	考察项目整体进度是否按计划推进	
		成本	实际成本与工作内容的匹配程度	考察实际成本与工作内容是否匹配	
			产出成本控制措施的有效性	考察产出成本措施控制是否有效，确保项目支出不超过预算	
效果	项目效果	社会效益	保证网站稳定运行天数	考察网站稳定运行的天数	信息化建设类
			网站故障崩溃次数	通过考察运维的网站崩溃次数，体现其运维效果	
			网站日均浏览次数	考察网站的日均群众浏览次数	
			故障重复发生率	考察系统运维效果，系统重复故障发生率是否有所降低；故障重复发生率=重复故障发生数/系统故障发生总数 × 100%	
		经济效益	入境游客消费增长率	考察入境游客消费同比上年是否有所增长；入境游客消费增长率=（本年度游客消费－上年度游客消费）/上年度游客消费 × 100%	综合效益
			旅游总产出	考察本地区所有旅游及相关常住单位在一定时期内生产的货物和服务的价值总和	
			旅游消费增长率	考察地区旅游消费的增长情况；旅游消费长率=（本年度旅游消费－上年度旅游消费）/上年度旅游消费 × 100%	
			旅游度假区总收入增长率	考察旅游度假区总收入的增长情况；旅游度假区总收入增长率=（本年度旅游度假区总收入－上年度旅游度假区总收入）/上年度旅游度假区总收入 × 100%	
			游客人均消费增长率	考察游客人均消费的增长情况；游客人均消费增长率=（本年度游客人均消费－上年度游客人均消费）/上年度游客人均消费 × 100%	

续表

一级	二级	三级	四级	指标说明	适用类别
效果	项目效果	经济效益	旅游对GDP的综合贡献率	考察旅游业对当地经济增长的拉动作用及旅游业对当地经济的重要性；旅游对GDP的综合贡献率（包括对一二三产业的直接贡献、间接贡献和引致贡献）与本地区GDP的比率	综合效益
		社会效益	游客接待总量及增长率	考察旅游工作开展效果	
			红色旅游发展情况	考察红色旅游发展情况	
			4A级以上景区吸纳就业增长率	考察全省4A级以上景区吸纳的就业人数规模较上年增长情况；4A级以上景区吸纳就业增长率=（4A级以上景点本年就业人数–4A级以上景点上年就业人数）/4A级以上景点上年就业人数 ×100%	
			4A级以上景区接待游客数量增长率	考察全省4A级以上景点每年接纳的游客数量增长情况；4A级以上景区接待游客数量增长率=（4A级以上景点本年接待游客数量–4A级以上景点上年接待游客数量）/4A级以上景点上年接待游客数量 ×100%	
			旅游度假区接待游客数量增长率	考察旅游度假区接待游客数量的增长情况；旅游度假区接待游客数量增长率=（旅游度假区本年接待游客数量–旅游度假区上年接待游客数量）/旅游度假区上年接待游客数量 ×100%	
			过夜旅游人数增长率	考察过夜旅游人数同比上年是否有所增长；过夜旅游人数增长率=（本年度过夜旅游人数–上年度过夜旅游人数）/上年度过夜旅游人数 ×100%	
			旅游咨询点（中心）对外开放天数	考察旅游咨询点（中心）对外开放的天数	
			中高级导游占比增加率	考察全省中高级导游人员占比的增加情况；中高级导游占比增加率=（本年度中高级导游人数–上年度中高级导游人数）/上年度中高级导游人数 ×100%。	
			有效投诉率降低率	考察全省旅游业有效投诉事件发生率的降低情况；有效投诉率降低率=（上年度有效投诉发生数/上年度游客数）–（本年度有效投诉发生数/本年度游客数）	
			安全事故发生数	考察全省旅游业相关安全事故发生情况	

续表

一级	二级	三级	四级	指标说明	适用类别
效果	项目效果	服务对象满意度	游客满意度	考察游客满意度	综合效益
			参观人员满意度	考察参观人员满意度	
			培训人员满意度	考察参与培训的学员对培训工作的满意程度	
			旅游企业满意度	考察旅游企业的满意程度	
		可持续影响	应急预案完备性	考察项目对可能发生的突发事件如供电中断、系统瘫痪、电话故障等突发事件或故障设立应急方案	信息化建设类
			数据平台使用率	考察项目对建设的数据平台的使用情况	
			日常巡检制度健全性	考察项目是否针对机房、系统等设立健全的日常巡检制度	
			档案管理完备性	考察项目是否对申报资料及项目汇报材料、项目过程资料等进行了归档管理	综合影响力指标
			沟通机制健全性	考察项目在执行中是否建立相应的经常性沟通协调机制，以保证工作的实施，及时解决工作中出现的问题	
			人员配备合理性	考察项目在开展过程中是否配备数量合适、能力合适的人员	
			配套设施健全性	考察项目实施是否配套对应必需的基础设施及设备	
			设备及时入库情况	考察项目是否针对采购的设备及时进行入库管理	
			固定资产管理制度健全性	考察项目是否针对单位固定资产出具明确的管理制度	
			长效管理机制健全性	考察项目是否制定相关制度保障项目的长期执行	
			信息化平台建设情况	考察项目信息化管理能力，是否建立了对应信息化管理平台	
			跨部门协作机制健全性	考察部门是否建立完善的跨部门协作机制	
			宣传推广机制健全性	考察平台的宣传和推广机制是否健全	
			联动机制健全性	考察项目是否制定了相应的联动机制，以保证各单位联合开展项目时工作进展顺利	

资料来源：山东省财政厅网站。

▶ 专栏3-6　PPP绩效管理让钱花得更值

PPP是政府和社会资本合作模式，对拉动社会投资、降低公共设施建设成本具有重要作用。

2020年3月31日，财政部明确PPP项目绩效管理内容和评价标准。这有助于让PPP项目更好地实现物有所值、按效付费，有利于PPP项目用好资金，提高经济社会效益。

3月31日，财政部发布《政府和社会资本合作（PPP）项目绩效管理操作指引》（以下简称《操作指引》），明确PPP项目绩效管理内容和评价标准，旨在提高公共服务供给质量和效率，保障项目合作各方合法权益，让PPP项目更好地实现物有所值、按效付费。

PPP是政府和社会资本合作模式，它鼓励私营企业、民营资本参与公共基础设施建设。近年来，PPP项目覆盖范围越来越广，不仅拉动了社会投资，也降低了公共设施建设成本，助力民生改善。

随着疫情防控取得阶段性重要成效，全社会复工复产脚步加快，很多基础设施项目也在开工建设，其中不少是PPP项目。这时出台《操作指引》，有利于PPP项目用好资金，提高经济社会效益。

把PPP运行效果“晒出来”，提出量化约束标准

《操作指引》明确，PPP项目绩效管理包括预期产出、预期效果及项目管理等内容。绩效目标包括总体绩效目标和年度绩效目标两部分。总体绩效目标，是PPP项目在全生命周期内预期达到的产出和效果；年度绩效目标，是根据总体具体年度预期达到的产出和效果。《操作指引》要求绩效目标的设定应经过调查研究和科学论证，符合客观实际，符合物有所值的理念，体现成本效益的要求，既具有前瞻性，又有可实现性。

《操作指引》对项目在建设期和运营期绩效评价分别提出了共性指标框架。比如，在建设期对社会资本的绩效评价分为产出、效果、管理三项；在“效果”子项下，进一步考察社会影响、生态影响、可持续性和满意度；而对“满意度”的评价，来自政府部门、项目实施机构和社会公众各方面。这个评价“打分”很管用——是按效付费、落实整改、监督问责的重要依据。

通俗地说，设计这一套绩效管理指标，就是来考察PPP项目在建设过程中管得“严不严”，建成后用着“顺不顺”，结账时掂量“值不值”。

2020年2月，全国PPP综合信息平台进行了升级换代。新平台利用区块链、人工智能、大数据等最新技术成果，提高了PPP项目信息的校验度和准确性，把PPP运行质量“晒出来”。这次出台的《操作指引》，更进一步对项目运行各个环节提出标准化考察要求，提出可量化约束标准，对PPP运行质量进行量化评估。

精细管理，提高财政资金使用效率

通过这次疫情，大家更加认识到农业生产的重要性。保障粮食生产，PPP也能派上用场——3月17日，大禹节水与贵州省安顺市西秀区签署协议，双方将采取PPP模式，共同推进5.22万亩农业灌溉项目和相关水利基础设施项目，预计项目投资额约2亿元。社会资本将在完善水利基础设施建设方面发挥积极作用。

财政部PPP中心数据显示，截至2020年2月底，全国19个公共服务领域的入库项目已达9459个，投资额14.4万亿元，累计开工3764个，一大批民生建设工程正“在路上”。

PPP项目资金规模大、项目周期长、投资主体多元化，政府和民间资本既要合作，也要互相监督。从项目设计、融资、施工、验收到后期维护收费等，财政花钱要“物有所值”，民间资本也得“心里有底”。北京市中伦（上海）律师事务所合伙人周兰萍认为，作为PPP项目的核心内容，一直以来绩效考核都是实操中的难点。《操作指引》建立了完整的PPP绩效考核体系，有利于PPP项目的整体规范，也可避免实践中因缺少实施细则而导致的争议。

在以PPP模式设立污水处理厂后，南京市城东污水处理厂污水处理费由原先的1.58元/立方米下降到1.02元/立方米。广西壮族自治区财政厅党组成员、副厅长王代玉认为，对PPP项目进行全生命周期的绩效管理，符合当前全面实施预算绩效管理的要求。“这可以进一步强化‘花钱必问效’导向，将有限的财力用在刀刃上，提高财政资金使用效益，为百姓提供质优价惠的公共产品和服务。”

“加强PPP信息公开和绩效管理，在提高政府信用、优化营商环境、提升经济效率、加强社会监督等方面发挥着重要作用。”财政部政府和社会资本合作中心主任焦小平说。

完善制度，促进基础设施建设快马加鞭

当前，多个省市已经公布了基建投资计划。与此同时，以5G、人工智能、工业互联网、物联网为代表的新型基础设施也迎来新的“风口”，成为拉动投资的新引擎。

无论是传统基础设施建设还是“新基建”，作为应对经济下行的重要措施，短期看可以稳投资，发挥“乘数效应”；长期看是我国产业转型升级，释放经济潜力的重要措施。在充分发挥PPP模式对于基础设施建设拉动作用方面，国内已经达成共识，不仅中央层面加紧机制建设，地方也在快马加鞭。

3月19日，广西推出十条新举措，从强化组织领导、加强政策支持、财政扶持等方面大力推广PPP模式。比如，明确政府参与的新建污水、垃圾处理项目要全面实施PPP模式；政府债务负担比较重的地区应将PPP作为提升基础设施和公共服务的一项重要方式，利用PPP模式有序盘活存量资产，促进地方发展。

四川省日前也下发文件，推动行业部门在基础设施、公用事业、农林水和社会事业领域全面加大放开准入力度，鼓励市县采购社会资本时在同等条件下优先选择民营资本参与PPP项目；重点鼓励金融机构精准对接民营资本参与PPP项目的融资需求。

“在PPP全生命周期管理政策体系中，《操作指引》为PPP模式更好发挥拉动作用补齐了制度短板。”PPP资产交易和管理平台副主任、天津金融资产交易所总裁丁化美认为，这为项目后续实现PPP资产交易、交易后项目运营效益，以及PPP资产通过证券化等进入标准化资产交易市场提供了连续性、统一性和更加具象且多维的评价指标。

“《操作指引》在落实新基建计划、适当提高财政赤字率、发行特别国债等方面，将进一步激发或扩大政府与社会资本合作积极性，有利于践行积极财政政策更加积极有为目标取向。”中国财政科学研究院政府绩效研究中心主任、研究员王泽彩认为，《操作指引》强化了提高政府与社会资本合作项目落地率的可行性，将有效释放社会资本积极参与基础设施、公共产品、公共服务等供给的潜在效能，对冲或降低PPP项目各参与主体的风险。

资料来源：人民日报。

▶ 专栏3-7　成都天府国际空港新城起步区道路工程项目绩效指标设定

PPP项目绩效指标设定有多种形式。在成都天府国际空港新城起步区道路工程项目中，绩效考核主要采取定期考核、不定期考核及竣工验收考核的方式。定期考核与竣工验收考核，由项目实施机构组织考核小组进行考核，可邀请财金局、审计局、环城局、经安局等行业主管部门，也可同时邀请公众代表、工程技术专家进入考核小组进行考核，或者聘请第三方机构进行考核。不定期考核，项目实施机构可自行组织考核。无论是定期考核还是不定期考核，皆应形成必要的书面记录、照片和视频等材料。考核的手段包括但不限于观察、询问、函证、第三方送检、检查项目设施及建设、运营记录等。

本项目的项目考核由实施机构负责定期牵头实施，考核对象是项目公司，项目考核分为建设期考核、运营期考核和使用者付费绩效考核三部分。绩效考核满分为100分。绩效考核结果与付费机制挂钩。实际运营补贴金额=应付可用性付费×λ_1×70%+λ_2［（应付可用性付费×30%）+应付运营维护付费］−λ_3×使用者付费。其中：λ_1为可用性付费建设期绩效考核调整系数，λ_2为运营维护费绩效考核调整系数，λ_3为使用者付费绩效考核调整系数。建设期绩效考核指标总分为100分，每项分值扣完为止，各项分值及具体考核办法如表1所示。

表1　建设期考核指标

类型	权重	指标要求	备注
工程质量	25分	符合适用法律和国家行业规范、标准的每一项规定，包括但不限于《建设工程质量管理条例》以及四川省、成都市、高新区相关文件	各子项目竣工验收合格或实际投入使用为满分，按照无法通过验收的工程比例扣减相应分数
工程进度	25分	在批准工期内完成项目建设	按照季度计划未超工期（政府原因或不可抗力导致延误的除外）得满分，因社会资本方原因造成工期超过原工期1/5以上的扣5分，期间按照比例扣分
成本控制	25分	以经批复的施工图预算总投资为最高限额进行成本控制	形象进度完成目标时，若完成进度投资比计划每节省1%加0.5分，最多加2分；若完成进度投资超出计划，每超出1%扣2分，最高扣10分；决算总投资每节约1%加1分，最高加5分，决算总投资每超出1%扣5分，最高扣25分
安全生产	10分	符合适用法律和国家行业规范、标准的每一项规定，包括但不限于《中华人民共和国安全生产法》《中华人民共和国建筑法》《中华人民共和国消防法》《建设工程安全生产管理条例》《生产安全事故报告和调查处理条例》以及四川省、成都市、高新区相关文件	建设期内不发生安全责任事故得满分，发生轻微安全事故但未造成人员伤亡的且财产损失不构成重大、特大安全事故的，每一起扣2分
生态环保	10分	符合国家、行业相关环境保护要求	若经环保部门行政处罚的，每次扣2分，若因环境保护不力造成污染而导致群体性事件且造成不良影响的扣10分
公众满意度	5分	项目建设过程中相关公众的满意度	由随机选取的社会公众对本项目进行综合评分的得分比例进行评分

本项目的实施方案要求项目公司全力配合相关部门的考核工作，且项目公司有义务保证所进行的各项工程建设均符合相关的技术规范和标准。建设期考核实行打分制并设定及格线60分，当项目公司建设期考核低于及格线时，项目公司不能获得可用性付费。考核中发现的扣分项项目公司应于10个工作日内整改完毕，政府方在项目公司整改结束后组织进行正式考核，考核得分以正式考核为准，建设期绩效考核调整系数λ_1计算方式如表2所示。

表2　系数计算方式

建设期考核得分F	考核等级	调整系数λ_1
$F \geq 85$	优秀	λ_1=100%
$65 \leq F<85$	良好	λ_1=80%+（F−65）×1%
$60 \leq F<65$	及格	λ_1=80%
F<60	不合格	λ_1=0

建设期绩效考核最终得分=各次定期考核的平均得分×40%+各次不定期绩效考核得分×30%+竣工验收绩效考核得分×30%

运营期绩效考核主要是对项目设施运营维护的监督检查考核。考核采取定期考核和不定期考核相结合的方式。定期考核每年年终考核一次，考核占比40%，项目实施机构组织考核小组进行考核，可邀请财金局、审计局、环城局、经安局等行业主管部门，也可同时邀请公众代表、工程技术专家进入考核小组进行考核；或者聘请第三方机构进行考核；不定期考核每年前三季度每季度一次，考核占比60%，项目实施机构可自行组织考核。考核结果直接与运营维护付费金额挂钩。每一运营年结束后，将不定期考核的算数平均值与定期考核得分这两个数据的加权平均值作为该运营年的绩效考核得分。项目公司有义务保证所提供的各项服务均符合相应的质量标准规定。依据相关的技术规范和标准，本项目涉及的各个行业主管部门协同相关职能部门对项目公司的运营服务质量、运营维护情况等进行考核、评估，项目公司应全力配合相关部门的考核工作。考核中发现的扣分项项目公司应于10个工作日内整改完毕，政府方在项目公司整改结束后组织进行正式考核，考核得分以正式考核为准。

运营期绩效考核指标按照所属行业考评部门分为道路桥梁照明环卫、绿化养护、综合管廊、排水设施、资金使用及公众满意度。每一部分满分100分，然后乘以各项占比即为其对应考核分数。具体考核各部分的要求、标准明细。权重如表3所示。

表3 运营期考核权重

考核项目	道路	桥梁	照明	环卫	绿化养护	综合管廊	排水设施	资金使用及公众满意度
权重	20%	10%	10%	5%	15%	15%	15%	10%

运营期绩效考核得分将与可用性付费和运营维护付费挂钩，运营期绩效考核调整系数 λ_2 计算方式如表4所示。

表4 调整系数计算方式

建设期考核得分G	考核等级	调整系数λ_2
G≥85	优秀	λ_2=100%
65≤G<85	良好	λ_2=80%+（G−65）×1%
60≤G<65	一般	λ_2=80%
G<60	不合格	λ_2=0

运营期绩效考核最终得分=各次不定期考核的平均得分×60%+定期绩效考核得分×40%

第一个运营年和最后一个运营年，按实际季度考核，不足一季度的，按一季度考核；根据各次季度考核得分的算数平均值予以计算最终的运营期绩效考核得分。

由于使用者付费与项目公司对管廊和智慧路灯的管理情况相关，项目公司管理良好可能保证或者增加使用者付费金额，管理较差可能减少使用者付费金额，使用者付费可根据管廊和智慧路灯管理情况的绩效考核结果进行调整。考核采取定期考核的方式，一年一次。使用者付费绩效考核调整系数 λ_3 计算方式如表5所示。

表5 调整系数计算方式

使用者付费考核得分S	考核等级	调整系数λ_3
S≥85	优秀	λ_3=100%
75≤S<85	良好	λ_3=105%
60≤S<75	一般	λ_3=110%
S<60	不合格	λ_3=130%

资料来源：财政部政府和社会资本合作中心，网址：http：//www.cpppc.org/。

第三节 PPP项目绩效目标审核

PPP项目付费涉及财政预算资金的使用，因此需要根据相关政策要求对其绩效目标进行审核。

一、基本概念

PPP项目绩效目标审核是全过程预算绩效管理链条上的重要一环。《中共中央　国务院关于全面实施预算绩效管理的意见》明确提出“强化绩效目标管理。各地区各部门编制预算时要贯彻落实党中央、国务院各项决策部署，分解细化各项工作要求，结合本地区本部门实际情况，全面设置部门和单位整体绩效目标、政策及项目绩效目标。绩效目标不仅要包括产出、成本，还要包括经济效益、社会效益、生态效益、可持续影响和服务对象满意度等绩效指标。各级财政部门要将绩效目标设置作为预算安排的前置条件，加强绩效目标审核，将绩效目标与预算同步批复下达”。由此可知，财政部门是PPP项目绩效目标审核的主体，可以通过预算安排来约束PPP项目绩效目标设定的合规性。

二、制度体系

《政府和社会资本合作（PPP）项目绩效管理操作指引》对PPP项目绩效目标与绩效指标在各阶段的管理提出了如下要求：（1）PPP项目准备阶段，项目实施机构应根据项目立项文件、历史资料，结合PPP模式特点，在项目实施方案中编制总体绩效目标和绩效指标体系并充分征求相关部门、潜在社会资本等相关方面的意见。财政部门应会同相关主管部门从依据充分性、设置合理性和目标实现保障度等方面进行审核。（2）PPP项目采购阶段，项目实施机构可结合社会资本响应及合同谈判情况对绩效指标体系中非实质性内容进行合理调整。PPP项目绩效目标和指标体系应在项目合同中予以明确。（3）PPP项目执行阶段，绩效目标和指标体系原则上不予调整。但因项目实施内容、相关政策、行业标准发生变化或突发事件、不可抗力等无法预见的重大变化影响绩效目标实现而确需调整的，由项目实施机构和项目公司（未设立项目公司时为社会资本）协商确定，经财政部门及相关主管部门审核通过后报本级人民政府批准。

三、审核流程

借鉴山东省对于项目支出绩效管理的政策要求，审核的主要内容可包括：（1）完整性审核。项目绩效目标填报是否完整，是否细化量化，明确清晰。（2）相关性审核。项目绩效目标是否与单位职责任务紧密相关，是否设定了相关联的绩效指标，是否与资金预算安排相匹配。（3）可行性审核。项目绩效目标是否符合国家及省法律法规及相关规划，是否符合省委省政府决策部署及经济社会发展需要，是否经过充分论证和合理测算，是否符合成本效益最优原则等。（4）其他审核。主要审核以前年度预算执行、绩效监控和绩效评价等情况。

审核分为业务主管部门审核、财政部门审核及第三方评审。项目单位预算编制完成后，业务主管部门应组织工作组或专家组，采取适当的方式对所属单位的项目绩效目标进行审核。此后结合部门预算“二上二下”编审流程，财政部门对业务主管部门申报的项目绩效目标进行“一上”审核和“二上”审核，并将绩效目标作为预算安排的重要依据。“一上”审核的重点是项目绩效目标编制的完整性、相关性，项目绩效目标是否细化量化、是否与单位职责任务及事业发展规划相关联、是否对项目的必要性可行性进行充分论证、资金需求测算依据是否科学合理等。审核意见在部门预算“一下”时反馈业务主管部门。业务主管部门根据财政下达的“一下”预算控制数，结合项目绩效目标审核反馈意见，对项目绩效目标进行调整完善。财政部门“二上”审核的重点是项目绩效目标编制的合理性、可行性，项目绩效目标是否与预算资金安排相匹配，是否符合成本效益最优原则，是否设定了项目预算执行进度、结转结余情况等重点指标。对不符合要求的，业务主管部门应进行调整优化，否则不予纳入部门预算。对预算金额较大、专业技术性较强、社会关注度高，对经济社会发展有较大影响的项目，财政部门可根据需要，组织包括高等院校、科研院所、行业协会、中介机构等相关行业领域专家对申报的项目绩效目标进行第三方评审，提高审核的客观性、权威性和公信度。

▶ 专栏3-8　山东省省级项目支出绩效管理流程

山东省省级项目支出绩效管理流程如图1所示。

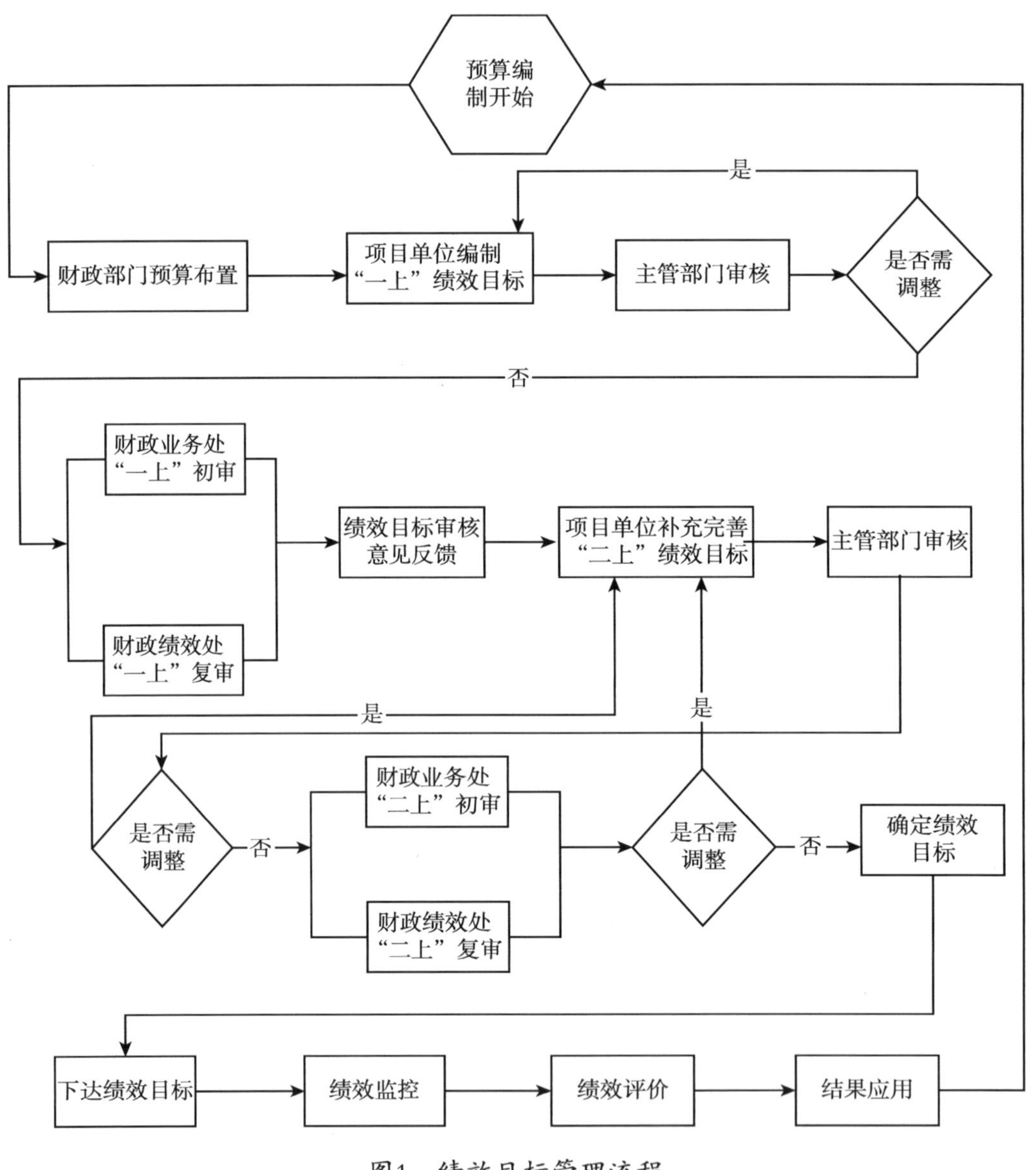

图1　绩效目标管理流程

资料来源：《山东省省级财政项目支出绩效目标管理办法（试行）》（鲁财绩〔2014〕2号）。

2020年9月25日，江苏省财政厅发布了《关于进一步加强PPP项目绩效管理的通知》，对PPP项目在各阶段的绩效目标审核提出了具体要求。在PPP项目准备阶段，江苏省财政厅明确了项目绩效目标与绩效指标的编制审核程序，要求项目实施机构在PPP项目入库环节负责编制该项目的总体绩效目标与绩效指标。实施机构应当以正式文件形式将《项目实施方案》（含项目总体绩效目标与绩效指标）报送财政部门、行业主管部门审核。行业主管部门为实施机构的，仅需报财政部门审核。项目涉及多个行业主管部门的，应当分别报送。未明确行业主管部门的，由同级人民政府予以明确后报送。财政部门会同行业主管部门及时对实施机构报送的《项目实施方案》进行审核，重点关注项目总体绩效目标与绩效指标，具体可通过专家评审等方式开展（包括行业技术专家）。项目总体绩效目标与绩效指标的评审应当主要对照财政部相关规定进行，并关注政府承担的年度运营补贴支出是否与当年项目公司（或社会资本）绩效评价结果完全挂钩。实施机构应根据专家评审提出的修改意见对项目总体绩效目标和绩效指标予以修改完善，并重新提请专家进行书面复核。复核通过后，专家应当出具“××PPP项目准备阶段总体绩效目标和绩效指标专家评审意见表”并签字确认。财政部门、行业主管部门依据评审及复核结果作出通过绩效评审的结论。实施机构据以完善项目“一案两评”，并将报请相关部门审核的文件、专家评审及复核意见、对照修改结果、专家评审意见表等文件资料列为《项目实施方案》的附件。在《项目实施方案》相关章节，实施机构应当说明总体绩效目标与绩效指标、年度绩效目标与绩效指标的关联衔接内容，并明确年度绩效目标和绩效指标工作要求。《项目实施方案》应合法合规编制绩效目标与绩效指标允许变更或争议解决机制条款，为项目后续阶段可能面临的不确定事项预留空间。项目实施机构应将通过物有所值评价和财政承受能力论证的《项目实施方案》（含项目总体绩效目标与绩效指标），报本级人民政府审核批复。本级人民政府批复同意的实施方案，是项目后期政府采购和合同签订的重要依据。

江苏省财政厅还对采购阶段绩效目标与绩效指标的调整流程作出了明确规定，要求招标文件中项目的绩效目标和绩效指标原则上应当与政府批复的实施方案保持一致。中标结果产生后，实施机构可根据《政府和社会资本合作（PPP）项目绩效管理操作指引》（财金〔2020〕13号）第十一条第二款的规定，结合社会资本响应及合同谈判情况对绩效指标体系中的非实质性内容进行合理调整。财政部门会同行业主管部门及时对调整情况及结果进行审核，并经专家复核并签署“××PPP项目采购阶段总体绩效目标和绩效指标专家评审意见表”或由PPP法律顾问出具“法律意见书”予以认定。PPP项目绩效目标和指标体系应在项目合同中予以明确。采购结果公示结束后、PPP项目合同正式签订前，项目实施机构应按《政府和社会资本合作项目财政管理暂行办法》（财金〔2016〕92号）规定，将拟签订的合同提交行业主管部门、财政部门、法制部门等相关职能部门审核。PPP项目合同审核时，除应对照项目实施方案、物有所值评价报告、财政承受能力论证报告及采购文件，检查合同内容是否发生实质性变更以外，还应重点审核合同约定的PPP项目绩效目标和指标体系是否与《项目实施方案》、采购文件保持一致或未发生实质性变动，是否通过专家复审或通过“法律意见书”确认。通过审核的PPP合同，由实施机构报本级人民政府批准并授权实施机构签署。

此外，江苏省财政厅要求PPP项目执行阶段绩效目标和绩效指标原则上不予调整。确因变化需要调整的，实施机构可通过召开专家评审会的方式，委托与项目公司（社会资本）共同认可的专家，对调整结果的合法合规性、合理性、科学性、可行性进行评审。因项目建设运营涉及的投资、边界发生重大变化确需变更的，实施机构应按有关规定履行项目变更调整手续，项目绩效目标与绩效指标应当重新编制。因相关政策、行业标准发生变化或突发事件、不可抗力等无法预见的重大变化影响绩效并确需调整的，实施机构应按规定对项目绩效目标与绩效指标进行修正完善。上述指标的变更、完善均应参照准备阶段的绩效目标与绩效指标审核要求，报送财政部门、行业主管部门审核。专家评审通过后，专家应当出具“××PPP项目执行阶段总体绩效目标和绩效指标专家评审意见表”并签字确认。财政部门及相关行业主管部门可据此作出审核通过的结论，通过审核后报本级人民政府批准。根据《政府和社会资本合作（PPP）项目绩效管理操作指引》（财金〔2020〕13号）第十三条的规定，实施机构在项目运营期间逐年编制PPP项目政府付费或可行性缺口补助支出预算时，应将年度绩效目标和指标连同编制的预算申报资料一并报送财政部门审核。年度绩效目标和绩效指标应由实施机构按照总体绩效目标和绩效指标以及年度工作开展情况合理制定，财政部门可组织专家对项目年度绩效目标和绩效指标进行评审，评审后形成《××PPP项目××年度绩效目标和绩效指标评审结果》，作为财政部门预算审核编制等工作的重要依据。

▶ 第四节 PPP 项目绩效目标批复与下达

目标审核结束后，绩效目标将于预算同步批复下达。此外，《政府和社会资本合作（PPP）项目绩效管理操作指引》还明确“项目公司（社会资本）对绩效目标或指标体系调整结果有异议的，可申请召开评审会，就调整结果的科学性、合理性、可行性等进行评审。双方对评审意见无异议的，按评审意见完善后履行报批程序；仍有异议的，按照合同约定的争议解决机制处理”。

▶ 专栏3-9 山东省省级项目支出绩效目标下达表

山东省省级项目支出绩效目标下达表格式如表1所示。

表1　　项目支出绩效目标下达表

（年度）

单位名称：　　　　　　　　　　　　批复日期：

<table>
<tr><td>项目名称</td><td colspan="2"></td><td>项目类别</td><td colspan="2">投资类项目□发展类项目□</td></tr>
<tr><td>主管部门</td><td colspan="2"></td><td>主管部门编码</td><td colspan="2"></td></tr>
<tr><td>项目实施单位</td><td></td><td>项目负责人</td><td></td><td>联系电话</td><td></td></tr>
<tr><td>项目类型</td><td colspan="5">上年原有项目□　新增固定项目□　新增一次性项目□　其他项目□</td></tr>
<tr><td>项目期限</td><td colspan="5">年　月　至　年　月</td></tr>
<tr><td rowspan="5">项目资金批复（万元）</td><td colspan="2">资金总额：</td><td colspan="3"></td></tr>
<tr><td colspan="2">财政拨款：</td><td colspan="3"></td></tr>
<tr><td colspan="2">事业收入：</td><td colspan="3"></td></tr>
<tr><td colspan="2">经营性收入：</td><td colspan="3"></td></tr>
<tr><td colspan="2">其他：</td><td colspan="3"></td></tr>
<tr><td>测算依据及说明</td><td colspan="5"></td></tr>
<tr><td>项目单位职能概述</td><td colspan="5"></td></tr>
</table>

续表

<table>
<tr><td>项目概况、主要内容及用途</td><td colspan="5"></td></tr>
<tr><td rowspan="2">项目立项情况</td><td>项目立项的依据</td><td colspan="4"></td></tr>
<tr><td>项目申报的可行性和必要性</td><td colspan="4"></td></tr>
<tr><td rowspan="5">项目实施进度计划</td><td>项目实施内容</td><td colspan="2">开始时间</td><td colspan="2">完成时间</td></tr>
<tr><td>1.</td><td colspan="2"></td><td colspan="2"></td></tr>
<tr><td>2.</td><td colspan="2"></td><td colspan="2"></td></tr>
<tr><td>3.</td><td colspan="2"></td><td colspan="2"></td></tr>
<tr><td>……</td><td colspan="2"></td><td colspan="2"></td></tr>
<tr><td rowspan="2">项目绩效目标</td><td colspan="3">长期目标</td><td colspan="2">年度目标</td></tr>
<tr><td colspan="3"></td><td colspan="2"></td></tr>
<tr><td rowspan="21">长期绩效指标</td><td>一级指标</td><td>二级指标</td><td>指标内容</td><td>指标值</td><td>备注</td></tr>
<tr><td rowspan="9">产出指标</td><td rowspan="2">数量指标</td><td></td><td></td><td></td></tr>
<tr><td></td><td></td><td></td></tr>
<tr><td rowspan="2">质量指标</td><td></td><td></td><td></td></tr>
<tr><td></td><td></td><td></td></tr>
<tr><td rowspan="2">时效指标</td><td></td><td></td><td></td></tr>
<tr><td></td><td></td><td></td></tr>
<tr><td rowspan="2">成本指标</td><td></td><td></td><td></td></tr>
<tr><td></td><td></td><td></td></tr>
<tr><td>……</td><td></td><td></td><td></td></tr>
<tr><td rowspan="9">效益指标</td><td rowspan="2">经济效益指标</td><td></td><td></td><td></td></tr>
<tr><td></td><td></td><td></td></tr>
<tr><td rowspan="2">社会效益指标</td><td></td><td></td><td></td></tr>
<tr><td></td><td></td><td></td></tr>
<tr><td rowspan="2">生态效益指标</td><td></td><td></td><td></td></tr>
<tr><td></td><td></td><td></td></tr>
<tr><td rowspan="2">可持续影响指标</td><td></td><td></td><td></td></tr>
<tr><td></td><td></td><td></td></tr>
<tr><td>……</td><td></td><td></td><td></td></tr>
<tr><td>社会公众或服务对象满意度指标</td><td>具体指标</td><td></td><td></td><td></td></tr>
<tr><td>……</td><td>……</td><td></td><td></td><td></td></tr>
</table>

续表

	一级指标	二级指标	指标内容	指标值	备注
年度绩效指标	产出指标	数量指标			
		质量指标			
		时效指标			
		成本指标			
		……			
	效益指标	经济效益指标			
		社会效益指标			
		生态效益指标			
		可持续影响指标			
		……			
	社会公众或服务对象满意度指标	具体指标			
	……	……			
其他需要说明的问题					
财政部门下达意见					

项目单位联系人： 联系电话：

资料来源：《山东省省级财政项目支出绩效目标管理办法（试行）》（鲁财绩〔2014〕2号）。

本章小结

PPP事前绩效评估较传统的政府采购项目有着更为丰富的内涵，除了需要履行传统的流程以外，还需要专门根据PPP操作流程进行相应的评估，如物有所值评价、财政承受能力论证等。作为按效付费、落实整改、监督问责的重要依据，PPP前期的目标与指标管理是未来PPP绩效评价、监控、结果应用的重要基础。

课后习题

名词解释

PPP项目事前绩效评估　PPP项目绩效目标审核

简答题

1. 简要叙述PPP项目事前绩效评估的制度体系。
2. 简要叙述PPP项目绩效目标设定应符合的基本原则。
3. 简要叙述PPP项目绩效目标设定的主要政策依据。
4. 简要叙述PPP项目事前绩效评估涉及的主要程序。
5. 简要叙述PPP项目绩效目标审核流程。

论述题

1. 请说明建设期绩效目标与运营期绩效目标在设定上有何差异。
2. 请说明PPP项目绩效目标存在异议时如何处理。
3. 请说明PPP项目事前绩效管理存在的必要性。

本章推荐阅读文献

[1] 王守清，柯永建.特许经营项目融资［M］.北京：清华大学出版社，2008.

［2］许梦博，翁钰栋.政府预算绩效指标框架和指标库建设研究［M］.北京：人民邮电出版社，2020.
［3］罗伯特·卡普兰.平衡计分卡——化战略为行动［M］.刘俊勇，孙薇，译.广州：广东经济出版社，2004.

本章主要参考文献

［1］陈少强，郭骊.不确定性视角下的PPP项目绩效管理研究［J］.中央财经大学学报，2020（08）.
［2］秦士坤.中国城市财政压力现状与风险识别——基于新口径的测算［J］.中央财经大学学报，2020（10）.
［3］明树数据.PPP项目绩效管理研究（一）——基本理论与市政道路PPP示范项目分析［Z］.2019.

▶ 第四章

PPP 项目绩效运行监控与中期评估管理

内容提要

2017 年，财政部印发《地方预算执行动态监控工作督导考核办法》，以督导地方加快推进预算执行动态监控工作。由于 PPP 项目涉及大量财政预算资金，且周期较长，需要建立完备的绩效运行监控与中期评估管理机制。最新出台的《政府和社会资本合作（PPP）项目绩效管理操作指引》中对 PPP 项目绩效监控进行了专门的说明，然而具体实践仍然有待进一步地探索。

第一节 PPP项目绩效运行监控概述

一、基本概念

PPP项目绩效监控是对项目日常运行情况及年度绩效目标实现程度进行的跟踪、监测和管理，通常包括目标实现程度、目标保障措施、目标偏差和纠偏情况等。PPP项目绩效监控应符合以下要求：（1）严格遵照国家规定、行业标准、项目合同约定，按照科学规范、真实客观、重点突出等原则开展绩效监控。重点关注最能代表和反映项目产出及效果的年度绩效目标与指标，客观反映项目运行情况和执行偏差，及时纠偏，改进绩效；（2）项目实施机构应根据PPP项目特点，考虑绩效评价和付费时点，合理选择监控时间、设定监控计划，原则上每年至少开展一次绩效监控。

PPP项目绩效运行监控是项目规范运作的必然要求，也是信息公开不可或缺的一环。当前PPP项目信息公开的法制基础包括一系列涉及顶层设计的法律及涉及具体要求的部门规章等，《政府采购法》《招投标法》《民法典》《公司法》《仲裁法》等法律中均有PPP相关内容，其中涉及信息公开。2015年以来，随着PPP的大力推广，PPP信息公开制度不断细化与完善，如财政部要求对已纳入PPP综合信息平台的PPP项目进行信息公开（财金〔2017〕1号），并对未按规定进行信息公开的项目予以清退（财办金〔2017〕92号），使项目的透明度大大提高，保障了公众的知情权。此外，PPP相关参与方如业务专家、咨询机构等开展的中介服务也受到了政策的严格约束，并建立了信息公开制度（财金〔2016〕144号、财金〔2017〕8号）。由于中央企业在PPP推广中扮演了重要角色，其信息公开制度的完善也成为PPP信息披露的重要一环

（国资发〔2016〕315号）。不断完善的法制基础已成为消除PPP各参与方之间信息不对称的直接推动力。具体如表4–1所示。

表4–1　PPP项目信息公开的法制基础

政策名称	发布时间	主要工作内容
《政府采购法》《招投标法》《民法典》《公司法》《仲裁法》等	—	PPP相关内容，涉及信息公开，但无具体要求
《关于在公共服务领域推广政府和社会资本合作模式指导意见的通知》（国办发〔2015〕42号）	2015年5月	推广PPP模式要坚持公开透明的基本原则，实行阳光化运作，依法充分披露政府和社会资本合作项目重要信息，保障公众知情权，对参与各方形成有效监督和约束
《政府和社会资本合作项目财政管理暂行办法》（财金〔2016〕92号）	2016年9月	第36条要求各级财政部门应做好PPP项目全生命周期信息公开工作
《关于推进中央企业信息公开的指导意见》（国资发〔2016〕315号）	2016年12月	全面梳理企业信息公开要求、依法确定主动公开的信息内容、严格规范信息公开工作程序、加强信息公开工作保密审查、开展信息公开风险评估工作，以及完善信息公开载体和形式等
《PPP综合信息平台信息公开管理暂行办法》（财金〔2017〕1号）	2017年1月	推进PPP项目信息公开；加强和规范PPP信息公开工作，对已纳入PPP综合信息平台的PPP项目要求进行信息公开
《关于规范政府和社会资本合作（PPP）综合信息平台项目库管理的通知》（财办金〔2017〕92号）	2017年11月	明确规定“未按规定进行信息公开”的已入库项目应集中予以清退
《财政部PPP专家库管理办法》（财金〔2016〕144号）	2016年12月	加强中介服务信息公开
《PPP咨询机构库管理暂行办法》（财金〔2017〕8号）	2017年3月	加强中介服务信息公开
《关于进一步加强政府和社会资本合作（PPP）示范项目规范管理的通知》（财金〔2018〕54号）	2018年4月	对PPP示范项目提出了更高的要求：夯实项目前期工作，切实履行采购程序，严格审查签约主体，杜绝违法违规现象，强化项目履约监管
《关于推进政府和社会资本合作规范发展的实施意见》（财金〔2019〕10号）	2019年3月	用好全国PPP综合信息平台，充分披露PPP项目全生命周期信息，保障公众知情权，对参与各方形成有效监督和约束

二、制度体系

《政府和社会资本合作（PPP）项目绩效管理操作指引》中明确项目实施机构应根据项目合同约定定期开展PPP项目绩效监控，项目公司（社会资本）负责日常绩效监控。

由于PPP项目运行监控需要投入大量的人力、物力（如定期实地检查、整理过程文档等），也需要对行业领域有着充分的认知。因此对于实施机构而言，定期开展项目绩效监控可能存在一定的压力。《政府和社会资本合作（PPP）项目绩效管理操作指引》明确提出“项目实施机构应在项目所属行业主管部门的指导下开展PPP项目绩效管理工作，必要时可委托第三方机构协助”，因此借助第三方进行绩效管理成为地方政府的一个可行选项。一些地方也出台了一系列政策鼓励第三方服务机构参与并提供支持，如江苏省财政厅发布了《关于进一步提高政府和社会资本合作（PPP）项目第三方服务机构工作质量的意见》（苏财金〔2020〕69号），其中提到第三方服务机构可以接受委托，提供以下服务：参与项目“一案两评”编制、参与金融机构可融性测试报告编制、参与潜在社会资本市场测试报告编制、出具项目工程造价审核报告、出具项目财务数据复核报告、提供采购代理服务（如有）、参与合同编制、参与项目绩效评价、提供法律顾问服务、参与项目中期评估、参与项目财政监督、参与项目信息公开和宣传培训等。同时应当注意的是，应合理发挥第三方机构的作用，避免过度依靠第三方机构从而替代政府部门应履行的职责。

▶ 专栏4-1　2020年预算绩效评价开始PPP、政府投资基金在列

财政部网站公布了《财政部办公厅关于做好2019年度中央部门项目支出绩效评价工作的通知》（以下简称《部门评价通知》）、《财政部办公厅关于做好2020年重点绩效评价工作的通知》（以下简称《财政评价通知》）和《财政部关于开展2019年度中央对地方转移支付预算执行情况绩效自评工作的通知》（以下简称《转移支付自评通知》），这也标志着财政部今年的预算绩效评价工作全面启动。

中国财政科学研究院政府绩效研究中心主任王泽彩认为，上述三个通知是继项目支出绩效评价管理办法后贯彻全面实施预算绩效管理的重要举措。2019年根据新一轮机构改革部署，预算绩效评价职能调整到监督评价局，为贯彻全面实施预算绩效管理提供了坚实的组织保障。

据财政部监督评价局相关负责人介绍，此次绩效评价聚焦推进改革发展、保障重点领域和加强薄弱环节等方面，围绕全面建成小康社会、打好三大攻坚战、实施乡村振兴战略等重点领域支出开展。评价范围涵盖一般公共预算、政府性基金预算、国有资本经营预算，以及PPP项目、政府投资基金等投融资活动。此外，新冠肺炎疫情防控财税政策落实和资金管理使用情况也被纳入到此次评价范围。

据经济观察网了解，此次通知不是检查，而是对重点项目开展绩效评价，由各地监管局、预算评审中心以及第三方机构协作完成。

一位了解情况的人士告诉记者，其实上述通知的这些工作已经开始，评价的核心是对项目的评价，比如对投资基金，要评价一些产业基金，都是从项目开始。第三方的协作机构会做一些基础工作，比如财务，但是整体框架还是主管部门来定，大家关注的PPP绩效的评价会按照近日印发的PPP绩效评价办法。

在具体工作开展上，三个通知分别就评价工作职责分工和责任落实方面提出具体要求。其中，《部门评价通知》强调，中央部门要高度重视单位自评和部门评价工作，切实履行部门主体责任，根据疫情防控工作需要，积极创新应急机制下的绩效评价工作方式，加强对本部门单位自评和部门评价的组织管理，有序有力有效推进2019年度项目支出绩效评价工作。

《财政评价通知》要求，2020年重点绩效评价侧重政策性评价和全面评价，规范绩效评价程序，严格对照评价指标、标准开展，确保评价结果准确公正。具体工作由财政部监督评价局牵头组织指导预算评审中心和财政部各地监管局开展。

《转移支付自评通知》明确，地方主管部门和资金使用单位是转移支付自评工作的责任主体和实施主体，要确保自评结果真实、准确、客观，严禁弄虚作假。对绩效自评结果和实际情况出入较大或绩效较差的地区，在下一年度分配资金时予以从严、从紧考虑，问题严重的要进行追责问责。

王泽彩告诉记者三个通知明确了聚焦改革发展的重大战略、重点领域和重点环节开展绩效评价。按照“全方位、全过程、全覆盖”预算绩效管理总体要求，今年预算绩效评价聚焦改革发展的重点领域、重点环节等方面，特别是围绕全面建成小康社会、打好三大攻坚战等重点领域支出开展，而且还覆盖了“四本预算”等政府性资金的评价，充分体现了全面预算绩效管理改革的力度、强度和速度有了较大幅度提升。

资料来源：经济观察网，http：//m.eeo.com.cn/2020/0409/380536.shtml。

▶ 专栏4-2　江苏省关于进一步提高政府和社会资本合作（PPP）项目第三方服务机构工作质量的意见（摘选）

第三方服务机构可以接受委托，提供以下服务：参与项目“一案两评”

编制、参与金融机构可融性测试报告编制、参与潜在社会资本市场测试报告编制、出具项目工程造价审核报告、出具项目财务数据复核报告、提供采购代理服务（如有）、参与合同编制、参与项目绩效评价、提供法律顾问服务、参与项目中期评估、参与项目财政监督、参与项目信息公开和宣传培训等。

（一）"一案两评"编制。第三方服务机构应依据法律法规、《政府和社会资本合作模式操作指南》《PPP物有所值评价指引》《财政承受能力论证指引》、PPP规范管理一系列政策制度、具体项目涉及的行业规范、金融机构可融性测试和潜在社会资本市场测试结果，综合编制PPP项目"一案两评"，并根据其他独立第三方服务机构正式出具的《造价审核报告》和《财务复核报告》及审核复核结果，对"一案两评"进行修正完善。

（二）金融机构可融性测试、潜在社会资本市场测试。编制"一案两评"的第三方服务机构负责调研金融机构和潜在社会资本对项目的响应程度，测试的金融机构和潜在社会资本（联合体）分别不少于3—5家。金融机构可融性测试重点摸排金融机构对项目前期工作的要求、融资利率、期限、融资额度、审贷标准、资本金"穿透式"监管措施、资本金使用及放贷配比关系等。潜在社会资本市场测试应重点摸排潜在社会资本资格条件、建设和运营水平、资本金出资能力、是否组建联合体、联合体成员是否存在《政府采购法》及实施条例等规定的不合格投标人事项（被列入失信被执行人、重大税收违法案件当事人名单、政府采购严重失信行为记录名单），项目使用者付费安排是否公允可行等；第三方服务机构应将测试结果作为"一案两评"编制的重要依据，提高相关数据的科学性、公允性。金融机构可融性测试和潜在社会资本市场测试底稿及结果应列为实施方案的附件。

（三）造价审核。根据《财政部关于推进政府和社会资本合作规范发展的实施意见》（财金〔2019〕10号）"严格控制项目投资、建设、运营成本"的要求，"一案两评"中的建设工程（设备）投资应当由独立第三方服务机构（工程造价咨询机构）或财政投资评审机构开展造价审核。涉及资产评估的，应由资产评估机构出具相关评估报告。审核应重点关注项目建设内容及边界是否清晰、勘察设计是否完成、工程（设备）量是否明确，定额取值是否规范合理，工程（设备）投资是否计算正确，有无高估冒算、缺项漏项。审核无误后，应当出具《造价审核报告》。负责"一案两评"编制的第三方服务机构应当据以修正完善"一案两评"，并将《造价审核报告》列为实施方案的附件。

（四）财务复核。根据《财政部关于推进政府和社会资本合作规范发展的实施意见》（财金〔2019〕10号）“严格控制项目投资、建设、运营成本”的要求，“一案两评”中的财务测算部分应当由独立第三方服务机构（会计师事务所）进行复核，具体按照中国注册会计师相关执业准则执行。财务复核应在《造价审核报告》认定、潜在社会资本市场测试和金融机构可融性测试结果的基础上进行，重点核查方案设定的资本金回报率和融资利率是否合理，项目公司收入、运营成本的预测值是否客观公允，相关税费及承担安排是否按照最新政策要求进行科学预测，实施方案中涉及的财务测算表格数据是否计算正确、项目逐年财政支出责任计算是否正确。复核无误后，应当出具《财务复核报告》并附复核审定后相关表格。负责“一案两评”编制的第三方服务机构应当据以修正完善“一案两评”，并将《财务复核报告》列为实施方案的附件。

（五）采购代理（如有）。在“一案两评”取得批复后，第三方服务机构可接受采购单位委托参与项目采购，协助发布资格预审公告和采购公告，重点复核相关文件是否与政府批复的实施方案保持一致。协助开展答疑、组织谈判并完成社会资本的选定、签发中标成交通知书，按法律法规和政策要求做好采购环节的信息披露，采购完成后将过程性文件移交至采购单位。原已承担“一案两评”编制的第三方服务机构不得承担该项目采购代理工作。

（六）合同编制。项目采购前，第三方服务机构可协助编制项目合同，合同的核心条款须与实施方案、采购文件保持一致。社会资本采购工作完成后，第三方服务机构应根据谈判备忘录内容以及行业主管部门、财政部门和司法部门等的审核意见修改完善合同，并协助完成报批和签约工作。

（七）绩效评价。在项目执行阶段，第三方服务机构可接受实施机构、财政部门委托，根据相关规定组织实施建设期、运营期和移交期绩效评价，编制绩效考核工作底稿，搜集充分适当的评价得分、扣分依据，出具项目各阶段《绩效评价报告》，并协助实施机构和财政部门根据绩效评价结果计算付费金额。原已承担“一案两评”编制和采购代理的第三方服务机构不得再承担该项目绩效评价工作。

（八）法律顾问。根据省财政厅《关于建立全省政府和社会资本合作（PPP）项目全生命周期法律顾问制度的意见》（苏财规〔2018〕19号），第三方服务机构（律师事务所）通过建言献策、审核把关、质询论证、法律咨询、出具法律意见书等方式参与当地PPP宏观管理及PPP项目全生命周期事前、事中、事后管理全过程，充分发挥法律顾问在PPP相关法律法规和政策制度等方面的经验优势，为PPP项目全生命周期管理提供智力支持和专业服务。重点对PPP项目全生命周期各阶段重大事项的合法合规性论证提供法律服务，出具的《法律意见书》等应作为实施方案批复、采购文件审查、合同审查、项目变更以及整改等环节的重要依据。

（九）中期评估。在项目执行阶段，第三方服务机构可参与实施中期评估并出具中期评估报告，重点分析项目运行状况和项目合同的合规性、适应性和合理性，及时评估已发现问题的风险，制订应对措施。原已承担“一案两评”编制和采购代理的第三方服务机构不得再承担该项目中期评估工作。

（十）监督检查。根据省财政厅《关于进一步加强政府和社会资本合作（PPP）项目财政监督的意见》（苏财金〔2019〕53号），第三方服务机构可受财政部门委托参与PPP项目财政监督，协助财政部门检查发现项目存在的问题，开展原因分析并提出整改建议。原已承担“一案两评”编制和采购代理的第三方服务机构不得再承担该项目财政监督工作。

（十一）信息公开。根据省财政厅《江苏省财政厅关于进一步提高政府和社会资本合作（PPP）项目信息公开质量的意见》（苏财金〔2019〕21号），第三方服务机构应主动配合财政部门真实、完整、准确、及时地提供项目信息并协助在PPP综合信息平台上传相关资料。可受财政部门委托协助开展PPP项目信息公开工作检查。

（十二）宣传培训。第三方服务机构可为各市县提供PPP项目宣传推介和专业知识培训，提高PPP项目的市场推介程度，增强财政部门和实施机构对于PPP项目全生命周期管理能力。

（十三）其他相关工作。第三方服务机构可受财政部门、实施机构委托参与PPP项目谈判、纠纷处置等。

注：保留原文格式。

三、流程和指标

PPP项目绩效监控工作通常按照以下程序进行：（1）开展绩效监控。项目公司（社会资本）开展PPP项目日常绩效监控，按照项目实施机构要求，定期报送监控结果。项目实施机构应对照绩效监控目标，查找项目绩效运行偏差，分析偏差原因，结合项目实际，提出实施纠偏的路径和方法，并做好信息记录。（2）反馈、纠偏与报告。项目实施机构应根据绩效监控发现的偏差情况及时向项目公司（社会资本）和相关部门反馈，并督促其纠偏；偏差原因涉及自身的，项目实施机构应及时纠偏；偏差较大的，应撰写《PPP项目绩效监控报告》报送相关主管部门和财政部门。

针对前期指标在绩效运行监控方面的运营，焦军等（2020）提出："PPP项目的合同管理不同于传统模式的一大特点，是社会资本集成了融资、建设、运营的全过程责任。其总投资确认为政府净资产后，作为可用性付费概念的付款形态被安排分摊到运营期的N年，根据合同条款约定的方式分期支付。建设期阶段形成的一系列绩效监控记录、评价报告以工程竣工验收为重要里程碑。经审计部门和实施机构确认的项目总投资以及形成的资产将关系到项目产出的总体质量，也关系到项目公司取得付费的计算基数。但其监控和评价时期，仅仅在建设期内。运营期如何维护与建设期的基础工作有很大关系，需要当事人综合考虑行业特点、基础设施的物理寿命、工程利润与运营复杂度。PPP合同的政府支付安排通常发生在进入运营期后。根据PPP合同与预先制定的绩效管理方案，在运营期第一年开始绩效监控并进行绩效评价，过程中编制《PPP项目绩效评价报告》，财政部门以此为依据安排付费和相关工作。在公共产品与服务交付和运营管理过程中，需要区分因违约事件扣履约保证金和因为绩效完成程度不够而被扣年度政府付费的差别。重大的、不可接受的工程、设备和材料缺陷，与违反合同运营管理责任约定、维护和服务不当导致的某种经济后果，需依据合同条款关于赔偿责任和损失的条款进行。然而，绩效管理是不是0或1的阈值型处理方式，而是通过打分量化来评价完成程度的工作，需要业主和技术专家根据具体情况研究制定。在100分体系下，多种因素的权重关系应体现项目目标、评价者的意图和重要程度。例如，在医疗服务设施项目中，手术室中的专业设备、灯光照明比办公区的更为重要，因此绩效指标的权重和不合格时扣减金额也应当更高。不同权重的安排和扣减机制可以促使项目公司更加重视公共产品和服务的核心价值，从而实现物有所值。在绩效管理过程中，绩效监控、合同履约与项目管理的工作内容基本重合，是从不同专业角度考察同一对象。合同双方的责任和义务基于可行性研究报告、招标文件、PPP合同等。项目核心内容已经载入PPP合同，原则上不做调整，确有需要调整的，须双方协商补充。此外，一些普适的法律政策、社会公共规范出于某些原因未写入PPP合同，但是仍然需要遵守。例如安全生产管理、社会环境责任、分包商管理、农民工问题等。对于进入实施阶段但有缺陷、不符合规定的项目，在制定绩效管理方案时，需查缺补漏，签订PPP补充协议，以满足长期的运营期管理与审计需求。若行业运营标准不明确，应与行业主管部门协商确认。"

第二节 PPP项目绩效中期评估

一、基本概念

《政府和社会资本合作（PPP）项目绩效管理操作指引》中明确规定，PPP项目每3—5年应结合年度绩效评价情况对项目开展中期评估。中期评估属于PPP项目绩效评价的一部分，项目实施机构应根据项目合同约定的绩效目标与指标体系开展相关工作，且结果应当依法依规公开并接受监督。

二、制度体系

与事前绩效管理类似，PPP绩效中期评估主体应包括项目实施机构、财政部门、行业主管及项目公司，而对象包括项目实施机构及项目公司。可根据合同中约定的指标体系，对项目实施机构与项目公司分别进行评估。与年度绩效评价不同的是，中期评估更关注PPP项目管理的长期效果，需要综合前几年的相关信息，因此资料的存档、系统性的管理尤为重要。

2020年2月，财政部网站公布了《关于印发污水处理和垃圾处理领域PPP项目合同示范文本的通知》，从而推动PPP项目文件的标准化。该通知显示，合同示范文本共有四部分组成，分别是合作协议，即“政府和社会资本合作（PPP）项目合作协议”；PPP项目合同，即“污水处理厂网一体化政府和社会资本合作（PPP）项目合同”和/或“垃圾处理政府和社会资本合作（PPP）项目合同”；运营维护服务协议，即“污水处理厂网一体化政府和社会资本合作（PPP）项目运营维护服务协议”；承继协议，即“政府和社会资本合作（PPP）项目承继协议”。适用的范围是污水处理厂网一体化PPP项目和垃圾处理PPP项目。

▶ 专栏4-3 PPP项目合同标准条款中对PPP中期评估的描述

厂网一体化PPP项目合同标准条款中对PPP中期评估的相关描述如下：

第11条 项目绩效评价与中期评估

11.1绩效评价主体

本项目由【□甲方自行；□甲、乙双方共同选择第三方机构；□其他：　　】对乙方进行绩效评价，乙方应予以协助配合。

11.2绩效评价标准和方法

本项目绩效评价标准及评价方法，按照本合同附件《绩效评价管理办法》执行。双方一致同意，项目实施过程中，若国家相关主管部门对于污水处理厂网一体化项目管理出台相关国家标准或者行业标准的，按届时新标准规定执行。

11.3绩效评价程序

11.3.1绩效评价包括定期评价和不定期评价，其中定期评价的频次为：

11.3.2绩效评价主体开展绩效评价的程序主要包括：

（1）确定评价对象并下达评价通知；

（2）确定评价工作人员并制定评价工作方案；

（3）收集评价相关资料并进行审查核实；

（4）进行现场走访和实地访谈；

（5）综合分析并编制评价报告；

（6）下达评价结论并归档；

（7）其他约定。

11.3.3甲方应在绩效评价完成后按照相关规定进行信息公开。

11.3.4对于绩效评价报告中指出的问题，乙方应在接到甲方书面通知后，在通知要求的期限内进行整改。

11.4第三方原因影响考核评价

因第三方原因影响绩效评价结果的，乙方有权向甲方和绩效评价主体就有关事宜提出书面报告，甲方和绩效评价主体应在收到书面报告后日内做出处理。如确属第三方原因造成的，且乙方已为避免此种情形尽到合理努力的，则甲方和绩效评价主体应及时对绩效评价结果予以调整。

11.5中期评估

11.5.1 中期评估是甲方为了全面了解项目设施状况、乙方的经营管理、服务和履约情况而组织的全面评估。

11.5.2评估内容及程序

（1）甲方在实施中期评估或年度评估时，将考察以下全部或部分内容：

a.实际服务质量及执行约定标准的情况；

b.项目设施运行、维修养护情况；

c.服务费的执行及调价申请情况；

d.关于项目设施的年度投资、建设、运营计划是否满足合作范围内的污水收集、处理及达标排放，以及对污水处理工程专项规划的响应情况；

e.公益性义务的承担情况；

f.利益相关方的投诉情况及其处理效果；

g.是否发生由于乙方原因导致的临时接管；

h.评估期限内履约担保的提取和扣除情况；

i.质量保证和质量控制方案、运营维护方案、安全制度的执行情况，重大事故的发生情况；

j.企业年度经营规划、年度经营计划的执行或完成情况；

k.乙方财务会计制度是否健全，提供财务报表、成本分析和经营情况报告的及时、准确、完整情况；

l.应急预案的日常演练情况；

m.报告制度、信息公开制度的执行情况；

n.甲方认为需要评估的其他事项。

（2）评估委员会

中期评估或特殊情形下的年度评估由甲方组织有关部门成员、利益相关方代表和专业人士组成评估委员会进行；评估委员会成员的专业知识结构应该包括财务、价格、污水处理厂和管网工程技术、安全、规划与建设、法律等。

（3）评估报告及其效力

a.评估委员会将向甲方出具评估报告，该报告应包括各项评估内容的实际执行情况、乙方需要全面或单项整改的意见、甲方是否实施临时接管的意见、价格及项目绩效评价调整建议等内容。

b.甲方应将评估报告送达乙方，乙方应在收到评估报告之日起日内提出书面异议并附异议详细情况说明和证据，否则视同无异议。

c.甲方根据评估报告的意见最终决定向乙方发出整改通知的，应在通知中明确提出整改意见和整改期限以及是否开展价格、绩效评价等调整工作；实施临时接管的遵守本合同第17.1款临时接管的约定。

11.5.3评估周期及费用承担

（1）项目合作期限内每年实施一次中期评估；甲方通过中期评估全面掌握评估期限内乙方履行本合同的情况。

（2）当乙方在某一年度发生导致需要调整服务费的事项、不可抗力事件、项目设施新建等重大投资、临时接管等重大事件时，甲方有权决定在该等重大事件发生之前或之后对乙方实施综合的或专项的年度评估。

（3）因中期评估或特定情形下的年度评估发生的费用由甲方承担，乙方应积极配合甲方的检查和评估。

（4）有关中期评估的其他约定：

资料来源：《关于印发污水处理和垃圾处理领域PPP项目合同示范文本的通知》（财办金〔2020〕10号），保留原文格式。

三、流程和指标

中期评估的流程可参照《操作指引》中提出的如下程序进行：（1）下达绩效评价通知。项目实施机构确定绩效评价工作开展时间后，应至少提前5个工作日通知项目公司（社会资本）及相关部门做好准备和配合工作。（2）制定绩效评价工作方案。项目实施机构应根据政策要求及项目实际组织编制绩效评价工作方案，内容通常包括项目基本情况、绩效目标和指标体系、评价目的和依据、评价对象和范围、评价方法、组织与实施计划、资料收集与调查等。项目实施机构应组织专家对项目建设期、运营期首次及移交完成后绩效评价工作方案进行评审。（3）组织实施绩效评价。项目实施机构应根据绩效评价工作方案对PPP项目绩效情况进行客观、公正的评价。通过综合分析、意见征询，区分责任主体，形成客观、公正、全面的绩效评价结果。对于不属于项目公司或社会资本责任造成的绩效偏差，不应影响项目公司（社会资本）绩效评价结果。（4）编制绩效评价报告。PPP项目绩效评价报告应当依据充分、真实完整、数据准确、客观公正，内容通常包括项目基本情况、绩效评价工作情况、评价结论和绩效分析、存在问题及原因分析、相关建议、其他需要说明的问题。（5）资料归档。项目实施机构应将绩效评价过程中收集的全部有效资料，主要包括绩效评价工作方案、专家论证意见和建议、实地调研和座谈会记录、调查问卷、绩效评价报告等一并归档，并按照有关档案管理规定妥善管理。（6）评价结果反馈。项目实施机构应及时向项目公司（社会资本）和相关部门反馈绩效评价结果。

此外，《政府和社会资本合作（PPP）项目绩效管理操作指引》还提出“项目公司对绩效评价结果有异议的，应在5个工作日内明确提出并提供有效的佐证材料，向项目实施机构解释说明并达成一致意见。无法达成一致的，应组织召开评审会，双方对评审意见无异议的，根据评审意见确定最终评价结果；仍有异议的，按照合同约定的争议解决机制处理”。

在形成中期评估报告之后，可将相关附件整合在一起，以备今后查看，例如：（1）绩效评估检查表；（2）绩效评估检查现场照片；（3）实地调研调查问卷；（4）实施方案意见反馈表；（5）实施方案反馈意见采纳情况表；（6）绩效评估主要依据文件等（与项目相关的主要资料）。

▶ 专栏4–4 PPP项目绩效评价报告

一、项目基本情况

（一）项目概况

简述项目背景、PPP模式基本安排，包括基本信息、运作模式、回报机制、交易结构等内容。

（二）项目绩效目标

（三）项目主要参与方

（四）项目实施情况

包括项目实施的具体内容、范围、计划及进展情况等。如果项目内容在实施期内发生变更，应当说明变更的内容、依据及变更程序。

（五）资金来源和使用情况

项目资金来源与使用情况、投融资管理情况、财务管理状况、预算情况等。

二、绩效评价工作情况

（一）绩效评价目的

（二）绩效评价对象、范围与时段

（三）绩效评价工作方案制定过程

（四）绩效评价原则与方法

（五）绩效评价实施过程

（六）数据收集方法

（七）绩效评价的局限性（如有）

三、评价结论和绩效分析

（一）评价结论

（二）绩效分析

对项目产出、效果和管理指标进行分析和评价。

在对绩效指标进行分析和评价时，要充分利用评价工作中所收集的数据，做到定量分析和定性分析相结合。绩效指标评分应当依据充分、数据使用合理恰当，确保绩效评价结果的公正性、客观性、合理性。

四、存在问题及原因分析

通过分析各指标的评价结果，总结项目存在的不足及原因，明确责任主体，为提出相关建议奠定基础。

五、相关建议

通过综合考虑各指标的评价结果，有针对性地对项目存在的不足提出改进措施和建议。措施或建议应当具有较强的可行性、前瞻性及科学性，有利于促进和提高项目绩效水平。

六、绩效评价报告使用限制等其他需要说明的问题。

七、评价主体签章

绩效评价报告应当由评价主体加盖公章。

八、相关附件

通常包括主要评价依据、实地调研和座谈会相关资料、调查问卷汇总信息及其他支持评价结论的相关资料。

资料来源：《政府和社会资本合作（PPP）项目绩效管理操作指引》，保留原文格式。

▶ 专栏4-5　实地调研调查问卷

××× 项目中期评估（绩效考核）调查问卷

调查时间：　　　　　　　　　　　　　调查地点：

调查人员：

调查对象姓名：　　　　　　　　　　　联系方式：

工作单位：

您好！我们是×××安排的调查员。为做好“×××项目中期评估”，我们设计了调查问卷，请您选择合适的内容填写。对于您的问卷内容我们将严格予以保密，您所提供的意见仅用于统计分析，谢谢您的合作！

1.本项目所涉及的设备是否能保持一直在线？

A.可以　　　　B.不能　　　　C.有时可以

2.本项目的服务电话是否可以随时拨通？

A.可以　　　　B.不能　　　　C.有时可以

3.在技术服务、维护保养方面，您对其是否满意？

A.非常满意　　　　B.满意　　　　C.不满意

不满意的主要原因是：________________________。

4.遇到故障的时候，项目公司处理是否及时？

A.及时　　　　B.一般　　　　C.不及时

5.本项目是否因不合理的运营方式造成了环境污染？

A.是　　　　B.否

对环境造成的主要影响是：________________________。

6.本项目是否可以满足您对安全方面的要求？

A.可以　　　　B.不能　　　　C.基本能

在安全方面存在的主要隐患是：________________________。

7.如果请您对该项目进行评分，最高分100分，最低分0分，

你的评分是____________分。

您给予这个评分的理由是：________________________。

如果您对该项目还存在有见解性的意见或建议，请您在此处进行说明：

问卷备注：□有效□作废

资料来源：作者整理。

▶ 专栏4–6　江苏省PPP项目绩效评价工作底稿

根据江苏省财政厅要求，绩效评价时实施机构应建立依据充分、程序规范、档案完备、全程留痕的绩效评价过程管理机制，要求评价人员填制“PPP项目绩效评价工作底稿”。评价人员应对照年度绩效目标和绩效指标对项目公司（社会资本）的工作成效进行客观、公允、全面评价，逐项指标编制工作底稿（得分底稿和扣分底稿均须编制），并应搜集充分适当的得分、扣分的依据列为具体工作底稿的附件。项目公司（社会资本）应当对工作底稿内容及结果进行认定，签署“情况属实”等反馈意见并签章。项目公司（社会资本）对工作底稿及附件有异议的，应当提供解释和佐证材料，评价人员应予以甄别认定并决定是否采纳。工作底稿应作为评价结果产生的主要依据。按财政部相关要求进行资料归档时，应当将工作底稿一并归档，归档应保存纸质档案和电子扫描PDF版，为今后接收监督检查、审计巡查等工作做好准备。工作底稿格式如下：

PPP项目绩效评价工作底稿
（20　年度）

第　　号

项目：　　　　　　　　　　　　被评价单位（项目公司）：

考核指标：（××一级指标/××二级指标/××三级指标）
情况摘要（基本情况、评价过程和评价中发现的问题）：
考核结果：本三级指标满分_______分，实际考核得分_______分，扣______分。
附件主要内容： 1.本指标得分依据及相关证明材料为《……》《……》，见本工作底稿附件____—____号； 2.本指标扣分依据及相关证明材料为《……》《……》，见本工作底稿附件____—____号； 3.被评价单位解释说明材料为《……》《……》，见本工作底稿附件____—____号。 附件：　个，共　　页

续表

被评价单位意见：   单位负责人或授权代表签字： 年 月 日

评价组制单人： 日期： 评价组复核人： 日期：

注：1.此工作底稿需一事一单，并摘录评价事项发生的日期、内容等。2.情况摘要栏，填写具体评价指标的基本情况、评价过程和评价中发现的问题。对基本情况和问题的表述要尽量详细。3.评价结果栏，填写具体指标的得分、扣分结果情况。4.附件主要内容栏，应列明得分、扣分依据及证明材料。相关附件内容要充分适当，能够印证情况摘要的相关表述。5.被评价单位负责人或授权代表需认定本工作底稿摘录的事项是否真实，如属实，在“被评价单位意见”栏签“情况属实”；如有不同意见，应说明理由，并附相关证据材料。6.本工作底稿及附件内容应逐页加盖被评价单位公章并单独装订。

▶ 第三节 PPP项目绩效运行监控平台

我国财政部建立了统一的全国PPP综合信息平台，设立了栏目以公开年度运营情况及运营绩效达标情况、中期评估报告等相关信息，但对于实施机构与项目公司而言，由于PPP长期运营中会形成大量的过程文档、评价结果，因此有必要建立自身的监控机制，以更好地实现项目监督。

一、平台构成

根据《政府和社会资本合作（PPP）综合信息平台信息公开管理暂行办法》（财金〔2017〕1号），项目执行阶段应当公开的PPP项目信息包括：（1）项目公司（如有）设立登记、股东认缴资本金及资本金实缴到位情况、增减资情况（如有）、项目公司资质情况（如有）；（2）项目融资机构名称、项目融资金额、融资结构及融资交割情况；（3）项目施工许可证、建设进度、质量及造价等与PPP项目合同有关约定的对照审查情况；（4）社会资本或项目公司的运营情况（特别是出现重大经营或财务风险，可能严重影响到社会资本或项目公司正常运营的情况）及运营绩效达标情况；（5）项目公司绩效监测报告、中期评估报告、项目重大变更或终止情况、项目定价及历次调价情况；（6）项目公司财务报告，包括项目收费情况，项目获得的政府补贴情况，项目公司资产负债情况等内容；（7）项目公司成本监审、PPP项目合同的变更或补充协议签订情况；（8）重大违约及履约担保的提取情况，对公众投诉的处理情况等；（9）本级政府或其职能部门作出的对项目可能产生重大影响的规定、决定等；（10）项目或项目直接相关方（主要是PPP项目合同的签约各方）重大纠纷、诉讼或仲裁事项，但根据相关司法程序要求不得公开的除外；（11）本级PPP项目目录、本级PPP项目示范试点库及项目变化情况、本级人大批准的政府对PPP项目的财政预算、执行及决算情况等。

由此可知，项目公司绩效监测报告、中期评估报告均在全国PPP综合信息平台上有所体现，这些均属于即时公开事项（根据财政部的政策规定，即时公开是指财政部门会同有关部门和项目实施机构等依据PPP项目所处的不同阶段及对应的录入时间要求，在PPP综合信息平台录入本办法规定的相关信息时即自动公开。适时公开是指在录入本办法规定的相关信息时不自动公开，而是由财政部门会同有关部门选择在项目进入特定阶段或达成特定条件后再行公开），相关信息由财政部门会同相关部门选择在该信息对应事项确定或完成后次年的4月30日前的任一时点予以公开，能够较好地反映当期的绩效运行情况。

二、平台运行

全国PPP综合信息平台中的PPP项目信息披露情况直观反映了我国PPP信息披露现状。基于全国PPP综合信息平台披露的清晰情况，上海财经大学构建了中国PPP市场透明度指数，以此衡量各责任主体对PPP项目信息公开的程度。其构建思路为：依据《PPP综合信息平台信息公开管理暂行办法》（财金〔2017〕1号）中对PPP项目信息披露的要求，构建一套包含69个披露字段的指标体系，以此为标准收集PPP项目的相关披露情况，并采用层次分析法、专家打分法确定指标权重，通过加权算数平均合成指数结果，结果如图4–1所示。

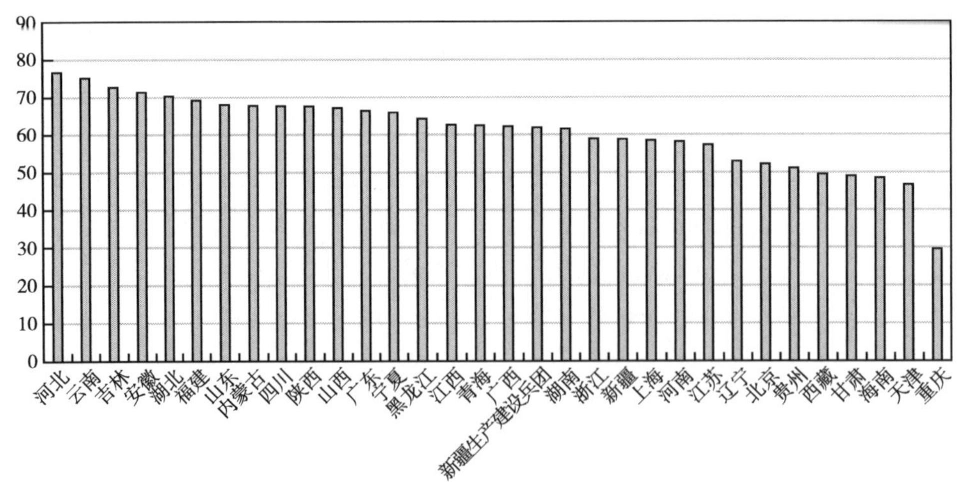

图4–1　2017年PPP市场透明度总指数得分

资料来源：《2017中国PPP市场透明度指数》。

由此可见，各地区之间的信息披露程度有着一定差异，随着PPP管理的逐步规范，相关信息披露程度将会不断加强。新版的综合信息平台增加了对项目信息完整度的描述，如对于“大连长兴岛经济区城市便民PPP项目（TOT）”，项目库显示其必填信息的完整度为99.23%，非必填信息的完整度为9.52%。因此，PPP综合信息平台对于提高PPP透明度、加强绩效运行监控发挥了重要作用。然而，对于地方政府而言，仍然有必要加强自身的信息管理平台建设，以适应漫长的运营期管理工作。相对传统的档案管理，信息管理系统有着明显优势：首先，信息管理系统能够使PPP项目绩效运行监控的过程文档得到很好地存档，例如日常监控中会形成大量的照片、问卷等资料，很容易遗失，通过信息管理系统的上传能够有效建立文档库，从而为长期绩效管理提供决策依据。第二，线上的审批流程能够极大地提高工作效率，传统的PPP项目流程较为复杂，需要各参与方之间的反复沟通协调，有着较大的沟通成本，通过信息平台建设能够将审批流程、绩效管理流程进行整合，从而使流程可追溯，有效保障各方权益。第三，信息管理平台可以与项目信息、专家信息、咨询服务机构信息等实现互联互通，从而为项目绩效管理提供更大的支持，例如通过集成各地PPP项目信息，使本地区能够借鉴其他地区在绩效管理方面的实践经验，通过集成专家信息，可以在需要某一领域专业支持的时候方便地与相关专家取得联系。基于一系列优势，一些地区已在信息管理方面进行了有益的探索，如深圳市在《深圳市政府和社会资本合作（PPP）实施细则》中提出了综合信息管理系统的建设目标，并成功建设了涵盖项目库、专家库、社会资本库、咨询机构库、金融机构库的综合信息管理系统。①

▶ 专栏4-7 深圳市政府和社会资本合作（PPP）实施细则（摘选）

第二章 综合信息管理系统建设

第八条 市发展改革委牵头建立全市统一的PPP综合信息管理系统，实现PPP项目全生命周期监管服务、风险预警与防控、信息公开与共享等功能，主要包括PPP项目库、PPP专家库、PPP咨询服务机构库、PPP金融机构库、PPP社会资本方库、PPP资料库等。

第九条 建立PPP项目库，收集和管理PPP储备项目、执行项目和示范项目信息，包括项目全生命周期各环节的关键信息。根据项目实施进展情况，PPP项目库具体分为PPP项目储备库、PPP项目执行库。项目入库情况将作为安排政府投资、财政补贴、确定与调整价格、发行企业债券及享受

① 深圳市政府和社会资本合作事务中心网址：http：//ppp.sz.gov.cn/。

PPP专项扶持政策的重要依据。

第十条　建立PPP专家库，收集和管理PPP领域具有丰富理论和实践经验的专家信息，为PPP项目参与各方开展PPP项目决策咨询、规划设计、项目评估、人员培训等活动提供服务。

第十一条　设立PPP咨询机构库，收集和管理咨询服务机构的信息。PPP咨询服务是指与PPP项目相关的智力支持服务，包括但不限于PPP项目的实施方案编制、物有所值评价、财政承受能力论证、建设运营绩效评价、中期评估以及相关法律、投融资、技术、财务、招标代理、资产评估服务等。

第十二条　设立PPP金融机构库，收集和管理参与PPP项目的金融机构信息。入库的金融机构可以为PPP项目提供多样化金融产品及综合金融服务支持，包括识别金融目标、策划投融资战略、制订投融资计划、实施投融资方案以及全过程风险控制机制设计等服务。

第十三条　设立PPP社会资本方库，收集和管理社会资本方的信息，积累储备有实力、有意愿参与PPP项目建设运营、具有基础设施及公共服务设施行业开发建设运营资质、建设运营管理规范的国内外专业机构。

第十四条　设立PPP资料库，收集和管理PPP相关政策法规、工作动态、指南手册、培训材料和经典案例等信息，为PPP项目参与各方提供全面的信息资源共享服务。

资料来源：深圳市发展和改革委员会、深圳市财政委员会关于印发《深圳市政府和社会资本合作（PPP）实施细则》的通知（深发改规〔2018〕1号）。

三、平台管理

一些地区在建立预算绩效管理系统方面也有着一定的实践，由于PPP财政支出责任属于预算绩效管理系统的覆盖范畴，因此PPP项目绩效运行平台的管理应与预算绩效管理进行有效衔接。根据一些地区建立的预算绩效管理系统可知，系统内的一些功能（如流程审批、指标库建设等）与PPP绩效管理能够实现较好的结合。因此PPP绩效平台应充分参考预算绩效管理要求，实现全方位的预算绩效管理格局。

▶ 专栏4-8 ZJ市预算绩效管理系统的功能需求

财政资金管理是政府公共管理的重要方面。近年来，随着我市经济的快速发展，财政收支规模日益增长，开展财政支出绩效评价工作，对于加强财政支出管理，完善政府社会管理和公共服务职能，提高政府行政效能，解决一些地方和部门存在的效率低下、资源浪费等问题，都起到了重要的促进作用。为此，急需要建设预算绩效管理系统，并通过指标库、档案信息库、专家库、第三方机构库等辅助支持库的建设，为绩效目标申报、绩效跟踪、绩效评价和结果应用提供信息管理和业务支撑平台，将评价信息与预算管理结合起来，提高绩效目标申报的科学性和准确性，提高绩效跟踪的质量，提高绩效评价的效率和权威性，降低评价成本，为绩效评价结果全面应用于预算管理奠定基础。

本次需要建设目标申报管理（以下简称“目标申报”）、绩效跟踪管理（以下简称“绩效跟踪”）、绩效评价管理（以下简称“绩效评价”）、评价结果应用管理（以下简称“结果应用”）、指标库管理、专家库管理、第三方机构管理、档案信息库、评价报告辅助管理和社会调查管理。其中档案信息库包括标准库、制度库、文献库和案例库。

目标申报

财政支出绩效目标指的是绩效评价的对象计划在一定期限内达到的产出和效果。一般在进行项目申报时，同时填报项目的绩效目标。

根据预算绩效管理的要求，设置本年度的绩效目标申报业务规则，包括绩效目标申报表样、需要进行绩效目标申报的范围、绩效目标填报所需要用到的指标库、绩效目标申报审核的方案及业务流程等内容。各主管部门及预算单位根据绩效目标申报的要求，在项目库中填报项目时，同时填报项目的绩效目标，并上报至相关管理部门，由相关管理部门根据目标填报情况对项目进行审定。

根据目标申报业务流程及操作要求，分为绩效目标申报和绩效目标审核两个业务。

绩效目标申报实现对绩效目标的填报和提交审核，填报的内容包括：项目基本信息、项目资金构成、预算单位信息、总体绩效目标、绩效目标指标和指标目标值设置。指标信息和指标目标值信息，通过指标库提供的指标和指标目标值选择功能进行选取，也可以自行填写和设置。针对指标目标值设置较难的问题，系统需提供目标值测算模型和测算功能，辅助进行目标值设置。

系统提供从往年项目和案例库参考的功能，快速完成绩效目标和指标值的设定。系统提供按一定属性分类方式从指标库快速推荐共性绩效指标功能，提高目标申报质量。

在绩效目标审核功能中，需要针对项目不同特性，提供不同维度的审核方式（一般审核、重点审核、目标论证）。

此外，系统还需要提供项目申报情况查询和申报项目资金比例实时计算等辅助支持功能，以提高工作效率。

绩效跟踪

在项目实施中，预算单位要持续地监控项目各项活动的进展情况，同时还要监测和评估项目达到预期结果的可能性。定期采集绩效信息并汇总分析，对绩效目标的实现情况进行跟踪管理和督促检查，纠偏扬长，促进绩效目标的顺利实现。跟踪监控中发现绩效目标实现程度与预期绩效阶段目标发生偏离时，及时采取措施予以纠正。

根据制订的项目绩效目标，结合项目预算拨款管理，对财政支出绩效进行跟踪监控。主管部门可定期对项目管理措施的制定和落实情况、项目执行进度和绩效目标实现情况进行检查，提出改进意见和措施。

在绩效跟踪模块需具备根据申报的绩效目标信息开展绩效跟踪工作的功能。主要包括绩效跟踪管理和绩效跟踪数据填报两部分功能。系统提供对选定已申报目标的项目进行阶段性跟踪的功能并可以根据客观实际情况对其目标进行调整。系统提供指标选取支持及所有跟踪项目汇总查询及预警提示功能。绩效跟踪数据填报功能中，需根据申报项目的总体目标和当前阶段性要求，制定合理的阶段性目标，并采集填报当前工作开展相关数据。同时，系统将根据填报数据辅助判断预期目标实现的可能性。根据填报的数据系统将辅助支持部分跟踪结论的生成。绩效跟踪支持对一个项目的多次跟踪。

绩效评价

财政支出绩效评价是根据设定的绩效目标，运用科学合理的评价方法、指标体系和评价标准，对各预算单位项目支出产出和效果进行客观公正的评价。

单位自评价，是根据申报的绩效目标和绩效目标跟踪信息进行自我评价，是绩效一体化管理过程中的必要环节。针对当前绩效目标申报开展越来越广泛深入的情况，单位通过系统开展自评价将成为预算绩效管理的主体工作。单位必须要建立绩效自评价机制，于预算执行完毕后采集相应的绩效信息汇总分析，对绩效目标的实现情况进行总结并进行相应的整改，同时根据评价结果安排次年预算。

针对绩效评价的业务要求，系统需要提供如下功能支持，其中包括：评价方案管理、调查问卷管理、问卷结果分析计算、评价报告管理等功能。

评价方案管理：提供评价方案的上传、审核和存档等管理功能；

调查问卷管理：提供问卷设计、问卷题目选取、结果录入等管理和支持功能；

问卷结果分析计算：提供问卷满意度计算、信度和效度验证等支持功能，分析结果智能生成图表功能；

评价报告管理：提供报告的上传、审核和存档等管理功能。

结果应用

结果应用包括绩效跟踪结果应用和绩效评价结果应用。

绩效跟踪结果应用：系统根据绩效跟踪主要指标的情况进行预警，同时绩效跟踪形成“绩效跟踪综合意见反馈表”，单位根据“绩效跟踪综合意见反馈表”，填报改进措施表报相关管理部门并进行整改。

绩效评价结果应用：评价工作完成后，评价组织者应在一定期限内将评价结果以“绩效评价结果反馈书”形式反馈给被评价部门或单位（自评价除外）：被评价部门或单位就反馈书中的整改建议提出整改措施把“财绩效评价结果整改报告书”和相关佐证材料反馈给评价组织者，评价组织者对整个报告和佐证材料进行审核并决定是否办结。

本系统中要求提供对结果应用相关文档信息的归档管理功能，保持数据的完整性。

评价辅助支持

评价辅助支持业务包括：指标库管理、专家库、第三方评价机构库和监督指导库。

建立完善的财政支出绩效评价指标库是开展财政支出绩效管理的核心环节。指标库管理分为三个部分：指标库的建立、对指标库的管理和指标库中指标的调用。

专家库主要负责专家信息的管理和维护，并处理专家入库申请、专家入库审核、专家选取、专家工作考核和专家退库等业务。

第三方评价机构库（以下简称“第三方机构库”）主要负责对第三方机构信息的管理和维护，并处理第三方机构入库申请、第三方机构入库审核、第三方机构选取、第三方机构工作考核和第三方机构退库等业务。

监督指导库主要负责对需参与预算绩效管理的人大代表、政协委员、纪检监察、审计等部门预算监督人员和民主监督人员信息进行管理和维护。财政部门对申报资料进行审核，将符合条件的申报人员组成监督指导库，并详细记载入库人员的具体信息，建立监督指导人员档案。处理监督指导人员的选取、监督指导人员的工作管理和监督指导人员的退库等业务。

资料来源：ZJ市财政局公开信息。

▶ 专栏4–9　邹加怡副部长在第五届中国PPP发展（融资）论坛上的讲话

在2019年第五届中国PPP发展（融资）论坛上，邹加怡副部长提出“以高质量发展为导向，进一步深化PPP改革”，同时，强调“加大全国PPP综合信息平台信息公开力度，优化政府监管、信息披露和服务市场功能，推进‘互联网+监管’”，并将“加大履约信息公开和失信联合惩戒力度”“深化务实国际合作，助力‘一带一路’建设”等。相关内容摘选如下：

一、深化公共服务市场化社会化改革，推进国家治理体系和治理能力现代化

PPP是落实党的十八届三中全会全面深化改革、推进国家治理现代化的一项具体举措，通过放宽市场准入、鼓励竞争、全生命周期管理、风险分担、按效付费等，创新公共服务供给模式，激发市场活力和社会创造力，推动经济发展质量变革、效率变革和动力变革，丰富多样化高质量公共服务供给方式，满足人们对美好生活的需求。

五年多来，财政部会同各相关部门，按照党中央国务院的决策部署，立足我国基本国情和发展阶段，学习借鉴国际经验，通过系统制度设计、全面能力建设、示范项目推广和务实国际合作等，实现了改革的阶段性目标，初步建立了统一、规范、透明、高效的PPP市场。

根据全国PPP综合信息平台统计，截至2019年9月底，累计有PPP项目9249个、投资额14.1万亿元，涵盖19个领域，其中开工建设项目3559个、投资额5.3万亿元，充分发挥了PPP稳增长、补短板、惠民生的作用，增强了人民的获得感和幸福感。同时，PPP也发挥了促改革的作用，为民营企业发展提供了新机遇，为经济发展提供了新动能。

中国PPP改革实践得到了国际社会的广泛认可和高度评价，《世界银行2018年度PPP采购报告》认定中国的PPP制度和实践处于世界中上水平。

在国际层面，我们积极参与国际治理，加强APEC、G20、金砖国家等多边合作治理机制下的PPP最佳实践交流，支持联合国《PPP立法指南》修订，建立亚太经社会、非洲经委会PPP合作网络，促进区域内政策交流、知识分享和项目对接。深化与世行、亚行、亚投行、新开发银行等国际金融机构合作，促进融资多元化。与俄罗斯、英国、加拿大、韩国、美国及"一带一路"沿线国家等保持交流互鉴，支持"一带一路"建设。

二、讲规矩守底线控风险，坚持PPP事业可持续发展

在PPP改革过程中，也出现了一些值得注意的倾向。比如，变相增加地方政府债务、把不具备条件的项目包装成PPP等。为了打好防范化解重大风险攻坚战，财政部坚决贯彻落实党中央国务院决策部署，坚持问题导向，多措并举，强化监管，严控风险，促进PPP事业可持续发展。

（一）坚守改革初心，增强底线思维

财政部出台了一系列政策，指出乱象、划出红线、从严监管。一是明确正负面清单，严防政府隐性债务；二是严格新项目入库标准，规范监管措施；三是细化资本金管理，规范市场主体投融资行为；四是强调运营产出导向，建立全生命周期绩效管理机制。

（二）强化监管举措，防范财政风险

一是开展专项整顿清理工作。2018年初至今年（2019年）9月底，共对3586个项目实施退库处理，分类处置173个示范项目，清退48个咨询机构和19名入库专家。二是加强财政支出责任管理。建立中央、省、市、县一体化财政支出责任动态监测和预警系统，实现实时联防联控管理。三是把PPP财政风险控制在合理区间。目前，全国2602个已经实施PPP项目的地区中，99.3%的地区各年度财承比例均保持在10%以下；仅19个地区超出财承管理红线。

（三）保障项目质量，提高发展效率

一是加强项目入库培训，提高管理库项目质量。二是深化全生命周期管理，提高项目投资建设运营一体化效率。三是全面清理政府采购领域妨碍公平竞争的规定和做法，保障各类市场主体平等参与。四是优化提升全国PPP综合信息平台，加强透明度建设。五是推进资产交易创新，提高资产流动性。

（四）压实各方责任，合作共赢发展

PPP涉及政府、市场和公众等不同参与方，各方面责、权、利的平衡非常重要。一是完善风险分担机制，科学划分政府与市场权责。二是加强与预算管理的衔接，将合同约定的政府跨年度财政支出责任纳入中期财政

规划。三是提高社会资本长期投资和社会责任意识，防止公共服务的异化暴利倾向。四是提高金融机构风险分担意识，加大支持实体经济力度。五是加强行业自律，严格对咨询机构和专家的监督问责。

三、以高质量发展为导向，进一步深化PPP改革

在PPP发展新阶段，我们要以习近平新时代中国特色社会主义思想为指导，按照“尽力而为、量力而行”的原则和绩效财政导向，加大高质量公共服务的供给。

（一）以制度、标准和政策体系建设，引领PPP高质量发展

有高标准才有高质量。要加快推动PPP条例出台，统一顶层设计，发挥改革系统协同效应。加强部门间的沟通和协调，细化隐性债务认定标准，支持规范PPP项目发展，稳定市场预期。按照“放管服”改革要求，完善政策体系，简化操作流程，加强统筹能力，实现精准发力。尽快更新PPP操作指南、财政承受能力论证指引、物有所值评价指引，出台项目绩效管理指引、风险管理指引和污水垃圾领域的标准化合同。加强税收、土地、会计、资产管理等配套政策研究。加强项目储备工作，做好与国家重大发展规划、各类专项规划的衔接，做到储备一批、开发一批、落地一批。

（二）加强项目全生命周期管理，提高PPP风险防控能力

加大全国PPP综合信息平台信息公开力度，优化政府监管、信息披露和服务市场功能，推进“互联网＋监管”。严把前期论证、项目采购、合同管理、绩效付费等关口，确保项目全生命周期管理落实到位。严格项目公司管理，防控企业财务风险，提升项目运营维护管理水平。协同财政金融风险管理，消除系统性风险隐患。推出一批正反面典型案例，强化规范引导和以案促改。

（三）优化营商环境，为PPP高质量发展创造条件

加大履约信息公开和失信联合惩戒力度，将PPP项目履约情况纳入营商环境建设范畴，建设诚信守约的信用环境。目前大量PPP项目已经进入付费期，政府要带头践诺履约，凡是合法合规、达到绩效标准的，政府必须按约定付费。加强采购管理，加大对违规设置歧视条款的监督问责，鼓励民营企业、外资参与。加强调查研究，坚持问题导向，对PPP的痛点、难点问题进行深入研判，提高政策支持精准度。加大对政府、市场主体、咨询机构等培训力度，深化改革意识，提高担当能力。

（四）创新融资模式，用好政府市场两个资源

鼓励体制机制模式创新，统筹用好政府与市场、存量与增量、预算与资产等资源，提高整体经济效率。探索PPP与专项债的结合，撬动社会投

资，发挥协同加力效应。创新多元化融资模式，加大中国PPP基金股权投资力度，鼓励保险资金参与。推广“项目融资”模式，加大资产证券化推行力度，缓解融资难、融资贵等问题。

（五）深化务实国际合作，助力“一带一路”建设

积极参与全球治理，加强交流互鉴，分享创新实践。加强与联合国相关机构的合作，推动实现可持续发展目标。加强双边合作，促进基础设施市场相互开放，便利国际投资贸易。创新多边开发银行、政府发展银行、商业金融机构联合融资模式，加快“一带一路”项目落地。

资料来源：第五届中国PPP发展（融资）论坛。

▶ 本章小结

PPP项目绩效运行监控与中期评估管理是PPP项目规范运作的必然要求，也是信息公开不可或缺的一环。当前我国已建立了统一的全国PPP综合信息平台，设立了栏目以公开年度运营情况及运营绩效达标情况、中期评估报告等相关信息，一些地方也基于自身情况建设了监控平台。信息的收集与汇总能够为PPP项目绩效管理提供资料支持，从而提高运营效率。

课后习题

名词解释

PPP项目绩效运行监控　PPP项目绩效中期评估

简答题

1. 简要叙述PPP项目绩效运行监控的制度体系。
2. 简要叙述PPP项目绩效运行监控的流程。
3. 简要叙述PPP项目绩效中期评估的制度体系。
4. 简要叙述PPP项目绩效运行监控平台的构成。

论述题

1. 请说明当前我国PPP项目管理平台的建设情况。
2. 请说明当前我国各地区PPP信息披露的现状，有哪些需要改进。
3. 请说明PPP项目信息公开的法制基础。

本章推荐阅读文献

［1］财政部预算评审中心．中国财政支出政策绩效评价体系研究［M］．北京：

经济科学出版社，2017.
[2] 中国发展研究基金会，广州市财政局课题组.现代国家治理中的全面预算绩效管理——广州市的探索与经验[M].北京：中国发展出版社，2019.

本章主要参考文献

[1] 焦军，秦士坤.绩效管理溯源与PPP项目绩效指标应用研究[J].中国政府采购，2020(04).
[2] 刘越，秦士坤，贾英姿.我国PPP信息披露机制的现状与思考[J].财政科学，2020(08).
[3] 上海财经大学PPP研究中心.2017中国PPP市场透明度报告2017[M].上海财经大学出版社，2018.

第五章 PPP 项目绩效评价管理

内容提要

PPP 项目绩效事后绩效评价管理，是 PPP 项目绩效评价管理的重要组成部分，指在 PPP 项目建设完成之后，有关部门、单位和各层级机构及相关主体，以各类形式的预算资金为对象，对运用预算资金所实现的 PPP 项目绩效结果进行评价和总结，以提高 PPP 项目整体绩效水平而开展的系列管理活动。PPP 项目绩效事后绩效评价的方式包括两种，由 PPP 项目单位自行进行绩效评价或通过第三方对 PPP 项目进行绩效评价。PPP 项目绩效事后绩效评价管理，具有支撑 PPP 项目总额控制、提高资源配置效率、优化运作效率和推动 PPP 项目良性开展的重要作用。

第一节 PPP项目事后绩效自评与评价概述

一、基本概念及比较

（一）基本概念

PPP项目事后绩效自评，是指PPP项目单位根据PPP项目绩效评价指标和评价标准，自行对事前设定的PPP项目绩效目标的完成情况、项目支出及其产生的效果等内容进行评估，并对评估结果提出意见和改进建议的一种绩效评价管理活动。

PPP项目事后绩效评价，是指以PPP项目单位为被评价主体，由政府组建一个评价机构或者委托一家独立的第三方机构，根据事前设定的PPP项目绩效目标，选取科学统一的PPP项目绩效评价指标和评价标准，采用定量与定性相结合的分析方法，以经济性、效率性和效益性为原则，对PPP项目单位支出及其产生的效果进行评估，并将评价结果在后续的PPP项目绩效管理活动中加以应用。

PPP项目事后绩效自评与评价，是整个PPP项目绩效管理的重要环节之一，主要是对PPP项目绩效目标的实现情况、为实现绩效目标建立的制度等一系列保障措施、财政资金的投入与产出情况、预算执行效果等内容进行评估，以定量评价为主、定性评价为辅。

进行PPP项目绩效自评与评价的意义在于，一方面以结果为导向，提高PPP项目支出的使用效益，减少财政资金浪费的现象发生，促进实现事前设定的PPP项目绩效目标，优化资源配置；另一方面，保障了PPP项目提供的产品与服务的质量，有利于提高社会公众和投资者对于PPP项目的信心，营造良好的政府与社会资本合作环境。

（二）PPP项目绩效自评与评价比较

PPP项目事后绩效自评和PPP项目事后绩效评价都是PPP项目事后绩效评价管理的重要部分。通常来说，PPP项目事后绩效自评是由建设单位自己组织评价，而PPP项目事后评价则是由财政、发改委等政府部门组织，也可由政府委托一家独立的第三方机构来完成的。这两种绩效评价方法都是PPP项目事后绩效评价管理的重要组成部分，两者之间既有联系，也有区别。

1. PPP项目绩效自评与评价的联系。

（1）PPP项目事后绩效自评和PPP项目事后绩效评价的总体目标是一致的，都是为了实现事先设定的PPP项目绩效目标，提高项目资金使用绩效，更好地促进政府与社会资本合作。

（2）PPP项目事后绩效自评和PPP项目事后绩效评价，采用共同的基本PPP项目事后绩效评价指标和标准，也正因为此，PPP项目事后绩效自评和PPP项目事后绩效评价在结果上可相互借鉴。

（3）PPP项目事后绩效自评具有针对性，是PPP项目事后绩效评价的重要基础，对PPP项目事后绩效评价起着辅助和补充的作用，而PPP项目事后绩效评价具有客观性，对PPP项目事后绩效自评起着支持和指导的作用，因此，在评价结果上，两者存在相互联系、相互鉴证。

2. PPP项目绩效自评与评价的区别。

（1）从绩效评价的性质来说，PPP项目事后绩效自评只对PPP项目单位本身负责，而PPP项目事后绩效评价是由独立的外部评价机构提供的绩效评价管理活动，对政府、社会资本、社会公众负责。

（2）从绩效评价的主体来说，PPP项目事后绩效自评的主体是PPP项目单位本身，而PPP项目事后绩效评价的主体是独立的外部评价机构。

（3）从绩效评价的服务对象来说，PPP项目事后绩效自评根据PPP项目单位的安排，进行事后绩效评价工作，服务对象是PPP项目单位，而PPP项目事后绩效评价接受政府和社会资本方的委托进行事后绩效评价工作，服务对象是政府和社会资本方。

（4）从绩效评价的独立性来说，PPP项目事后绩效自评在组织人员构建、工作实施开展等方面都受到PPP项目单位的制约，独立性受到局限，而PPP项目事后绩效评价在组织人员构建、工作实施开展等方面，都独立于PPP项目单位，具有较强的独立性。

二、自评制度

PPP项目事后绩效自评制度是指由一系列与PPP项目事后绩效相关的评价规范、评价组织以及评价指标等内容组成的有机整体。

（一）PPP项目事后绩效自评规范

PPP项目事后绩效自评规范，是PPP项目事后绩效自评过程中应遵守的规范，是开展PPP项目事后绩效自评工作的方法依据。PPP项目单位可以在财政部发布的《政府和社会资本合作（PPP）项目绩效管理操作指引》的基础上，进一步细化PPP项目事后绩效自评规范，确保其可操作性。

在PPP项目事后绩效自评制度中，PPP项目事后绩效自评规范，发挥着重要的实践指导作用。从PPP项目事后绩效自评规范的具体内容来说，PPP项目事后绩效自评规范明确了自评工作的目的、任务、方法、标准等，明确了PPP项目事后绩效评价的指标规范、标准制定和方法选用，提供了实施绩效评价的具体方式、方法以及如何运用评价方法和评价标准产生评价结果。

（二）PPP项目事后绩效自评组织

PPP项目事后绩效自评组织，包括参与PPP项目事后绩效自评工作的机构及所有人员。其中，PPP项目事后绩效自评工作领导人员制定具体绩效自评制度；自评工作管理人员对自评工作进行组织和管理，向领导人员汇报自评结果；自评工作实施人员具体完成绩效自评的各项工作，得出自评结果并向自评工作管理人员汇报。

（三）PPP项目事后绩效自评指标

PPP项目事后绩效自评指标，是PPP项目事后绩效自评的工具，直接被用于对PPP项目绩效进行分析判断。PPP项目事后绩效自评指标应当遵循定量与定性相结合的原则，首先尽可能地选用定量指标，对于确实无法量化评价的，可以选用定性指标，减少PPP项目事后绩效自评指标体系的不可控变化，辅助PPP项目绩效事后绩效自评工作。

从使用范围来说，PPP项目事后绩效自评指标可以分为两类：共性指标与个性指标。其中，共性指标是指可用于通用的PPP项目事后绩效自评的指标，根据PPP项目提供的产品或服务的数量、预期产出，从经济、社会方面的影响、服务对象满意程度等方面对指标进行量化，旨在优化资源配置，增强PPP项目资金的使用效益，提高PPP项目的收益。个性指标是指灵活设置的、用于某一特定的PPP项目事后绩效自评的指标。由于PPP项目涉及的领域比较广泛，行业众多，具体项目的特征与所处环境的差别较大，所以在PPP项目事后绩效自评的实践工作中，也经常用到个性指标。

第二节 PPP项目绩效自评与评价指标和标准

一、PPP项目事后绩效评价指标

在开展PPP项目绩效自评与评价工作的过程中，要对项目产出、项目效果、项目管理进行客观、公正的评价（评价指标见表5–1、表5–2），让评估结果在阳光下接受监督，促进PPP项目绩效评价管理的透明化。

（一）项目产出及成本

项目产出能够有效评价PPP项目事后在产出工作方面的结果，是按效付费的核心指标，指标权重不低于总权重的80%。项目产出的二级指标包括项目运营、项目维护、成本效益、安全保障，其中项目运营与项目维护指标不低于总权重的60%。此外，二级指标下还可设置更加具体化的三级指标来进行评价。

（1）项目运营：评价PPP项目运营实现产品的数量或者提供服务的数量。评价PPP项目实现产品或者提供服务的平均水平是否超过其他项目同类产品或者服务的平均水平。此外，还要对PPP项目完成时间和项目完成进度进行评价。

（2）项目维护：评价PPP项目设施设备等相关资产维护的数量、质量与时效等目标完成情况。如项目维护资金变动率、设施设备维护频次、设施设备完好率与设施设备维护及时性等。

（3）项目成本：评价PPP项目公司或社会资本在提供公共产品或服务的过程中发生的成本是否合理，包括直接材料、直接人工和制造费用等。评价实际成本与计划成本对比情况，包括项目成本执行率和项目成本节约率等。此外，还要对

PPP项目的成本效益进行评价。

（4）安全保障：评价PPP项目公司或社会资本在提供公共产品或服务的过程中是否做好了各项安全保障措施。如劳动力安全完成率、安全设施设备完善程度、重大事故发生率、应急处理情况等。

（二）项目效果

项目效果能够有效评价PPP项目事后对经济、生态、社会等各个方面造成的影响，二级指标包括经济效益、生态效益、社会效益、可持续性，二级指标下可设置更加具体化的三级指标来进行评价。

（1）经济效益：评价PPP项目在进行生产活动过程中对经济发展产生的直接或间接的效益，包括能够增加多少国内生产总值、产生多少经济利润收益、带动多少产业及区域经济效益等。

（2）生态效益：评价PPP项目在进行生产活动过程中对生态环境产生的直接或间接的效益，包括是否优化生态环境、是否减少生态污染、是否维持生态平衡、是否实现节能减排等。

（3）社会效益：评价PPP项目在进行生产活动过程中对社会产生的效益，包括是否影响居民收入、是否影响居民就业、是否影响地区科教文卫事业、是否影响地区基础设施和公共服务等。

（4）可持续性：评价项目的可持续性情况。包括评价PPP项目在发展、运行管理、财务状况等方面发挥的持续影响情况。

（5）社会公众或者服务对象满意程度：社会公众或PPP项目服务对象对PPP项目公司或社会资本提供公共产品或服务的质量、效率是否符合自身预期进行评价。

（三）项目管理

项目管理能够有效评价PPP项目事后在管理工作方面的结果，二级指标包括组织管理、财务管理、内控管理、档案管理、信息公开，二级指标下可设置更加具体化的三级指标来进行评价。

（1）组织管理：评价PPP项目的管理制度是否健全、是否覆盖全项目周期，是否能够切实保证PPP项目顺利实施。评价PPP项目的组织管理机构及对内部成员分工情况是否合理、到位。此外，还需要对PPP项目实施的方式方法以及推行的管控措施、机制等内容进行评价。

（2）财务管理：评价PPP项目资金安排情况是否遵守PPP项目预算资金分配的标准原则、方式方法。评价PPP项目会计核算方法是否合理、合规。此外，还需要对PPP项目的财务制度进行审核，判断PPP项目的财务制度是否健全规范，保证PPP项目资金被合法、合理、高效使用。

（3）内控管理：评价PPP项目是否建立企业经营活动有效的监督机制，对财务、人、资产、工作流程是否实行有效监管活动，能否保证PPP项目资产、财务信息的准确性、真实性、有效性、及时性。

（4）档案管理：评价PPP项目公司或社会资本是否做好PPP项目档案的收集、整理、保管、编目、鉴定、检索、统计等各项档案管理工作，确保PPP项目档案完整、真实、归档及时。

（5）信息公开：评价PPP项目公司或社会资本是否向社会公众公开PPP项目事后绩效评估原则、方式方法及评估结果等内容。同时，还要评估PPP项目公司或社会资本的信息公开是否及时。

表5-1　　项目公司（社会资本）绩效评价指标

	一级指标	二级指标	指标解释
事前准备期	项目立项	规范性	项目立项是否规范
		合规性	项目主体、客体是否合格，程序是否合规
		物有所值	项目是否通过物有所值评价
		财政承受能力	项目是否通过财政承受能力论证
	项目准备	合理性	项目绩效目标是否合理
		明确性	项目绩效指标是否明确
		资金可行性	项目资金方案是否合理可行、是否得到有效落实
		方案可行性	项目实施方案是否合理可行、是否得到有效落实
事中建设期	产出	竣工验收	评价项目是否通过竣工验收及竣工验收情况
	效果	社会影响	评价项目建设活动对社会发展所带来的直接或间接的正负面影响情况，如新增就业、社会荣誉、重大诉讼、公众舆情与群体性事件等
		生态影响	评价项目建设期间对生态环境所带来的直接或间接的正负面影响情况，如节能减排、环保处罚等
		可持续性	评价项目公司或社会资本是否做好项目运营准备工作，如资源配置、潜在风险及沟通协调机制等
		满意度	政府相关部门、项目实施机构、社会公众（服务对象）对项目公司或社会资本建设期间相关工作的满意程度
	管理	组织管理	评价项目公司组织架构是否健全、人员配置是否合理，能否满足项目日常运作需求
		资金管理	评价社会资本项目资本金及项目公司融资资金的到位率和及时性
		档案管理	评价项目建设相关资料的完整性、真实性以及归集整理的及时性
		信息公开	评价项目公司或社会资本履行信息公开义务的及时性与准确性

续表

	一级指标	二级指标	指标解释
事后运营期	产出	项目运营	评价项目运营的数量、质量与时效等目标完成情况，如完成率、达标率与及时性等
		项目维护	评价项目设施设备等相关资产维护的数量、质量与时效等目标完成情况，如设施设备维护频次、完好率与维护及时性等
		成本效益	评价项目运营维护的成本情况，如成本构成合理性、实际成本与计划成本对比情况、成本节约率、投入产出比等（注：PPP项目合同中未对运营维护成本控制进行约定的项目适用本指标）
		安全保障	评价项目公司（或社会资本）在提供公共服务过程中安全保障情况，如重大事故发生率、安全生产率、应急处理情况等
	效果	经济影响	评价项目实施对经济发展所带来的直接或间接的正负面影响情况，如对产业带动及区域经济影响等
		生态影响	评价项目实施对生态环境所带来的直接或间接的正负面影响情况，如节能减排、环保处罚等
		社会影响	评价项目实施对社会发展所带来的直接或间接的正负面影响情况，如新增就业、社会荣誉、重大诉讼、公众舆情与群体性事件等
		可持续性	评价项目在发展、运行管理及财务状况等方面的可持续性情况
		满意度	政府相关部门、项目实施机构、社会公众（服务对象）对项目公司或社会资本提供公共服务质量和效率的满意程度
	管理	组织管理	评价项目运营管理实施及组织保障等情况，如组织架构、人员管理及决策审批流程等
		财务管理	评价项目资金管理、会计核算等财务管理内容的合规性
		制度管理	评价内控制度的健全程度及执行效率
		档案管理	评价项目运营、维护等相关资料的完整性、真实性以及归集整理的及时性
		信息公开	评价项目公司或社会资本履行信息公开义务的及时性与准确性

表5-2　　项目实施机构绩效评价指标

	一级指标	二级指标	指标解释
事前准备期	项目立项	规范性	项目立项是否规范
		合规性	项目主体、客体是否合格，程序是否合规
		物有所值	项目是否通过物有所值评价
		财政承受能力	项目是否通过财政承受能力论证

续表

	一级指标	二级指标	指标解释
事前准备期	项目准备	合理性	项目绩效目标是否合理
		明确性	项目绩效指标是否明确
		资金可行性	项目资金方案是否合理可行、是否得到有效落实
		方案可行性	项目实施方案是否合理可行、是否得到有效落实
事中建设期	产出	履约情况	评价项目实施机构是否及时、有效履行PPP项目合同约定的义务
		成本控制	评价项目实施机构履行项目建设成本监督管控责任的情况（注：PPP项目合同对建设成本进行固定总价约定的不适用本指标）
	效果	满意度	社会公众、项目公司或社会资本对项目实施机构工作开展的满意程度
		可持续性	评价项目实施机构是否为项目可持续性建立有效的工作保障和沟通协调机制
	管理	前期工作	评价项目实施机构应承担的项目前期手续及各项工作的落实情况
		资金（资产）管理	评价项目实施机构股权投入、配套投入等到位率和及时性
		监督管理	评价项目实施机构是否按照PPP项目合同约定履行监督管理职能，如质量监督、财务监督及日常管理等
		信息公开	评价项目实施机构是否按照信息公开相关要求及时、准确公开信息
事后运营期	产出	按效付费	评价项目实施机构是否及时、充分按照PPP项目合同约定履行按效付费义务
		其他履约情况	评价项目实施机构是否及时、有效履行PPP项目合同约定的其他义务
	效果	满意度	社会公众、项目公司或社会资本对项目实施机构工作开展的满意程度
		可持续性	评价项目实施机构是否为项目可持续性建立有效的工作保障和沟通协调机制
		物有所值	评价项目物有所值实现程度
	管理	预算编制	评价项目实施机构是否及时、准确将PPP项目支出责任纳入年度预算
		绩效目标与指标	评价项目实施机构是否编制合理、明确的年度绩效目标和绩效指标
		监督管理	评价项目实施机构是否按照PPP项目合同约定履行监督管理职能，如质量监督、财务监督及日常管理等
		信息公开	评价项目实施机构是否按照信息公开相关要求及时、准确公开信息

二、PPP项目绩效标准

PPP项目绩效自评与评价标准是指在开展PPP项目绩效自评与评价工作的过程中使用的参考依据或参考标准。参考该标准，可以对PPP项目绩效指标具体值是属于偏低、正常或是偏高进行判断。通常来说，PPP项目绩效自评与评价标准包括：历史标准、行业标准、计划标准、主管部门认可的其他标准。

（1）历史标准是指获得的过去同类指标的数据。

（2）行业标准是指由国家统一规定的、公开的行业指标数据。

（3）计划标准是指早期完成的目标、成本等数据。例如，在PPP项目事前或事中阶段绩效自评与评价时制定的绩效目标、项目成本等数据。

（4）主管部门认可的其他标准是指除了上述三种标准以外，经相关主管部门认可允许的其他参考标准。

三、PPP项目绩效指标和标准的开发

2020年3月16日，财政部发布了《政府和社会资本合作（PPP）项目绩效管理操作指引》，为PPP项目绩效指标和标准的开发提供了重要的参考依据。根据PPP项目的特点，在进行PPP项目绩效指标和标准的开发时，应当满足系统性、重要性、相关性、可比性、经济性五项原则。

（一）系统性原则

系统性原则要求在设计PPP项目绩效自评与评价指标时，应当包括PPP项目事后绩效所涉及的众多方面，使之成为一个系统，综合反映PPP项目目标的实现情况。同时，绩效指标之间要具有层次，同层次指标之间、指标层与指标层之间应当具有清晰的逻辑关系。

（二）重要性原则

重要性原则要求在设计PPP项目绩效自评与评价指标时，应当根据PPP项目绩效自评与评价的目的，明确绩效评价工作的重点内容，设计更多重点工作方面的指标，以便更好地描述出PPP项目的事后绩效。

（三）相关性原则

相关性原则要求在设计PPP项目绩效自评与评价指标时，应当结合PPP项目的具体情况，使绩效指标能够反映PPP项目的事后成果，并且体现出绩效指标之间是相互关联的。

（四）可比性原则

可比性原则要求在设计PPP项目绩效自评与评价指标时，应当做到该PPP项目与其他PPP项目的具体指标可比，该PPP项目事后与事前的具体指标可比，这种可比体现在具有相同的计量范围、计量口径和计量方法，指标取值宜采用相对值，使之既能反映实际情况，又能便于比较。

（五）经济性原则

成本效益原则要求在设计PPP项目绩效自评与评价指标时，要注意在实际工作运用过程中绩效指标带来的成本。PPP项目绩效自评与评价指标越多，绩效评价的成本越高，绩效评价结果越准确、有效，反之亦然。要在保证绩效评价结果准确性、有效性的基础上，尽量精简绩效指标、降低PPP项目绩效自评与评价的成本。

第三节　PPP项目绩效自评与评价流程和方法

一、PPP项目绩效自评与评价流程

在开展PPP项目绩效自评与评价工作的过程中，应当注意评估程序的正当性、规范性。具体的PPP项目绩效自评与评价工作实施流程通常可分为三个阶段：准备阶段、实施阶段、总结反馈阶段。

（一）准备阶段

（1）下达绩效评价通知。项目所属行业主管部门确定PPP项目绩效自评与评价工作开展时间后，应至少提前5个工作日通知PPP项目单位及相关部门做好准备和配合工作。

（2）组建PPP项目绩效自评与评价队伍。评估负责人员应当诚实正直、公正无私，在评估过程中应当贯彻公开、公平、公正的理念，实事求是地开展PPP项目绩效自评与评价工作。在PPP项目绩效自评与评价工作正式开展之前，PPP项目单位及相关部门有必要组织具体评估负责人员和项目单位负责人员进行必要的培训，对PPP项目绩效自评与评价具体实施细则进行讲解，以方便PPP项目绩效自评与评价工作的开展。必要时可委托第三方机构参与协助PPP项目绩效自评与评价工作。

（二）实施阶段

（1）初步调研，收集基础资料。PPP项目绩效自评与评价人员应当向PPP项目单位和相关部门初步了解项目情况，做好资料收集与调查及其他各项准备工作，为绩效评价实施方案的制定打下基础。

（2）制定绩效评价工作方案。PPP项目绩效自评与评价人员应根据政策要求及PPP项目实际情况组织制定合理可行的绩效评价计划。具体来说，PPP项目绩效自评与评价人员应当阐明PPP项目绩效自评与评价目的和依据、评价对象和范围，科学设计绩效评价指标体系，明确绩效评价方法等内容。PPP项目事后绩效自评与评价工作方案完成后，应组织专家对此工作方案进行评审。

（3）组织实施绩效评价。PPP项目绩效自评与评价人员根据PPP项目资料、通过实地走访，对PPP项目的产出、成本效益、物有所值实现情况、按效付费执行情况、可持续性等方面进行客观、公正的评价。同时，PPP项目绩效自评与评价人员在工作过程中要注意区分责任主体，对于不属于PPP项目单位或社会资本责任造成的绩效偏差，不应影响PPP项目绩效评价结果。最后综合上述内容，对PPP项目总体绩效目标实现情况形成一个客观、公正、全面的绩效评价结果。

（三）总结反馈阶段

（1）编制绩效评价报告。完成大体的绩效评价工作后，PPP项目绩效自评与评价人员应当在规定时间内按照规定的撰写范式及要求完成PPP项目绩效自评与评价报告编制工作。具体来说，PPP项目绩效自评与评价报告应当包括绩效评价结果、发现的问题及改进措施，并且保证数据准确、论证清晰、分析透彻。

（2）绩效评价资料存档。PPP项目绩效自评与评价人员应将工作过程中收集的全部有效资料，主要包括绩效评价工作方案、专家论证意见和建议、实地调研和座谈会记录、调查问卷、绩效评价报告等一并归档，并按照有关档案管理规定妥善管理。

（3）评价结果反馈。PPP项目绩效自评与评价人员应及时向PPP项目单位和相关部门反馈绩效评价结果。根据绩效评价过程中发现的问题，涉及PPP项目单位的，PPP项目单位应当及时整改，涉及政府部门的，政府部门应当及时整改。项目所属行业主管部门应当对PPP项目绩效评价报告中信息的真实性、准确性、完整性进行核实查证，对于在绩效评价中发现的问题，督促PPP项目单位和相关部门及时进行整改。此外，PPP项目单位及有关部门应当及时公开绩效评价结果并接受社会监督。

二、PPP项目绩效自评与评价方法

在具体开展PPP项目绩效自评与评价工作之前，应当根据评估对象的具体情况，按照客观公正、科学规范、依据充分、成本效益的原则，明确PPP项目绩效自评与评价方法，具体来说，包括指标权重设置与深入实际调查等方法。

（一）指标权重设置

PPP项目事后绩效自评与评价的方法主要有专家调查法、层次分析法、主成分分析法、熵值法等。

专家调查法：选择PPP项目有关各方面的专家，采取独立填表选取权数的形式，然后将他们各自选取的权数进行整理、归纳、统计，再匿名反馈给各专家，再次征求意见，再集中，再反馈，直至得到一致的意见，从而确定出各因素、各指标的权数。

层次分析法：层次分析法是按照建立递阶层次结构、构造判断矩阵、层次排序、一致性检验的路径来确定权重结构的方法。该方法在层次化基础上，按照既定目标把问题分解成不同的因素组合，并且根据各因素间的关联性和隶属关系组合成不同层次来建立层次分析模型，最终将系统分析转化成最低层指标相较于最高层总目标的相对重要性权值确定问题。

主成分分析法：通过主成分分析法来确定的指标权重时，由于原有指标基本可以用所得的主成分代替，因此，指标系数可以看成是以所得的主成分方差贡献率为权重，对指标在所得的主成分线性组合中的系数作加权平均。同时，由于所有指标的权重之和为1，因此指标权重需要在综合模型中指标系数的基础上作归一化处理。

熵值法：熵是对不确定性的一种度量。信息量越大，不确定性就越小，熵也就越小；信息量越小，不确定性越大，熵也越大。根据熵的特性，我们可以通过计算熵值来判断某个指标的离散程度，指标的离散程度越大，该指标对PPP项目事后绩效自评与评价指标体系的影响越大。因此，可根据各项指标的变异程度，利用熵这个工具，计算出各个指标的权重，为多指标综合评价提供依据。

（二）深入实际调查

PPP项目绩效自评与评价深入实际调查的方法主要有案卷研究、开展问卷调查、利用现代媒介调查、开展多方座谈会等。

案卷研究：聘请专业人士研究案卷，将PPP项目绩效自评与评价工作按照不同的专业划分，请各方面的专业人士就自己的专业领域发表见解，听取各方意见，完成由案卷可获得的资料、数据收集工作。

开展问卷调查：PPP项目绩效自评与评价人员根据具体PPP项目设计调查问卷，向PPP项目服务对象发放调查问卷，根据回收的有效问卷，有针对性地获取第一手民意材料，了解有关情况与建议，并采用定量与定性相结合的分析方法对问卷结果进行全面的分析。

利用现代媒介调查：通过电话调查、记者采访、了解互联网舆情等方式，通过交流来了解他们对于具体PPP项目以及事后绩效评估工作的认识与看法，聆听PPP项目服务对象的意见与心声，获得既直观又颇具代表性的信息。

开展多方座谈会：邀请PPP项目利益相关人员、各领域专家、人大代表和政协委员等人员，开展多方座谈会，从不同的角度对PPP项目发表意见和建议，积极收集重要的信息资料及数据。

第四节　PPP项目绩效事后评价报告

PPP项目绩效评价报告是PPP项目绩效自评与评价工作的主要成果。绩效评价报告应当依据充分、真实完整、数据准确、分析透彻、逻辑清晰、客观公正。具体来说，PPP项目绩效评价报告应当包括以下内容：

一、项目基本概况

（一）项目背景及立项目的

PPP项目绩效评价报告中包括项目的主要内容、历史情况、立项目的和意义，项目发起原因，所在地区的经济社会发展状况，项目所在领域，项目要解决的主要问题，预算部门确定立项的相关文件依据等。

（二）项目计划实施内容

项目计划实施内容包括项目实施的具体内容、规模、项目范围、项目所在区域、资金投向、项目开始及计划完成时间、项目标准和主要技术经济指标、项目产出说明等。如果项目内容在实施期内内容发生变更，应当说明变更的内容、依据及变更审批程序。

（三）项目实施及监管情况

项目实施及监管内容主要包括项目决策要点，包括立项、PPP模式合作情况、项目进展情况；项目实施和管理的组织结构，包括项目的监管部门以及项目实施机构或者项目公司的各自职责，项目公司成立情况、项目的实施流程以及监管机制等。

（四）资金来源和使用情况

PPP项目绩效报告中包括项目财务管理状况、预算情况、资金使用情况投融资管理情况等；项目资金拨付的主体、资金拨付流程、资金使用流程等项目资金来源与管理情况。

二、绩效评价的组织实施情况

（一）绩效评价目的

进行PPP项目绩效事后评价的目的主要是准确掌握PPP项目实际投入及投入运行后的实际效果等情况，将对项目预期效果和建成后实际效果进行对比，总结项目建设实际成果，分析存在的问题，为制定PPP项目的资源配置政策和推进举措提供依据，以最大限度发挥PPP项目资金效益。

（二）绩效评价流程

在开展PPP项目事后绩效评价管理工作的过程中，应当注意评价程序正当性、规范性。具体的PPP项目事后绩效评价流程应当包括评价计划制订、评价工作实施、评价结果完成三个阶段。

（三）绩效评价人员构成

通常来说，PPP项目事后绩效评价涉及的人员包括PPP项目建设单位人员、政府成立的PPP项目绩效评价小组人员或政府委托第三方机构成立的PPP项目绩效评价小组人员、PPP项目绩效评价专家、各级人大代表等。

三、绩效指标体系、评价标准和评价方法

（一）绩效指标体系的设定原则及具体内容

PPP项目绩效指标体系的设定应当基于财政部发布的《政府和社会资本合作（PPP）项目绩效管理操作指引》，同时也要充分考虑PPP项目的具体情况，对PPP项目绩效指标进行调整和细化，确保PPP项目绩效指标科学有效。

（二）绩效评价的具体标准及评价的具体方法

根据PPP项目绩效评价的具体标准，PPP项目绩效评价人员应当对PPP项目事后绩效评价各项审核内容和指标进行打分，根据各项审核内容和指标分值所占比例，对政府投资专项绩效目标进行综合评定，得出具体分值，然后总分大于等于90分的获得“优”，总分大于等于80分小于90分的获得“良”，总分大于等于60分小于80分的获得“中”，总分小于60分的获得“差”。对于获得“优”或“良”的PPP项目，予以审核通过。对于获得“中”或“差”的PPP项目，不予以审核通过，并且应当采取相应的惩罚措施。

四、绩效分析及绩效评价结论

（一）项目决策

项目决策方面主要考察项目决策是否符合经济社会发展规划的要求，项目立项和批复程序是否符合相关规定，项目绩效目标是否明确，项目是否开展规范的物有所值及财政承受能力论证工作。

（二）项目管理

项目管理方面主要考察项目实施方案是否规范，政府采购程序是否合规，项目合同体系是否健全，风险分配是否合理，项目执行是否有效；项目财务管理是否规范，资金是否及时到位，资金使用是否合规，资金管理、费用支出等制度是否健全；项目内控机制是否健全，组织结构是否完善、分工是否明确，项目管理制度是否健全并得到有效执行等。

（三）项目绩效

项目绩效方面主要考察项目产出数量、质量、时效是否达到绩效目标，项目产出成本是否按绩效目标控制，项目实施是否产生直接或间接的经济效益、社会效益、环境效益和可持续影响及项目服务对象满意度等；项目净现值、内部收益率、投资回收期、投资收益率等关键指标是否达标，项目财务效益状况、资产管运状况偿债能力状况、发展能力状况及项目可持续性情况如何。在对绩效指标进行分析和评价时，要充分利用评价工作中所收集的数据，做到定量分析和定性分析相结合。绩效指标评分应当依据充分、数据使用合理恰当，确保绩效评价结果的公正性、客观性、合理性。

五、主要经验及做法

绩效评价报告要通过分析各指标的评价结果及项目的整体评价结论，总结项目在立项、决策、实施、管理等方面的经验，为以后年度开展类似项目积累经验。

六、存在问题及原因分析

绩效评价报告要通过分析各指标的评价结果及项目的整体评价结论，总结项目在立项、决策、实施、管理等方面存在的不足及原因，明确责任主体，为相关建议的提出奠定基础。

第五节 案例分析

为了加强PPP项目全生命周期绩效管理，提高公共服务供给质量和效率，保障合作各方合法权益，对A市政府和社会资本合作的某污水处理项目①进行事后绩效评价。

一、评价主体

评价主体为某污水处理PPP项目，可由项目实施机构或其委托聘请的第三方专业机构进行绩效评价、编制绩效评价报告。A市市政管理局应根据合同约定，监督社会资本或项目公司履行合同义务，定期检测项目绩效指标，编制季报、年报，并报财政部门（政府和社会资本合作中心）备案。

二、评价对象

项目公司/社会资本。

三、绩效评价指标及内容

本项目绩效评价指标体系包括项目环境、项目内部控制、财务能力、利益相关方满意度、创新与可持续发展指标。评价内容根据国家对污水处理现行的相关要求及规定进行编制，若国家政策、行业规范发生变动应相应进行调整。

① 傅庆阳，张阿芬，李兵.PPP项目绩效评价理论与案例［M］.北京：中国电力出版社，2019.

四、绩效评价具体实施细则

该PPP项目事后绩效评价工作由A市市政管理局委托第三方专业机构对项目公司进行评价。绩效评价采用季度评价与随机巡查相结合的方式，绩效评价的主要内容见表5-3，若国家政策或行业规范变动，实施机构有权针对涉及变动的考核指标调整考核指标要求。评价主体或第三方专业机构在完成日常评价或季度评价后，应出具相应绩效评价报告，给出评价分数及扣分依据（附影像资料），并向社会公布，项目公司对评价分数情况存在疑问的需在评价报告公布后7日内提出，经A市市政管理局确认后可进行修改。

在项目建设完成后，社会资本方有义务保证运营维护履约保函项下的金额保持PPP合同约定的5000万元，若PPP项目事后绩效评价中，项目公司发生违约行为达到提取运营维护履约保函条件时，实施机构提取该保函至低于该规定金额的，社会资本方应当按照PPP项目合同约定在政府方提取后的10个工作日内将该保函恢复至该规定金额，且应向政府方提供运营维护履约保函已足额恢复的证据。社会资本方未在前述期限内补足或恢复履约保函相应金额的，每逾期一日政府方有权扣减未补足保函的5‱，且政府方有权提取建设期履约保证金项下的余额，并有权提前解除PPP项目合同，收回PPP项目合同项下的经营权。

社会资本所应提交的运营维护履约保函为见索即付保函，作为社会资本和项目公司履行在PPP项目合同下的项目运营维护和其他违约赔偿义务的担保。因社会资本违约原因造成损失的，实施机构提取运营维护履约保函项下款项后仍不足以弥补损失的，有权向社会资本追偿。

（一）季度评价

季度评价每季度进行一次，主要评价PPP项目绩效整体情况、项目公司管理制度、社会满意度、突发事件处理情况等。评价主体或第三方专业机构在评价工作完成后7天内出具季度考核评价报告，并将报告提交财政部门（政府和社会资本合作中心）备案。季度考核评价报告与当期可行性缺口补助支付挂钩。

表5-3　A市某污水处理PPP项目事后绩效自评与评价指标

一级指标	二级指标	指标内涵	得分	备注（扣分说明）
项目产出	产出数量	项目产出数量是否达到绩效目标		
	产出质量	项目产出质量是否达到绩效目标		
		（1）工程质量需符合《建筑工程施工质量验收统一标准》（GB 50300-2013）、《城市污水处理工程项目建设标准》（建标〔2001〕77号）、《污水排入城镇下水道水质标准》（GB/T 31962-2015）、《给水排水管道工程施工及验收规范》（GB 50268-2008）及批复的初步设计、施工图设计要求，并做到一次性验收合格		
		（2）环境保护需符合批复的污水处理项目环境影响评价标准。其中，环境质量标准需符合《声环境质量标准》（GB 3096-2008）、《环境空气质量标准》（GB 3095-2012）和《工业企业设计卫生标准》（GBZ 1-2010）等要求；施工期噪声执行《建筑施工场界环境噪声排放标准》（GB 12523-2011）的标准		
		（3）安全生产需符合《市政工程施工安全检查标准》（CJJ/T 275-2018）和福建省《市政工程安全施工技术标准》等		
	产出时效	项目产出时效是否达到绩效目标，即项目的进度管理是否有效，通常需对开竣工时间进行约定，例如，开工日：开工时间以政府相关主管部门颁发项目施工许可证之日为准		
		竣工日：竣工时间以实质上完成项目施工并合格地通过竣工验收后，在竣工验收报告中标明的日期，自前述实际开工时间起算各个子项目建设需在合同约定的期限内完成		
	产出成本	项目产出成本是否按绩效目标控制		
	有效处理量	有效处理量是否达标，包括污水处理量、COD削减量、氨氮削减量、总氮削减量、总磷削减量、污泥处置量符合批准的设计书、技术规范和项目合同的相关约定		
	处理质量	处理质量是否达标：（1）水环境质量标准需符合《地表水环境质量标准》（GB 3838-2002）中的Ⅲ类标准；（2）地下水质量标准执行《地下水质量标准》（GB/T 14848-2017）中的Ⅲ类标准；（3）大气污染物排放执行《城镇污水处理厂污染物排放标准》（GB 18918-2002）中的二级标准；（4）水污染物排放执行《城镇污水处理厂污染物排放标准》（GB 18918-2002）中的一级B标准；（5）营运期厂界噪声执行《工业企业厂界噪声排放标准》（GB 12348-2018）中的Ⅱ类标准；（6）污泥处理标准符合《城镇污水处理厂污染物排放标准》（GB 18918-2002）要求		

续表

一级指标	二级指标	指标内涵	得分	备注（扣分说明）
项目内部控制	组织机构及资源	机构是否健全，分工是否明确，资源（包括人员、资产等）使用是否合理有效		
	建设管理	施工质量、安全、进度、资金等管理制度是否健全且得到有效的落实		
	运营管理	是否有健全的运营管理制度；关键岗位人员配置到位并持证上岗；操作规程齐全、运行有记录；有进行污水、污泥分析并建立档案；有进行工艺调控，应急预案及年度运行分析报告		
	构筑物、设备、中控系统管理	制度是否健全并得到有效落实；设备有定期检查并建立设备台账及维护档案；对关键工艺参数实施在线监控并建立维护档案		
	安全管理	是否有进行应急方案演练；安全保护措施到位；负责人安全上岗证		
	厂容厂貌管理	室外道路是否畅通，照明是否齐全完好；厂内环境是否整洁，绿化是否达标；室内办公室、操作室是否整洁有序；操作人员着装是否整齐，文明礼貌		
	其他管理	问题反馈是否有记录并及时处理；是否有用户投诉、用户投诉是否有记录有处理；是否开展技术创新，如污水、污泥资源再生利用或能源回收；是否按要求上报信息、按时上报排水年鉴资料、按规定发放排水许可证等		
	管理资料	资料是否完整规范、专人归档管理		
财务能力	盈利能力	总资产报酬率、净资产收益率、投资回报率、资本保值增值率等指标是否合理		
	偿债能力	流动比率、速动比率、资产负债率、已获利息倍数等指标是否合理		
	运营能力	总资产周转率、流动资产周转率、营运指数等指标是否合理		
	发展能力	市场占有率、市场增长率、项目收入增长率、资本积累率等指标是否合理		
利益相关方满意度	政府方满意度	政府对项目实施的满意程度		
	项目公司建设、服务管理质量	项目全过程建设、服务质量与绩效目标的符合度		
	社会公众满意度	项目预期服务对象对项目实施的满意程度		
创新与可持续发展	创新性	是否进行制度、技术、管理创新		
	可持续发展	项目实施对人、自然、资源是否带来可持续影响		

注：季度考核得分：每季度考核采用百分制，基准分为100分。季度考核得分=100分−季度扣分+季度加分。

（二）随机巡查

A市市政管理局与A市财政局可以随时对项目设施进行巡查，如发现缺陷，则需在24小时内通知项目公司。项目公司在接到通知后，应及时修复缺陷。巡查不进行打分。一般不作为项目公司违约情形处理，除非巡查时发现的缺陷会导致项目可用性破坏、公众利益受到严重影响，或存在重大安全隐患，项目公司应在规定的时间内完成整改或修复，经整改后仍未符合要求或无法采取任何补救或整改措施时，A市市政管理局可根据合同兑取项目公司提交的运营维护保函或扣减可行性缺口补助支付金额（5万元/次）。

（三）付费周期（季度）内最终绩效评价汇总得分

本项目可行性缺口补助付费周期为每年按季度支付：A市市政管理局应在季度绩效评价完成后1个月内根据绩效评价结果向项目公司支付当季可行性缺口补助（每年第四季度可行性缺口补助除外，第四季度绩效评价时间不变，支付时间与次年第一季度可行性缺口补助合并支付），其中1个月内，项目公司需在季度绩效评价完成后向A市市政管理局提出支付申请，A市市政管理局应在项目公司提出支付申请后审核支付申请及附件材料的完整性，并将申请材料递交至A市财政局审核，由A市财政局在收到申请材料并完成审核。由A市财政局向A市市政管理局拨付当季可行性缺口补助。每季度应支付可行性缺口补助占当年可行性缺口补助的25%。运营期内，首次及最后一次季度绩效考核，可能存在不足一季度的情况，按实际运营天数/当季总共天数的比例进行季度可行性缺口补助支付计算。

本项目运营期为19年，暂定从2019年1月1日起至2037年12月31日。若PPP项目公司提前完工则不增加运营期，政府不对增加的运营期给予补贴。若PPP项目竣工时间晚于2019年1月1日，则以实际竣工时间作为运营期起始时间，总运营期19年不变，政府根据测算模型重新计算可行性缺口补助。

付费周期为每季度，付费周期内每季度绩效评价分数作为付费依据。

绩效评价实行打分制，满分100分，并将评分结果分为“优”“良”“中”“次”“差”五个等级（具体标准以《PPP项目合同》约定为准），每个等级标准设定原则如下：①能够对项目公司形成有效激励，保证投入与回报的均衡性；②能够有效激励社会资本从项目全生命周期成本统筹考虑本项目的建设及运营维护，实现项目全生命周期成本的控制。

PPP项目事后绩效评价结果应与季度可行性缺口补助绩效挂钩部分即季度可行性缺口补助额的70%进行支付挂钩，对于运营维护服务未能达到绩效标准要求的，A市市政管理局将按以下暂定的评价标准调整对项目公司的季度可行性缺口补助：

当期绩效评价等级为“优”：当绩效评价得分大于等于85分，按照100%支付当季可行性缺口补助额绩效挂钩部分；

当期绩效评价等级为“良”：当绩效评价得分大于等于80分，小于85分，按照95%—100%支付当季可行性缺口补助额绩效挂钩部分；

当期绩效评价等级为“中”：当绩效评价得分大于等于70分，小于80分，按照80%—95%支付当季可行性缺口补助额绩效挂钩部分；

当期绩效评价等级为“差”：当绩效评价得分大于等于60分，小于70分，按照60%—80%支付当季可行性缺口补助额绩效挂钩部分；

当期绩效评价等级为“不合格”：当绩效评价得分小于60分，A市市政管理局可根据项目PPP合同相关约定提取项目公司提交的运营维护保函中的全部金额。暂停支付当季可行性缺口补助额绩效挂钩部分，并责令项目公司限期整改，整改合格后，A市市政管理局按50%的当季可行性缺口补助额绩效挂钩部分支付。

连续两次绩效评价平均总分小于60分的：发生安全事故的，由安监部门认定为重大事故及以上的；发生重大环境污染事故的，属于社会资本违约行为，政府方有权提取运营维护履约保证金项下的所有金额，并有权提前解除PPP项目合同，按照PPP合同中约定的“提前终止”启动退出机制，社会资本退出，项目由政府临时接管。

本章小结

本章首先，对PPP项目事后绩效自评与评价进行了简要概述，介绍了PPP项目事后绩效自评制度与PPP项目事后绩效评价制度的联系与区别。其次，介绍了PPP项目事后绩效自评与评价的指标与标准及其开发。再次，介绍了PPP项目事后绩效自评与评价的流程与方法。最后，系统地总结了PPP项目绩效自评与评价报告所涵盖的内容。

课后习题

名词解释

PPP项目事后绩效自评　PPP项目事后绩效评价　PPP项目绩效自评与评价指标　PPP项目绩效自评与评价标准

简答题

1. 简要叙述PPP项目绩效指标和标准开发遵循的原则。
2. 简要叙述PPP项目绩效自评与评价的主要方法。
3. 简要叙述PPP项目绩效评价报告包括的内容。

论述题

1. 请说明PPP项目事后绩效自评与PPP项目事后绩效评价的联系与区别。
2. 请说明PPP项目绩效自评与评价的主要指标与标准。
3. 请说明PPP项目绩效自评与评价的主要工作流程。

本章推荐阅读文献

[1][澳]格雷姆·A.霍奇，[丹麦]卡斯滕·格雷夫，[英]安东尼·E.博德曼.政府和社会资本合作国际手册[M].财政部政府和社会资本合作中心，

译.大连：东北财经大学出版社，2019.
[2] 陈青松，宋映忠，陈轶群.PPP项目绩效考核实操指南［M］.北京：经济管理出版社，2019.
[3] 傅庆阳，张阿芬，李兵.PPP项目绩效评价理论与案例［M］.北京：中国电力出版社，2019.

本章主要参考文献

[1]［澳］格雷姆·A.霍奇，［丹麦］卡斯滕·格雷夫，［英］安东尼·E.博德曼.政府和社会资本合作国际手册［M］.财政部政府和社会资本合作中心，译.大连：东北财经大学出版社，2019.
[2] 孙冲冲.PPP项目运作实务与典型案例［M］.北京：中国电力出版社，2019.
[3] 陈青松，宋映忠，陈轶群.PPP项目绩效考核实操指南［M］.北京：经济管理出版社，2019.
[4] 傅庆阳，张阿芬，李兵.PPP项目绩效评价理论与案例［M］.北京：中国电力出版社，2019.
[5] 陈龙.PPP项目绩效评价研究综述［J］.财政科学，2017（04）.
[6] 史传林.政府与社会组织合作治理的绩效评价探讨［J］.中国行政管理，2015（05）.
[7] 王玉梅，严丹良.基于平衡计分卡的PPP项目绩效评价体系研究［J］.会计之友.2014（02）.
[8] 兰兰，高成修.基于AHP的PPP绩效评估体系研究［J］.海南大学学报（人文社会科学版），2013（03）.
[9] 袁竞峰，季闯，李启明.国际基础设施建设PPP项目关键绩效指标研究［J］.工业技术经济，2012（06）.
[10] 袁竞峰，Skibniewski Miroslaw J.，邓小鹏，等.基础设施建设PPP项目关键绩效指标识别研究［J］.重庆大学学报（社会科学版），2012（03）.
[11] G A Hodge，C Greve. Public-Private Partnerships：An International Performance Review［J］.Public Administration Review，2010，67（03）.
[12] Stephen P. Osborne.Public-Private Partnerships：Theory and Practice in International Perspective［M］. London：Routledge，2000.

第六章 PPP 项目绩效结果应用与监督

内容提要

PPP 项目绩效结果应用与监督管理，是 PPP 项目绩效良好运行以及绩效目标顺利实现的保障。其中，绩效结果运用是开展绩效评价工作的核心和归宿，同时，又是绩效评价工作的进一步延伸和落实，PPP 项目绩效信息公开，是 PPP 绩效监督和问责的重要前提。PPP 绩效监督的效力之一，便是 PPP 项目绩效责任的承担，即“谁花钱谁负责，用钱必问效，无效必问责”。而对于 PPP 项目绩效管理工作的考核，是保证 PPP 项目绩效管理工作有效实施的重要保障。

▶ 第一节　PPP项目绩效结果应用

一、基本概念

全过程PPP项目绩效管理是一个闭环管理系统，其中，绩效结果应用是开展绩效评价工作的核心和归宿，同时，又是绩效评价工作的进一步延伸和落实。如果全过程PPP项目绩效管理只重视评价而不重视结果应用，PPP项目绩效管理就无法落到实处，其作用也无法充分发挥。财政部门、各项目主管部门和PPP项目执行单位根据职责分工，通过多种方式充分利用绩效结果，从而达到提高资金使用效益的目的。

（一）PPP项目绩效结果

PPP项目绩效评价结果可从狭义范围和广义范围进行定义。从狭义范围来看，PPP项目绩效评价结果是指在PPP项目建成竣工验收并运行一段时间后，为检查确定项目活动达到预期效果的程度，以及为新项目的战略导向、政策选择和预算管理反馈信息，支出部门根据设定的绩效目标，运用科学、合理的绩效评价指标、评价标准和评价方法，对项目资金的经济性、效率性、效益性和公平性进行客观、公正的评价，以评分、评级表现形式为依托，以PPP项目绩效评价报告为载体的绩效报告；从广义范围来看，PPP项目绩效评价结果是指在PPP项目建设运营期间，项目实施机构、财政部门及相关主管部门结合PPP项目年度绩效目标和指标体系，对PPP项目开展年度绩效评价形成的PPP项目绩效评价报告。

（二）PPP项目绩效评价报告

PPP项目绩效评价报告，通常指对PPP项目开展绩效评价后形成的结果，是对PPP项目预算绩效执行情况的重要反馈方式和公开形式。

PPP项目绩效评价报告应当依据充分、真实完整、数据准确、客观公正，内容通常包括项目基本情况、绩效评价工作情况、评价结论和绩效分析、存在问题及原因分析、相关建议、其他需要说明的问题。具体PPP项目绩效评价报告样式见专栏6–1。

▶ 专栏6–1 PPP项目绩效评价报告（参考）

一、项目基本情况

（一）项目概况

简述项目背景、PPP模式基本安排，包括基本信息、运作模式、回报机制、交易结构等内容。

（二）项目绩效目标

（三）项目主要参与方

（四）项目实施情况

包括项目实施的具体内容、范围、计划及进展情况等。如果项目内容在实施期内发生变更，应当说明变更的内容、依据及变更程序。

（五）资金来源和使用情况

包括项目资金来源与使用情况、投融资管理情况、财务管理状况、预算情况等。

二、绩效评价工作情况

（一）绩效评价目的

（二）绩效评价对象、范围与时段

（三）绩效评价工作方案制定过程

（四）绩效评价原则与方法

（五）绩效评价实施过程

（六）数据收集方法

（七）绩效评价的局限性（如有）

三、评价结论和绩效分析

（一）评价结论

（二）绩效分析

对项目产出、效果和管理指标进行分析和评价。

在对绩效指标进行分析和评价时，要充分利用评价工作中所收集的数据，做到定量分析和定性分析相结合。绩效指标评分应当依据充分、数据使用合理恰当，确保绩效评价结果的公正性、客观性、合理性。

四、存在问题及原因分析

通过分析各指标的评价结果，总结项目存在的不足及原因，明确责任主体，为提出相关建议奠定基础。

续表

五、相关建议 通过综合考虑各指标的评价结果，有针对性地对项目存在的不足提出改进措施和建议。措施或建议应当具有较强的可行性、前瞻性及科学性，有利于促进和提高项目绩效水平。 六、绩效评价报告使用限制等其他需要说明的问题 七、评价主体签章 绩效评价报告应当由评价主体加盖公章。 八、相关附件 通常包括主要评价依据、实地调研和座谈会相关资料、调查问卷汇总信息及其他支持评价结论的相关资料。

资料来源：作者整理。

二、运用方式

（一）及时反馈事后绩效评价结果，完善项目实施机构绩效管理

项目实施机构应定期根据自行开展的PPP项目绩效评价结果，及时对PPP项目的建设与运营工作进行调整，根据绩效评价过程中发现的问题统筹开展整改工作，并将PPP绩效评价结果与整改结果报送至相关主管部门和财政部门。涉及自身问题的，项目实施机构应及时整改；涉及项目公司（社会资本）或其他相关部门问题的，项目实施机构应及时反馈至项目公司。项目实施机构要贯彻落实PPP项目绩效管理理念，提高绩效管理水平，降低PPP项目支出成本，保证PPP项目资金的使用效益，减少不必要的资金损失。

（二）调整以后年度预算安排，优化财政资源配置

在预算支出后开展的PPP项目绩效评价结果，可以作为完善PPP项目预算绩效管理、安排以后年度预算的重要参考信息。根据评价结果，财政部门应对以后年度的PPP项目预算支出方向、结构及规模作出及时的优化和调整，加强财政资金管理，优化资源配置，提高财政资金的使用效益。对于PPP项目应根据PPP项目绩效评价结果严格执行按效付费。政府付费和可行性缺口补助项目，政府承担的年度运营补贴支出应与当年项目公司（社会资本）绩效评价结果完全挂钩。财政部门应按

照绩效评价结果安排相应支出，项目实施机构应按照项目合同约定及时支付。使用者付费项目，项目公司（社会资本）获得的项目收益，应与当年项目公司（社会资本）绩效评价结果挂钩。绩效评价结果优于约定标准的，项目实施机构应执行项目合同约定的奖励条款；绩效评价结果未达到约定标准的，项目实施机构应执行项目合同约定的违约条款，可通过设置影响项目收益的违约金、项目展期限制或影响调价机制等方式实现。绩效评价结果可作为项目期满合同是否展期的考量因素。

（三）项目绩效评价结果纳入责任制考核，增强支出责任意识

项目实施机构应及时将PPP项目绩效评价结果报送至政府部门，作为实施行政问责的依据，为政府决策提供参考。对于PPP项目绩效管理开展效果较好的实施机构，可予以表扬或绩效奖励；PPP项目绩效评价结果较差、实际预算完成的结果未达到预期专项绩效目标的建设单位，可予以通报批评并督促其就存在的问题加快整改；PPP项目绩效评价过程中发现违规使用项目资金，并造成项目资金等严重损失的实施机构，按相关法律法规，视实际情况追究主要负责人责任，减少或停止该项目支出。严格实施责任制考核，有利于强化项目实施机构相关负责人员的责任意识，规范使用财政资金的行为，保证财政资金的安全性与效益性，保障提供的公共产品或服务的质量，提高政府公信力。

第二节 PPP项目绩效信息公开

一、基本概念

（一）PPP项目绩效信息公开的含义

PPP项目绩效信息公开，是对PPP项目管理及其评价相关信息进行公开，包括政策法规、绩效目标、绩效跟踪、评价指标体系、绩效评价报告、评价结果以及反馈情况等PPP项目绩效评价过程中所使用或涉及的所有相关信息的公开，以提高PPP项目全过程资源的使用绩效并增加PPP项目透明度。目前，我国政策制定中主要以公开PPP项目绩效评价报告的形式，向社会和公众公开PPP项目绩效信息，接受广泛监督。

（二）PPP项目绩效信息公开的特征

PPP项目绩效信息公开应具备时效性、透明性、真实性和可得性等特征。

1.时效性。

一般来说，越新颖、越及时的信息，其价值越高。PPP项目绩效信息的公开必须具备时效性特征，财政部门和项目实施机构在项目开展过程中以及项目完成后，应及时公开相关绩效信息，保证信息时效，有利于外界快速获得绩效信息并进行监督与反馈，提高绩效评价结果的应用效率和监督效率。

2.透明性。

PPP项目绩效信息公开，要求绩效信息的全范围公开和全过程公开，并且公开的绩效信息必须是全透明的，财政部门和项目实施机构都需要公开，好的绩效与不好的绩效都需要公开，成效与问题都需要公开，绩效目标、指标得分、评价结果等都需要公开，而不是选择性地公开部分绩效。

3. 真实性。

信息真实性是信息反映和描述客观世界及其变化的准确程度，公开的PPP项目绩效信息，必须真实准确地反映项目参与各方的项目管理绩效和资金使用绩效，公开的信息不应存在夸大或缩小，或人为造成信息的缺失和不完整。

4. 可得性。

信息的可得性要求能够通过多种来源、多种渠道、多种方式获得准确及时的信息，PPP项目绩效信息的公开，必须有便捷的渠道和多元化的方式能够让社会公众快速获得绩效信息，并开展评价和监督。

（三）PPP项目绩效信息公开的理论依据

PPP项目绩效信息属于PPP项目信息公开的一部分，而PPP项目所具有的政府与社会资本合作的属性，也决定了PPP项目绩效信息与政府预算信息需要运用同样的理论依据，即公共财政理论、委托—代理理论以及建设服务型政府理论等，这些理论都是PPP项目绩效信息公开的重要理论依据。

公共财政理论认为，公共财政是政府为满足社会公共需要而进行的政府分配活动和经济行为，其财力取之于民，也用之于民，且在集中和使用财力过程中应当处处体现民众的意愿，即实现“取公众之财、办公众之事、资金使用情况由公众评价”的管理过程。PPP项目绩效信息中包含了对政府资金的使用情况的反映。公开PPP项目绩效的相关信息，让公众了解PPP项目资金的使用方向和效益，不仅有利于监督和制约政府和项目实施机构的预算支出行为，还有利于保障公众的知情权和监督权。

依据委托—代理理论，公民与政府之间是一种委托—代理关系。由于公民（委托人）与政府（代理人）之间的信息不对称，政府可能会为己牟利，作出有损于公民利益的行为。然而，PPP项目绩效信息公开可以减少公民与政府及项目实施机构之间的信息不对称，有效提高公民对PPP项目资金使用方向和绩效的监督水平，确保政府和项目实施机构行为符合公民利益。

服务型政府主张政府应以顾客为导向，建立“有限”“高效”“法治”的政府。公开预算绩效相关信息，让公民了解各项预算支出使用情况，以及监督其使用过程中可能存在的违规行为，为构建有限政府起到了重要的支撑作用。援引到PPP项目上，让公民了解PPP项目绩效评价的具体环节、相关程序及评价结果，有利于督促政府和项目实施机构提高PPP项目绩效的工作效率。

此外，法治政府的一个重要特征就是政府信息公开，政府通过预算绩效信息的公开可以主动约束和限制自己的行为，实现依法行政。

二、绩效信息公开方式

（一）PPP项目绩效信息公开的内容

PPP项目绩效信息公开的范围和内容，主要通过绩效评价信息公开情况来体现。PPP项目绩效信息评价要求PPP项目绩效信息在评价者、评价对象及社会公众之间交流和沟通，以保证评价的有效性。随着PPP项目的快速发展，社会公众加大了对PPP项目资金使用效益的关注。政府和项目实施机构向公众公开PPP项目绩效评价的相关信息，不仅有助于政府和项目实施机构向公众树立良好的政府信誉和企业形象，而且有助于让公众了解项目的详细情况，形成对项目实施机构的监督。我国目前已经建立政府与社会资本合作中心网站，PPP项目信息公开的相关内容均在网站上进行公开。

1.相关法规政策公开。

相关政策法规的出台是PPP项目绩效管理的重要前提，权威有效的政策法规对完善PPP项目绩效信息公开工作起到强有力的约束与规范作用。我国就PPP项目绩效信息公开的法规政策，在政府与社会资本合作中心网站上均有公开。

2.绩效目标公开。

PPP项目绩效目标，是PPP项目计划在一定期限内达到的产出和结果，既是PPP项目资金安排的前提条件和项目执行阶段中绩效运行监控的主要内容，也是绩效评价实施的重要依据。我国政府与社会资本合作中心网站上进行到执行阶段的PPP项目，通过展示PPP项目实施方案中的项目内容和绩效考核部分间接公开绩效目标，但是大多处在准备阶段和采购阶段的PPP项目，没有公开项目实施方案以及绩效目标。在已经进入项目执行阶段并公布项目实施方案的PPP项目中，对于绩效目标也没有明确表达，只能在项目实施方案的项目内容和绩效考核等相关部分提及。如PPP项目库中四川省巴中市恩阳区民政综合服务中心建设项目（项目编号：51190300003122）在四川省巴中市恩阳区民政综合服务中心建设项目实施方案（审定稿）中，没有明确提及绩效目标，该项目在实施目标部分公开信息为“本项目市场化运作的目标为‘引资、引制’，具体包括以下几方面：（1）优化经济结构，实现建设项目投资的新渠道新模式，能够提升恩阳区的投资环境。（2）提高效率质量，引进社会资本投资人的同时引入先进的技术和服务管理，提高资产运营效率和行业服务质量。（3）理顺政企关系，为恩阳区市政基础设施创造新体制、新机制提供契机”。公开内容较为笼统，而在其他部分并未提及绩效目标。

3.绩效评价指标体系公开。

绩效评价指标是衡量绩效目标实现程度的考核工具，是整个PPP项目绩效管理工作的重点和难点。绩效评价指标体系的科学性和完整性，在一定程度上决定了绩效评价的成败。我国政府与社会资本合作中心网站上公开的PPP项目中部分进入执行阶段的项目，会在项目实施方案中公开绩效评价指标体系，但是没有统一的格式。如新化县城安全饮水第二水厂工程（一期工程）（项目编号：43132200007722），其PPP项目实施方案的绩效监控机制部分按照项目建设阶段、运营维护阶段和移交阶段三个阶段公开了绩效评价指标体系。而在湘潭市万楼片区城中村改造PPP项目（项目编号：43030000009108）的项目实施方案中，没有单独的部分解释绩效评价指标，只是在附件中公开了详细的绩效考核表，绩效评价指标体系体现在了考核表中。

4.绩效评价结果公开。

PPP项目绩效评价的重要意义，在于利用评价结果检查PPP项目的实施状况以及项目资金的使用效益，并充分利用评价结果对以后的项目执行进行整改，对项目资金的拨付进行调整，因此绩效评价结果的公开显得格外重要。财政部印发的《政府和社会资本合作（PPP）项目绩效管理操作指引》中明确表示，项目实施机构应及时公开绩效评价结果并接受社会监督，项目绩效评价结果的公开形式为PPP项目绩效评价报告。目前我国的PPP项目还未有公开绩效评价报告的项目，财政政府与社会资本合作中心网站上仅有部分项目在执行阶段定性公布了项目建设进度情况、项目质量符合性检查情况、项目造价等符合性检查情况、社会资本或项目公司的年度运营情况及运营绩效达标情况等。

（二）PPP项目绩效信息公开的方式

当前我国PPP绩效信息公开的主要方式是在政府与社会资本合作中心网站的PPP综合信息平台上公开绩效信息。《政府和社会资本合作（PPP）项目绩效管理操作指引》明确要求各级财政部门应会同相关主管部门依托PPP综合信息平台，加强PPP项目信息管理。项目实施机构、项目公司（社会资本）应根据项目实际进展及时提供和更新PPP项目绩效管理相关信息，做好信息公开，接受社会监督。同时《操作指引》中也提供了PPP项目绩效评价报告的参考范本。

未来在完善PPP项目绩效信息公开的过程中，各级财政部门仍需要及时将包括PPP项目绩效评价在内的所有信息，集中发布在PPP综合信息平台上。而根据公众主要关注的信息内容可以设立PPP项目绩效评价的政策法规、绩效目标、绩效评价指标体系、绩效评价专家库、绩效评价中介机构库、绩效评价报告和结果等专栏。在丰富PPP综合信息公开平台的基础上还应该丰富公众对于PPP项目绩效评价信息的获取渠道，提高公众获取信息的及时性和便利性。如依托电视、广播、宣传栏、微博、微信公众号、支付宝等传统或新兴媒介工具，及时准确地将PPP项目绩效评价信息传递给社会公众，实现PPP项目绩效信息公开透明，便于公众对PPP项目绩效过程的全面监督。

三、案例分析①

（一）项目概况

闵行文化公园美术馆项目是第四批次国家级示范项目，该项目于2015年10月发起，目前处于执行阶段，项目合作期限为20年。闵行文化公园美术馆项目的主体建筑位于文化公园南侧地，地上建筑面积约6000平方米，地下建筑面积约8000平方米，建筑占地面积约4000平方米。在建成美术馆之后，投资人获得20年特许经营权益，管理美术馆的日常经营。项目实施模式为PPP模式，上海市闵行区绿化和市容管理局为实施机构，授予项目公司特许经营权。区绿容局通过公开招标进行政府采购，选择社会投资人。社会投资人拥有项目公司100%股权，区绿容局不拥有项目公司股权，由社会投资人单独组建PPP项目公司，负责项目投资、建设和运营维护。区绿容局授予项目公司特许经营权，在经营期满后，建筑体及建筑设施等不可移动资产移交至政府指定部门或机构。财政局拨付可行性缺口补贴给文广局，由文广局根据考核情况再行拨付资金给项目公司，区文广局同时负责业务指导、监管工作。

（二）绩效信息公开分析

闵行文化公园美术馆项目在准备阶段公布了项目概况、合作范围、合作期限、采购方式、运作方式等基本信息除此之外还通过公布《上海市闵行区文化公园美术馆VFM报告》公开了项目的物有所值定性评价指标及权重、评分标准、评分结果以及定量评价的方法和结论。

在定性分析上，《上海市闵行区文化公园美术馆VFM报告》中表明对于该项目物有所值定性评价，采用全生命周期整合程度、风险识别与分配、绩效导向和鼓励创新、潜在竞争程度、政府机构能力、可融资性6个基本指标及项目规模大小、全

① 财政部政府和社会资本合作中心项目管理库——闵行文化公园美术馆PPP项目（编号：31011200027272），https：//www.cpppc.org：8082/inforpublic/homepage.html#/projectDetail/c4e7753b73e54653965222fb90a87988。

生命周期成本测算准确性、行业示范性3个附加指标对采用PPP模式建设本项目进行物有所值（VFM）定性评价，具体项目定性评价指标见表6-1。

表6-1　项目定性评价指标

序号	评价指标	备注
1	全生命周期整合程度	基本指标
2	风险识别与匹配	
3	绩效导向与鼓励创新	
4	潜在竞争程度	
5	政府机构能力	
6	可融资性	
7	项目规模大小	附加指标
8	全生命周期成本测算准备性	
9	行业示范性	

《上海市闵行区文化公园美术馆VFM报告》得出结论，参照财政部印发《PPP物有所值评价指引（试行）》（财金〔2015〕167号），以PPP模式实施本项目符合物有所值的定性论证，满足VFM要求。此为初步结论，尚需区财政部门会同有关专家进一步论证。

在定量分析上，《上海市闵行区文化公园美术馆VFM报告》在假设不考虑项目投资建设成本的情况下，对PPP模式和传统政府采购模式下政府支出予以比较：

（1）PPP模式，在美术馆通过竣工验收后，将美术馆全部设施按照约定进行运营管理，由项目公司向美术馆服务使用者收取相关费用，在满足可用性付费的前提下，政府将根据特许经营协议约定向项目公司支付可行性缺口补助。

（2）政府传统采购模式由政府负责后期运营、维护、管理工作，假定在此方案中本项目所需运营成本和PPP模式下运营成本一致。

采用政府部门（Public Sector Comparator，PSC）参照标准法进行定量评价。最终得出该项目采用PPP模式物有所值的量值大于0的结论。

项目申请报告中对项目的规划与建筑设计进行了详细地描述与规划，包括建筑设计、结构设计、强电设计、弱电设计、给排水设计、燃气设计、无障碍设计等。项目申请报告中还对节能方案、资源开发及综合利用分析、建设用地、征地拆迁及移民安置分析、工程项目质量安全分析、投资估算与资金筹措、环境影响分析等方面进行了详尽表述。

《闵行区文化公园美术馆PPP项目实施方案》中详尽地描述了闵行文化公园美术馆PPP项目绩效考核评分办法及考核评分实施细则，见专栏6-2。

▶ 专栏 6–2 闵行文化公园美术馆绩效考核方法

为进一步加强闵行文化公园美术馆项目运营监管，确保美术馆项目更好满足公众需求，区文广局通过科学定量考核，进行全过程跟踪检查、督办、考评，有效促进闵行文化公园美术馆项目运营管理常态化和精细化水平，结合工作实际，制定本办法。

一、考核对象

项目公司。

二、考核单位

上海市闵行区文广局。

三、考核内容

闵行区文化公园美术馆运营合规性、社会影响力及客户满意度。

四、考核方法

根据美术馆行业运营工作特点，主要考核项目公司是否按照合同规定的标准、要求和质量完成工作任务。经检查督办未进行整改的对照考核细则加倍扣分；将12345热线、新闻媒体曝光及社会公众满意度纳入考核工作范畴；考核采取基础工作考核、定期联合考核等形式进行，实行百分制。

1.基础工作考核。日常抽查和年终检查相结合，对问题项进行扣分，对社会有益项可进行加分。

2.定期联合考核。园区办公室进行日常监管，如有问题，按标准扣分，区文广局进行综合。

3.社会监督考核。对12345热线、新闻媒体曝光及社会公众满意度纳入日常考核工作，按标准扣分，经核实造成影响的5倍扣分，对重大问题、造成不良后果的10倍扣分。

五、评分办法

考核采取满分百分制：基础工作考核60分、联合考核20分以及公众满意度考核20分。总分最高分不高于100分（含100分），最低分不低于60分（含60分）。

六、可行性缺口补贴核定

根据考核评分，由闵行区文广局根据绩效考核评分核定相应年度的可行性缺口补贴。

该项目在政府和社会资本合作中心网站上公开了《上海市闵行区文化公园美术馆VFM报告》《上海市闵行区文化公园美术馆项目申请报告》《闵行区文化公园美术馆PPP项目实施方案》《闵行文化公园美术馆PPP项目协议》等文件，详尽地公开了项目规划、绩效评价指标体系、绩效责任等信息，但是该项目在绩效评价结果信息公开上仍有欠缺，暂未公布绩效评价报告以及其他形式的绩效评价结果的信息。

第三节 PPP项目绩效责任

一、PPP项目绩效责任的基本概念

PPP项目绩效责任是指PPP项目绩效管理过程中涉及的各责任主体应当根据相关政策规定，履行相应的PPP项目绩效管理行为，推动PPP项目绩效管理工作的顺利运行，并对权责范围内的PPP绩效管理行为与结果负责。

（一）PPP项目绩效责任的理论基础

PPP项目绩效责任以受托责任理论为主要理论基础。受托责任关系被视为一种契约，在这种契约关系下，一个或多个委托人授权另外一些代理人为他们的利益从事某种活动，这其中也包括授予代理人某些决策权利。受托责任理论的中心任务是研究在利益冲突和信息不对称的环境下，委托人如何设计最优契约激励代理人。在PPP模式下，涉及的多方利益主体如政府、项目公司（社会资本）、项目实施机构、社会公众等共同构成了PPP项目中的多维受托责任体系。

PPP项目的建设与运营资金主要来自政府与社会资本的共同出资。政府出资的部分，是政府运用社会公众赋予的公共权力，从社会公众手中取得一部分资源，再用这些资源满足社会公众的共同需要，在这里，社会公众是委托人，而政府是受托人。政府与公众之间构成了受托责任关系。通过PPP模式，政府将财政资金拨付至社会资本方以提供公共产品，政府变成了委托人，社会资本方为受托人。受托责任理论认为，委托人和代理人之间存在着信息不对称和两权分离，从而不可避免地会产生“逆向选择”和“道德风险”等委托责任问题。代理人从自身的利益出发，可能会采取某些“机会主义”行为，使其自身效用最大化，并降低自身承担的风险。

（二）PPP项目绩效责任的现实含义

PPP项目政府投资的资金使用根据财政预算管理，本质上是一种公共责任关系的货币体现。作为公共财政的核心职能之一，财政预算必须体现公共价值，即通过行使公共权力为纳税人提供公共服务和公共产品，履行公共责任。在PPP项目资金拨付使用过程中，资金的使用权力在各参与主体之间转换，谁使用了公共资金，谁就应该承担相应的公共责任。显然，使用的资金越多，承担的责任也越大。后续的PPP项目资金还该不该拨付，PPP项目资金该不该使用以及该如何使用，使用以后的效益怎样？这些需要通过绩效评价来认定。并且，PPP项目隶属于公共服务的范围，项目开展过程中的相关行为都需要承担相应的公共责任。因此，PPP绩效管理的过程，其实是对公共责任回应的过程，同时也是落实公共责任和开展问责的依据。显然，资金使用权力的流动过程就是利益转换的过程，也是权力运作过程，资金使用权力占比大的参与方需要承担更大的责任。

二、PPP项目绩效责任的界定

在PPP项目中往往涉及两个层面的委托—代理关系，一方面社会公众将资金委托给政府部门，另一方面政府部门通过税收优惠、财政补贴等方式给予社会资本方，旨在为其完成PPP项目提供便利。在这两层委托—代理关系中社会公众是初始委托人，政府部门承担着代理人和二次委托人的双重角色，社会资本方则承担了最终的代理人角色。

PPP项目绩效管理的责任分配是指政府为规范PPP项目全生命周期绩效管理工作，提高公共服务供给质量和效率，对参与到PPP项目绩效管理中的责任单位的权利与责任加以明确。

（一）财政部门PPP项目绩效管理责任

财政部门PPP项目绩效管理责任包括建立健全PPP项目绩效管理工作相关制度和共性指标框架，加强项目识别论证、政府采购、预算收支与绩效管理及信息披露等业务指导，切实做好项目合规性审查，确保项目全生命周期规范实施、高效运营；结合预算绩效管理要求，认真审核PPP项目财政收支预算申请及PPP项目绩效目标和指标体系，充分考虑本级财政承受能力，合理安排财政预算，加强对财政资金使用合规性和有效性的监督；结合每年工作重点，选取重大PPP项目开展绩效再评价；会同相关主管部门依托PPP综合信息平台，加强PPP项目信息管理。

（二）行业主管部门PPP项目绩效管理责任

按照绩效管理相关制度要求，行业主管部门PPP项目绩效管理责任包括建立健全本行业、本领域核心绩效指标体系，明确绩效标准；合规履行预算编制、申报和执行程序；加强与财政及其他相关部门的协调配合。

（三）社会资本PPP项目绩效管理责任

社会资本PPP项目绩效管理责任包括严格履行合同约定，确保各项工作合法合规；做好PPP项目绩效管理具体工作，并对PPP项目实施规范性、财政资金使用的合规性和有效性负责；做好项目投资、建设、运营、维护、移交等工作的日常管理和信息记录；积极配合开展PPP项目绩效管理工作，并对所提供资料和信息的真实性、完整性、有效性负责；根据项目实际进展及时提供和更新PPP项目绩效管理相关信息，做好信息公开，接受社会监督。

三、PPP项目绩效责任相关制度

（一）我国目前的PPP项目绩效责任相关法律法规制度

2011年4月2日，财政部印发的《财政支出绩效评价管理暂行办法》提出绩效评价应当针对具体支出及其产出绩效进行，评价结果应当清晰反映支出和产出绩效之间的紧密对应关系。预算部门职能职责、中长期发展规划及年度工作计划及申请预算时提出的绩效目标及其他相关材料、财政部门预算批复、财政部门和预算部门年度预算执行情况、年度决算报告等都是绩效评价的主要依据。2020年2月25日，为贯彻落实《中共中央　国务院关于全面实施预算绩效管理的意见》，财政部在修订《财政支出绩效评价管理暂行办法》的基础上，结合绩效自评管理有关要求，印发了《项目支出绩效评价管理办法》（以下简称《办法》）。《办法》拓展了绩效评价范围，明确绩效评价范围涵盖政府和社会资本合作（PPP）项目，PPP项目的绩效评价可参照执行。

2015年5月22日，财政部、发展改革委和中国人民银行共同发布《关于在公共服务领域推广政府和社会资本合作模式的指导意见》，文件表示政府和社会资本合作模式要开展财政承受能力论证，统筹评估和控制项目的财政支出责任，促进中长期财政可持续发展；建立完善公共服务成本财政管理和会计制度，创新资源组合开发模式，针对政府付费、使用者付费、可行性缺口补助等不同支付机制，将项目涉及的运营补贴、经营收费权和其他支付对价等，按照国家统一的会计制度进行核算，纳入年度预算、中期财政规划，在政府财务报告中进行反映和管理，并向本级人大或其常委会报告；存量公共服务项目转型为政府和社会资本合作项目过程中，应依法进行资产评估，合理确定价值，防止公共资产流失和贱卖；项目实施过程中政府依法获得的国有资本收益、约定的超额收益分成等公共收入应上缴国库。

2018年9月25日，国务院公布了《中共中央　国务院关于全面实施预算绩效管理的意见》，明确硬化预算绩效管理约束，财政部要完善绩效管理的责任约束机制，地方各级政府和各部门各单位是预算绩效管理的责任主体。项目责任人对项目预算绩效负责，对重大项目的责任人实行绩效终身责任追究制，切实做到花钱必问效、无效必问责。此外，各级财政部门要抓紧建立绩效评价结果与预算安排和政策调整挂钩机制，将本级部门整体绩效与部门预算安排挂钩，将下级政府财政运行综合绩效与转移支付分配挂钩。对低效无效资金律削减或取消，对长期沉淀的资金一律收回并按照有关规定统筹用于亟需支持的领域。该《意见》中明确要求各级政府积极开展涉及一般公共预算等财政资金的政府投资基金、主权财富基金、政府和社会资本合作（PPP）、政府采购、政府购买服务、政府债务项目绩效管理。

2019年3月7日，财政部发布了《关于推进政府和社会资本合作规范发展的实施意见》，在PPP规范发展的总体要求中明确坚持必要、可承受的财政投入原则，审慎科学决策，健全财政支出责任监测和风险预警机制，防止政府支出责任过多、过重加大财政支出压力，切实防控假借PPP名义增加地方政府隐性债务；依法依规将符合条件的PPP项目财政支出责任纳入预算管理，按照合同约定及时履约，增强社会资本长期投资信心。

2020年3月31日，财政部印发《政府和社会资本合作（PPP）项目绩效管理操作指引》，明确各级财政部门应会同相关部门，建立健全PPP项目绩效管理工作相关制度和共性指标框架，加强项目识别论证、政府采购、预算收支与绩效管理及信息披露等业务指导，切实做好项目合规性审查，确保项目全生命周期规范实施、高效运营；PPP项目行业主管部门应按照绩效管理相关制度要求，建立健全本行业、本领域核心绩效指标体系，明确绩效标准；项目实施机构应做好PPP项目绩效管理具体工作，并对PPP项目实施规范性、财政资金使用的合规性和有效性负责。

（二）PPP项目参与方绩效责任追究的措施

1.建立有效的评估体系和问责机制。

加强各级财政部门对PPP项目财政资金使用效果的全面系统性了解。要硬化PPP项目绩效管理约束，通过有效的评估体系对PPP绩效管理的目标、效果进行评价，完善绩效管理的责任约束机制，明确责任主体。其中，项目实施机构对PPP项目绩效负责，对重大PPP项目的责任人实行绩效终身责任追究制，切实做到“花钱必问效、无效必问责”。

2.与其他监督问责机制有效结合。

将审计机关，纪检监察机关、人大等原有绩效和监察管理系统与PPP项目绩效管理有机结合起来，若在PPP项目绩效管理中发现违法乱纪问题需要及时移送纪检监察机关，这既能发挥PPP项目绩效的内部管理与过程监督，也能更有效发挥审计、纪检监察机关和人大外部监督与事后检查的作用，加强信息公开力度，将新旧监督体制有机结合，形成工作合力。

3.财政部门加强PPP项目绩效监督管理。

财政部门要会同审计部门加强PPP项目绩效监督管理，重点对资金使用绩效自评结果的真实性和准确性进行复核，必要时可以组织开展再评价。对绩效监控、绩效评估评价结果弄虚作假，或项目执行与绩效目标严重背离的部门和单位及其责任人要提请有关部门进行追责问责。

4.加大绩效信息公开力度。

大力推动重大政策和PPP项目绩效目标、绩效自评以及重点绩效评价结果等绩效信息依法予以公开。探索建立PPP项目整体绩效报告制度，促使从“要我有绩效”向“我要有绩效”转变，提高PPP项目绩效信息的透明度。

第四节　PPP项目绩效监督

一、基本概念

PPP项目绩效监督，是通过对PPP项目从准备阶段到采购阶段再到执行阶段最终完成移交的全过程涉及的项目绩效目标、项目实施情况、项目绩效目标实现程度、项目绩效评价工作等信息，进行全方位的事前、事中和事后的监管和督促，实现规范PPP项目参与各方行为，保证项目资金的安全性，提高项目资金的使用效益，提高PPP项目绩效水平的过程。

二、方式和流程

目前，我国暂无专门针对PPP项目绩效评价的相关法律。而PPP项目绩效评价可以援引的关于预算绩效评价的法律主要有《预算法》《监督法》和《审计法》。此外《项目支出绩效评价管理办法》《关于在公共服务领域推广政府和社会资本合作模式的指导意见》《中共中央　国务院关于全面实施预算绩效管理的意见》《政府和社会资本合作（PPP）项目绩效管理操作指引》等政策法规，也为PPP项目的绩效监督工作提供充分的法律依据，做到有法可依。

（一）制定法律法规

制定法律法规是进行预算绩效审查、监督工作最基本的方式。在党的十九大报告中，习近平指出“积极发展社会主义民主政治，推进全面依法治国。党的领导、人民当家作主、依法治国有机统的制度建设全面加强”。因此。人大可根据自身具有的法律监督效力，依据我国PPP预算绩效工作开展的实际情况，结合我国PPP预算绩效评价工作的特点，制定相关的法律法规以规范PPP绩效审查与监督工作。

（二）实行PPP项目预算全过程监督

1.事前监督。

PPP项目绩效事前监督环节，即对PPP项目编制绩效目标环节进行绩效评价，PPP项目绩效目标编制环节是PPP项目绩效管理过程的首要环节，PPP项目绩效目标编制是否科学、合理，对整个绩效管理过程显得尤为重要。根据《政府和社会资本合作（PPP）项目绩效管理操作指引》规定，PPP项目准备阶段，项目实施机构应根据项目立项文件、历史资料，结合PPP模式特点，在项目实施方案中编制总体绩效目标和绩效指标体系并充分征求相关部门、潜在社会资本等相关方面的意见。财政部门应会同相关主管部门从依据充分性、设置合理性和目标实现保障度等方面进行审核。由于一些部门没有充足的绩效意识，编制或审核绩效目标时随意性较大，从而导致绩效目标不合理，浪费公共资源的现象发生。因此，在对PPP项目绩效目标进行绩效评价时，应以绩效结果为导向。用量化的绩效指标衡量PPP项目的可行性，以使PPP项目申请审核更为科学化和合理化。

2.事中监督。

PPP项目绩效的事中监督环节，即对PPP项目采购阶段和执行阶段进行绩效评价。财政部门应设定一系列绩效评价指标，持续跟踪审查PPP项目的实施进度、执行情况以及资金拨付使用情况，并将以上情况进行指标量化，以便更为迅速地掌握项目运行情况、PPP项目绩效目标完成情况和项目资金的执行情况，及时发现项目执行过程中的问题并及时予以纠正，最大限度地发挥PPP项目预算资金的使用效益，争取“花最少的钱，办最多的事”，高效率的提供公共物品和服务，最大限度地满足社会公众的真实需求。

3.事后监督。

PPP项目绩效事后监督环节，即对PPP项目在移交阶段后仍然实行绩效评价与管理。在事后监督过程中，财政部门应该重点分析PPP项目产生的经济效益、社会效益、生态效益；分析该项目是否达到预期的项目绩效目标；分析项目资金是否发挥经济效益；分析项目全部阶段是否规范合理等，并将分析评价结果反馈至各相关部门及项目单位，督促各部门和项目单位落实有关情况并在下一个预算周期中进行相应的整改，使绩效评价结果成为改进PPP项目绩效管理的重要依据。项目的层级分解关系为建立逐级分解的绩效目标体系奠定了项目管理的制度基础。

三、案例分析[①]

PPP项目绩效监督的执行过程以PPP项目库中第二批国家级示范项目四会道路改造综合项目（编号：44128400001089）为例。

（一）项目概况

四会市道路改造综合PPP项目为改建项目，属于市政工程类PPP项目，该项目使用建设—运营—移交（BOT）的运作模式，负责项目中各类基础设施的投融资、建设、运营、维护和移交。项目合作期10年，其中建设期2年，运营期8年。总投资额为189700万元，回报机制为可行性缺口补助。

该项目由四会市人民政府授权四会市国有资产经营总公司作为政府出资人代表与中标社会资本组建项目公司共同出资。由四会市人民政府授权四会市交通运输局作为本项目的实施机构。实施机构主要负责项目的具体实施，包括前期立项手续办理、协助财政部门进行物有所值评价及财政承受能力论证、项目实施方案编制和报批、社会资本采购、谈判与PPP合同签署、项目监管等工作。该项目于2015年发起，2016年开工，目前已经进入项目执行阶段。

（二）绩效监督分析

该项目的实施方案中对绩效监督有明确要求，规定“本项目的监管体系主要由项目实施机构对本项目的履约管理、相关行政主管部门对本项目的行政监管以及社会公众对本项目的公众监督三部分构成，以此形成全方位的监管体系，确保公共利益得到充分保障”。

1.政府方绩效监督。

该项目的绩效监督的重要方式之一为行政监管，包括市场准入、资金管理、招标采购、开工许可、健康与安全管理、环境监管和服务质量等方面的监管。具体监督方式见表6–2。

① 财政部政府和社会资本合作中心项目管理库——四会道路改造综合项目（编号：44128400001089）https：//www.cpppc.org：8082/inforpublic/homepage.html#/projectDetail/2206F14E95A9E27CE0532AB413ACDFD7。

表6-2　　行政监督方式

<table>
<tr><th>序号</th><th>名称</th><th>监管机构</th><th>监管内容</th><th>方式</th><th>考核标准</th></tr>
<tr><td rowspan="9">1</td><td rowspan="9">市场准入</td><td rowspan="2">发改委</td><td rowspan="2">立项监管</td><td rowspan="2">对项目建议书、可行性研究报告、初步设计进行审批</td><td>（1）项目建设符合国家及地方法规政策，符合PPP项目操作的相关规定</td></tr>
<tr><td>（2）技术方案论证可行，通过专家评审</td></tr>
<tr><td rowspan="3">交通局</td><td rowspan="2">PPP模式</td><td rowspan="2">项目发起、实施、监督</td><td>（1）项目建设符合国家及地方法规政策，符合PPP项目操作的相关规定</td></tr>
<tr><td>（2）技术方案论证可行，通过专家评审</td></tr>
<tr><td>开工许可</td><td>对申请材料进行审批，有需要的进行现场踏勘</td><td>项目建设符合各种施工条件</td></tr>
<tr><td rowspan="2">财政局</td><td rowspan="2">物有所值评价、财政承受能力论证</td><td rowspan="2">组织专家论证</td><td>（1）通过物有所值评价体系</td></tr>
<tr><td>（2）满足财政局对项目的财政一般公共预算支出</td></tr>
<tr style="display:none"></tr>
<tr style="display:none"></tr>
<tr><td>2</td><td>资金管理</td><td>财政局、交通局</td><td>资金使用情况</td><td>对项目实施过程中资金的使用进行监督、审计</td><td>项目每年投资总额不超支，现金流充足，资金投资效益良好</td></tr>
<tr><td>3</td><td>安全管理</td><td>安监局</td><td>项目运行安全状况</td><td>对工程、系统进行安全评价</td><td>建设项目符合国家各项安全标准</td></tr>
<tr><td>4</td><td>环境监管</td><td>环保局</td><td>对周围环境的影响</td><td>对环评报告进行审批</td><td>符合国家建设项目环保要求</td></tr>
<tr><td>5</td><td>绩效监管</td><td>交通局</td><td>服务质量</td><td>制定绩效考评手册</td><td>符合绩效考评手册要求</td></tr>
</table>

2.项目实施机构绩效监督。

对于项目实施机构而言，绩效监督主要表现在事中监督。在本项目的经营期内，项目实施机构有权对项目公司的PPP合同及相关合同的履行情况进行监督管理，重点管理以下几个方面：

（1）勘察设计及建设管理。本项目由项目公司主要负责项目勘查、设计和建设管理工作，施工组织工作由项目公司负责。项目公司与勘察单位、设计单位、施工方、材料供应商或劳务分包商签订供应或承包合同，必须向项目实施机构进行备案。

（2）质量与安全监管。项目实施机构在不影响项目建设和正常运营的情况下，可以进场监督、检查项目设施的建设、运营和维护状况，检查项目的工程质量、安全及施工情况，检验项目公司的运营管理效果和效率。

（3）绩效考核。本项目需按照PPP合同约定的绩效评价标准，由项目实施机构定期对项目公司进行绩效考核。

（4）成本费用监管。项目公司应定期向项目实施机构提交年度财务报告等财务资料，项目实施机构需掌握项目公司的成本费用，对项目公司的运营进行监督。

（5）合法合规监管。项目公司应按照PPP合同的约定就行政审批、采购、保险等相关文件向项目实施机构备案。

（6）中期评估。为保障项目长期稳定运营，政府方可每隔三年对本项目开展中期评估，及时发现项目当前面临的问题，帮助政府全面掌握项目各阶段的运行状况，发现监管工作的漏洞和不足，有针对性地调整监管工作范围和工作重点，切实提高监管工作效率和效果。项目实施机构应组织专家或委托第三方专业机构，定期（具体评估周期根据项目实际情况确定）对项目运营进行周期评估，客观评价项目公司的运营维护质量和效率，重点分析项目运行状况和PPP合同的合规性、适应性和合理性以及PPP合同的执行情况。通过定期评估及时评估已发现问题的风险，制订相应措施。

（三）项目建设期和运营期绩效考核

1.建设期绩效考核。

对于道路改造相关绩效监督的一般性标准为工程建设标准强制性条文以及其他有关国家、行业规范、标准。同时还需要参考现行公路、市政工程的技术规范、规程及标准以及国家、省、市有关标准和规范。该项目建设期为两年，需要工程质量等级评定达到合格以上，才能验收合格。对于该项目的安全文明施工与环境保护部分项目也进行了明确要求，如施工现场按照规定实行封闭管理。施工现场按照规定设置连续围挡，围挡材料宜选用压制波纹钢板等硬质材料，围挡安装要做到坚固、顺直、整洁、美观，围挡高度不低于1.8米。围挡的设置要沿施工现场四周连续进行，不能有缺口或个别处不坚固的现象，围挡大门应坚固美观，并符合通行及消防要求；工程完工后，施工单位应在建设单位规定的时间内对现场进行彻底清理，做到料清场地净，恢复道路平整，保证道路畅通等。

2.运营维护绩效考核。

考核范围：四会市市政道桥PPP道项目（包含：S260线四会下布至贞山段、S263线陆巷至丽岗段、商业大道）的市政道路、桥梁、绿化、路灯、排水、交通安全设施、环卫等。考核程序、内容及办法如下：

考核程序：四会市政道桥PPP实施机构将针对该项目成立管理养护考核小组。考核小组负责对该项目的进行考核打分。市财政局依据考核小组意见支付年度运营服务费用。

考核办法：竣工验收合格后，运营期前3年每年考核两次，分别为6月底、12月底进行；第4年开始，每年考核4次，每季度季末进行。考核采取查验资料、实地查看相结合，道路、排水采取实地抽查两个区间段，每个区间段不低于500米，桥梁按照全桥检查进行。

考核内容：依据《四会市道路、桥梁、排水PPP项目养护管理基础工作考核标准》《四会市道路、排水PPP项目养护管理考核标准》《四会市桥梁PPP项目养护管理考核标准》实施。考核实行百分倒扣制，考核成绩=基础工作得分（50分）+其他得分（50分）。

考核结果与运营服务费拨付：每半年考核一次，按每半年考核成绩进行，分值达到80分，足额拨付运营服务费；平均分值在80分以下的，每降低1分，扣0.3%的运营服务费，最多扣20%的运营服务费。

第五节 PPP项目绩效管理工作考核

一、基本概念

在要求PPP项目实施机构、项目所属行业主管部门、财政部门根据相关PPP项目绩效管理制度开展绩效管理工作的基础上，财政部等政府部门对PPP项目全生命周期开展的绩效目标和指标管理、绩效监控、绩效评价及结果应用等项目管理活动进行考核，包括在PPP项目绩效管理过程中制度的执行情况、目标的完成情况、出现的问题及结果反馈等情况的考察。

在开展PPP项目绩效管理考核的过程中应遵循以下基本原则：

（一）客观性与公正性原则

考核的客观性与公正性是PPP项目绩效管理考核的根本性原则。PPP项目绩效管理考核应当根据明确规定的考核标准，针对客观的考核资料进行评价，尽量避免掺杂主观因素，将考核结果建立在客观事实的基础上。树立绩效考核威信，增强绩效管理工作考核结果的说服力。

（二）明确性与公开化原则

PPP项目绩效管理工作的考核标准、考核流程、考核权责需要有明确的制度或规定，且在考核过程中相关政府部门应遵守这些规章制度。此外，相关制度与规定、绩效考核目标、考核标准、考核结果等信息应向政府部门、PPP项目实施机构等相关主体进行及时公开，接受外界的监督。

（三）及时性原则

在PPP项目绩效管理工作的考核过程中，相关政府部门应当与被考核单位进行及时的沟通，考核结果及时反馈至被考核单位。在对事前与事中绩效管理工作进行考核时，考核部门发现问题应及时告知被考核单位，督促其及时进行问题的纠正与改进，避免造成PPP项目的进一步损失。在对事后绩效管理工作进行考核时，应根据考核结果反映出的问题进行分析、督促被考核单位尽快解决并进行相关责任方的责任追究等。

针对PPP项目绩效管理工作开展的考核是PPP项目绩效管理的最终环节，使绩效管理工作形成真正的“闭环”。同时有利于提高PPP项目绩效管理工作的积极性，发挥绩效管理工作的监督与激励作用，规范相关绩效管理机构、政府部门与工作人员的绩效管理行为，保障绩效管理工作质效，继而提高PPP项目的管理质量。

二、流程与方式

财政部联合地方财政部门采取政府内部考核与委托外部第三方机构考核的方式对PPP项目绩效管理工作开展最终的考核，考核流程分为准备、实施、反馈总结三个阶段。

（一）准备阶段

1.制定PPP绩效管理工作考核相关制度办法。

财政部根据《政府和社会资本合作（PPP）项目绩效管理操作指引》等政策文件制定科学合理、全面覆盖的PPP绩效管理工作考核相关制度办法，为相关部门的考核操作提供指导，规范考核行为，提高考核效率。

2.筛选PPP绩效管理工作考核项目，确定考核对象。

财政部连同地方财政部门根据相关制度规定与考核要求，在已经完成PPP绩效管理工作的项目中筛选出重点的PPP项目确定为考核项目，连同其相关PPP绩效管理实施单位确定为考核对象，开展PPP绩效管理考核工作。

3.贯彻PPP绩效管理工作考核思想，组建专业考核执行团队。

中央与地方政府应加强PPP绩效管理工作考核思想的落实工作，通过宣传、培训等方式督促相关工作人员端正考核态度、树立绩效考核意识。专业的考核人才是顺利开展考核工作不可或缺的一部分。财政部门应对参与PPP绩效管理工作考核中的人员或机构进行严格的资格审查及专业素质培训，提升相关工作人员的考核技能。必要时，可聘请专业独立的第三方考核机构参与到PPP绩效管理工作考核中来。

4.拟定PPP绩效管理工作考核计划，制定合理可行的考核方案。

财政部及地方财政部门应根据拟考核的PPP项目及单位，结合PPP绩效管理考核要求及项目特性设计科学合理的考核方案，用以对完成PPP绩效管理工作的项目及责任单位作出科学、准确的考察。根据PPP绩效管理工作考核相关制度办法以及实际需要，结合工作重点，明确考核要素，确定考核指标，选择适当的考核办法，规范考核标准，确保PPP项目绩效管理考核工作的顺利开展。

（二）实施阶段

1.收集、整理相关PPP项目绩效管理工作资料。

落实档案的电子化与资料的动态化管理，督促绩效管理工作将资料及时归档，提高资料管理效率。收集、整理已完成绩效管理工作的PPP项目相关绩效管理资料，并对资料进行审核，对收集到的信息的真实性、准确性、完整性进行严格核实查证。

2.对PPP项目全生命周期绩效管理工作进行考核。

财政部门组织专业考核执行团队对筛选出的考核对象开展贯穿PPP项目全生命周期的考核工作，采用科学的考核体系，运用定性与定量结合的分析方法，对PPP项目事前、事中、事后的绩效管理工作进行客观公正的考察，明确相关PPP绩效管理制度是否得到贯彻执行，PPP项目绩效管理工作是否达到预期目标，绩效评价指标设计是否科学合理，绩效管理结果是否得到了及时反馈，绩效管理工作是否公开、透明，在绩效管理过程中有无违规违法现象等方面的信息。

（三）总结反馈阶段

1.总结PPP绩效管理工作问题，完善绩效管理工作质量。

财政部及地方财政部门根据PPP绩效管理工作的考核结果，及时做好对现存问题的归集、梳理及研究、解析，并积极提出应对及解决问题的办法和意见；并将问题及时反馈至被考核单位，督促其根据考核结果反映出来的问题，提出改正措施，完善责任单位绩效管理工作质量。贯彻落实PPP绩效管理理念，促进责任单位提高绩效管理水平。

2.将考核结果与权责相挂钩，增强PPP绩效管理责任意识。

财政部及地方财政部门将考核结果报送至上级政府部门，作为实施行政问责的依据，为政府决策提供参考。对于PPP绩效管理开展效果较好的责任单位，政府可予以表扬或绩效奖励；对于PPP绩效管理开展效果较差的责任单位，政府应予以通报批评并督促其就存在的问题加快整改；而对于PPP绩效管理工作弄虚作假、不认真对待的责任单位应予以严肃问责，对其职权加以削弱。严格实施责任追究制考核，将考核结果与权责、晋升相挂钩，落实激励与处罚措施，调动被考核单位的绩效管理积极性。对在PPP绩效管理工作考核中出现问题的单位，应追究绩效管理实施单位的责任，强化责任单位及相关负责人员的责任意识，规范PPP绩效管理行为，保障PPP绩效管理工作的效率与质量，提高政府公信力。

▶ 本章小结

本章从PPP项目绩效结果的运用、绩效信息公开、绩效责任、绩效监督、绩效管理工作的考核五个方面对PPP项目绩效结果与监督管理内容展开了详细地论述。PPP项目绩效评价结果是以PPP项目绩效评价报告为载体的项目支出绩效信息。PPP项目绩效信息公开是指对PPP项目管理及其评价相关信息进行公开，以提高PPP项目全过程资源的使用绩效并增加PPP项目透明度。PPP项目绩效责任反映出了政府受托责任的履行程度，有助于政府的财政资金绩效评价，是提高政府公共管理效率和效能的重要管理工具。PPP项目绩效监督是通过对PPP项目进行全方位的事前、事中和事后的监管和督促，实现规范PPP项目参与各方行为，提高PPP项目绩效水平的过程。PPP项目绩效管理工作考核是在要求PPP项目实施机构、项目所属行业主管部门、财政部门根据相关PPP项目绩效管理制度开展绩效管理工作的基础上，财政部等政府部门对PPP项目全生命周期开展的绩效目标和指标管理、绩效监控、绩效评价及结果应用等项目管理活动进行的考核。

课后习题

一、名词解释

PPP项目绩效评价结果　PPP项目绩效评价报告　PPP项目绩效信息公开　PPP项目绩效责任　PPP项目绩效监督　PPP项目绩效管理工作考核

二、简答题

1.简要叙述PPP项目绩效信息公开具备的特征。

2.简要叙述PPP项目绩效责任的界定。

3.简述PPP全过程监督的基本内容。

三、论述题

1.请论述PPP项目绩效评价结果的运用方式。

2. 请论述PPP项目绩效信息公开的内容。

3. 请论述在开展PPP项目绩效管理考核的过程中应遵循的基本原则。

本章推荐阅读文献

[1] 马海涛，曹堂哲，王红梅. 预算绩效管理理论与实践 [M]. 北京：中国财政经济出版社，2020.

[2] 曹堂哲. 部门预算绩效管理：战略、预算与绩效的系统集成 [M]. 北京：中国财政经济出版社，2020.

[3] 傅庆阳，张阿芬，李兵. PPP项目绩效评价理论与案例 [M]. 北京：中国电力出版社，2019.

[4] 吉富星. 中国PPP模式的案例解析 [M]. 北京：中国财政经济出版社，2017.

[5] 刘尚希，赵福军. 政府与社会资本合作（PPP）知识读本 [M]. 北京：中国财政经济出版社，2017.

[6] 刘薇. PPP高质量发展：规范与绩效 [M]. 北京：经济科学出版社，2020.

[7] 马蔡琛. 构建中的预算绩效指标框架：理论与实践 [M]. 太原：山西经济出版社，2020.

[8] 王天义，刘世坚，罗桂连，邬彩霞. PPP：从理论到实践 [M]. 北京：中信出版社，2018.

本章主要参考文献

[1] 陈志勇，毛晖，张春雨，林诗贤. 部门预算绩效评价结果应用：现状与展望 [J]. 财政监督，2019（24）.

[2] 范永彬，侯植桓，杨默. 浅谈政府和社会资本合作项目绩效管理 [J]. 建筑与预算，2020（02）.

[3] 何永浪，吴宗法. 发展结果导向的公共项目绩效管理理念 [J]. 当代经济管理，2009，31（01）.

[4] 姜楠，高斌. PPP项目绩效管理研究 [J]. 项目管理技术，2020，18（06）.

[5] 焦军，秦士坤. 绩效管理溯源与PPP项目绩效指标应用研究 [J]. 中国政府采购，2020（04）.

[6] 李春根，徐乐.预算绩效评价结果应用的现状与优化[J].中国行政管理，2019（10）.

[7] 马海涛，曹堂哲，王红梅.预算绩效管理理论与实践[M].北京：中国财政经济出版社，2020.

[8] 马海涛，孙欣.预算绩效评价结果应用研究[J].中央财经大学学报，2020（02）.

[9] 上海市财政局.全方位、多渠道加强绩效评价结果应用——上海市2013年度市民热线建设运行服务外包经费绩效评价项目解读[J].财政监督，2015（18）.

[10] 孙欣，马海涛.我国预算绩效评价结果应用：主要模式、问题及对策[J].经济研究参考，2019（11）.

[11] 吴雪芬.对地方财政支出绩效评价结果应用的探讨[J].财政科学，2019（04）.

[12] 夏颖哲.建立健全PPP项目绩效管理体系[J].中国财政，2019（24）.

[13] 杨元宗，郁春松，程鹏.PPP项目绩效考核与绩效评价[J].中国招标，2020（07）.

[14] 张晓庆，李兰霞，张馨予.PPP项目绩效审计评价指标体系实践运用[J].现代审计与经济，2019（06）.

[15] 赵周杰.基于全生命周期管理的PPP项目绩效管理体系研究[J].财政科学，2020（05）.

第七章 PPP 项目管理国际比较与展望

内容提要

20 世纪末，PPP 在英国开始推广运用，PPP 理念在全世界范围内迅速传播，已成为部分西方发达国家与新兴经济体的重要投融资手段。自 2014 年以来我国大力推广的 PPP 模式正是充分借鉴了其他国家的探索经验。在不断地完善与发展之中，PPP 并没有形成固定的实施模式，不同国家之间在 PPP 应用方面存在着较大的差异。因此，有必要梳理总结各国在 PPP 领域的实践经验，从而为我国的 PPP 项目管理提供一定的启示。本章选取了美国、英国、日本作为分析对象，通过其主管部门的相关网站获取各国 PPP 实施的最新进展，此外，还进一步对国际学术界对 PPP 领域的相关研究进行了静态与动态分析，从而更好地把握全球范围内 PPP 的发展方向。最后，总结了 PPP 的全球化趋势及国际组织在其中扮演的重要角色。

▶ 第一节　美　国

美国与我国在国土面积、经济规模等方面有着一定的相似性，对我国的PPP项目管理有着一定的借鉴意义。

一、美国PPP应用模式简介

美国在交通等领域有着丰富的PPP项目管理经验，并建立了较为完善的政策框架。本节以交通领域为例，结合美国联邦公路局（Federal Highway Administration，FHWA）对PPP的相关专栏介绍，[①]梳理美国的PPP项目管理经验。

美国的PPP模式主要包括DB（Design—Build）和DBF（Design—Build—Finance）、DBFOM（Design—Build—Finance—Operate—Maintain）等类型，与其他国家注重PPP融资功能不同，美国的PPP模式起初作为重要的项目管理工具，通过将设计与建设打包在一起从而降低建设不确定性。PPP在美国的新建基础设施与存量基础设施中均有所应用。新建设施的PPP项目可能涉及建造新的地面运输资产或对现有设施进行现代化升级或扩展。这些项目的典型结构是将设计、建造、融资、运营、维护特许权捆绑在一起，并在特许权期限内将设计、建造、融资以及长期运营和维护的职责转移给私营部门合作伙伴，即DBFOM模式。在美国，DBFOM已用于收费公路、水路口（桥梁和隧道）、有价收费的车道和过境项目。DBFOM的特许权通常会延续30—50年甚至更长的时间，并且是在竞争性招标条件下授予的。可以预期，DBFOM采购将把开发和运营运输基础设施的大量责任转移给私营部门合

① 美国联邦公路局网址：https：//highways.dot.gov/。

作伙伴。在几乎所有情况下，赞助项目的公共机构都拥有该项目的全部所有权。许多组织可以作为DBFOM安排中的公共赞助商，包括州交通运输部、收费机构、运输机构和地方政府。

融资方面，美国DBFOM融资责任很大程度上转移到了私营部门。所有DBFOM项目的共同点是，项目中的部分债务或全部债务通过利用项目专用收入流来筹集资金。通行费和可用性付款是最常见的收入来源。未来的收入被用来发行债券或其他债务，这些债券或债务为资本和项目开发成本提供资金。通常，从这些收入流中筹集的资金会得到项目发起人的赠款和其他捐款（例如通行权或补充建设项目）的补充。在某些情况下，私人合伙人也会进行股权投资。鉴于美国公共部门机构具有发行低息、免税债务的能力，公共项目发起人发行债务通常比私营部门合作伙伴更具成本效益。但是，诸如私人活动债券之类的联邦融资工具有助于降低私人合伙人的借贷成本。最终，私人融资项目的成本溢价应被私人合作伙伴参与所产生的其他项目执行效率所抵消，以便为项目发起人提供净收益。这些效率来自包括设计或构造的创新或生命周期运营和维护成本的节省。

尽管融资能力通常会激发对PPP采购的最初考虑，但在适当的条件下，特许经营产生的激励措施还可能通过改善资产管理以及按时按预算交付来为公共部门带来更大的潜在价值。美国联邦公路局认为使用DBFOM优惠来运营运输项目的最重要的潜在好处包括：风险分担保护项目发起人免受负面事件的代价和后果；与传统的公共部门项目计划和交付方法相比，项目交付速度更快；引入项目建设和生命周期成本效率，并通过使用创新材料和管理技术提高质量和系统性能，这可能会提高初始质量，从而将长期维护和运营成本降至最低；能够运用特殊的合同激励措施和激励措施来改善项目绩效和运营效率；风险的最佳分配，即将某些项目风险分配给私营部门（例如，融资、进度、长期运营和维护），将其他风险保留给公共机构（例如，计划管理、环境许可、许可和通行权取得）；使用私人融资资源和人员释放受约束的公共资源以满足其他需求；获得新的私人资本来源，同时利用稀缺的公共资源并维护公共部门的债务能力。

当前美国新建的交通PPP项目主要集中于少数地区，如佛罗里达、加利福尼亚、得克萨斯和弗吉尼亚州等，且有相当数量的PPP项目正在修建之中。

对于美国现有的交通基础设施，PPP特许权可用于在规定的时间段内将现有的公共收费通行设施出租给私营部门的投资者运营商，在此期间，他们有权收取通行费。作为交换，私人伙伴必须运营和维护该设施，并在某些情况下对其进行改进。私人合作伙伴还必须支付经营权和保留通行费收入的前期特许权费。长期租赁通常以竞争性方式获得，合格的竞标者获得的奖项是对赞助机构最有吸引力的报价。授予长期租赁特许权的最重要标准通常是特许权费用的金额。其他标准可能包括特许权期限的长短以及投标人的信誉和专业资格。考虑租赁选择的收费公路所有者通常会对租赁交易的公平市场价值进行全面评估，以免低估资产的价值。其他政策问题可以通过法律条款和条件解决，以确保租赁交易的公平性。考虑使用长期租赁交易的公共机构可能会面临一定的风险，如失去对通行费率的控制、公共部门收入流失、潜在的负担性收费增加、私营部门股权收益不均、引导通行费收益远离运输目的等，这些问题的含义取决于所涉及的设施以及解决或减轻其影响的方法。而长期租赁特许权的潜在好处包括：通过将收费设置责任转移给私营部门来实现收费设置过程的非政治化；能够减少正在进行的公共部门运营，维护和资本改善成本；加速新建筑或需要的维护以及租赁设施的资本改善；在收费公路表现不佳的情况下进行债务重组，有违约风险；能够产生可用于资助其他交通改善的大量前期租赁付款；向私营部门的风险（主要是交通和收入风险）转移；通过应用私营部门的运营和维护效率来改善资产管理。如与新建PPP项目相比，现有交通基础设施的长期租赁项目数量相对较少，主要包括芝加哥高架公路、印第安纳州收费公路、俄亥俄州立大学停车设施等项目。

美国的PPP项目涉及法规种类繁多。采购流程的步骤、必要的授权以及合格的PPP项目和私人合作伙伴的定义因州而异。美国在36个州、哥伦比亚特区和波多黎各实施了与交通有关的PPP项目的法定框架。

二、美国PPP项目管理

美国的交通PPP项目建立了一定的扣费机制，即当社会资本的绩效指标不合格时，会给了一定的整改时间，并根据绩效不达标情况进行扣费。以某交通PPP项目为例，考核指标包括是否按时递交季度运营报告、文件管理、项目保险、按时养护检测等。绩效指标分为3级，每一级对应不同的整改时间和点数。如果在整改时间内，不达标指标没有得到纠正，项目公司会被扣相应点数；如果该不达标指标持续得不到纠正，每经过一个整改时间段，点数就会重复扣减。扣费模式采用二阶段模式，扣费的上限是当月或季度所有的运维付费。如果不达标点数和不达标指标累积到一定数量，就会导致项目公司违约，如果违约没有在规定时间内得以整改，政府有权终止合同。

三、案例分析：美国丹佛市EaglePPP项目

美国Eagle项目是RTD FasTracks计划的一部分，该计划是一项经选民批准的

计划，旨在整个丹佛大都会地区扩展铁路和公交运输。FasTracks包括122英里的通勤铁路和轻轨，18英里的公共汽车快速运输服务，丹佛联合车站（DUS）的重建、21000个新停车位以及其他改进。项目总资金为22亿美元，其中包括10.3亿美元的联邦资金、4.5亿美元的私人融资，合同期限34年。项目于2016年开始，科罗拉多大学A线于2016年4月22日启动，B线于2016年7月25日开放，G线于2019年4月26日开放。

根据明树数据收集的Eagle项目合同信息[①]，Eagle项目运维绩效指标主要针对轻轨系统的运营，包括电梯、车辆、设施、安全系统、站场、垃圾管理、除雪和除冰、检票等，每一项运维指标都有相应达标要求，整改时间和不达标所扣减的点数。如果在规定的整改时间内，不合格的运维指标仍未得以整改，就会被扣掉相应的点数。如果运维指标一直得不到整改，则每12个小时，所扣点数增加25%。如果运维指标在48小时之后，仍未达标，或者某些运维指标经常不达标，社会资本需要提交整改行动计划。每月只有点数超过50点才会有扣费，扣费最高比例为5%。为规范轻轨系统运维、方便政府方以及相关检查机关的监管，项目公司须建立一个信息管理系统。所有的运维事项及运维指标达标情况都必须记录在该系统里。要求项目公司每天报告项目运营情况，另外，每月、每季度和每年也有项目汇总报告的要求。信息管理系统必须记录每项绩效指标，以及发现不达标后的最后整改的时间。政府方有权不定期地对绩效指标进行审核，对照项目公司的记录或者进行实地检查。如果项目公司发现有任何指标不达标，须及时向政府方汇报，并记录发现时间和最后整改的时间。对可用性的监管，也是根据项目运营信息管理系统记录的数据，自动按月计算可用性参数以及可能的扣费。如果不达标的运维指标未在48小时内改正，或者某些运维指标经常不达标，社会资本须提交整改行动计划。如果社会资本没有提交整改行动计划，或者没有按照整改行动计划实施，每一项指标每个月会被扣10点，直到运维指标达标。

① 参见明树数据报告：《可用性付费模式应用的国际经验总结与借鉴——以交通基础设施项目为例》。

第二节 英 国

英国的PFI（Private Finance Initiative）和PF2（Private Finance 2）模式对我国PPP模式操作流程的制订有着深远的影响。尽管当前英国政府宣布不再应用PF2模式进行基础设施投资，但其成熟的项目管理模式与物有所值理念仍然值得借鉴。

一、英国PPP应用模式简介

英国是PPP制度最为成熟的地区之一，也是现代PPP模式的发源地。PFI最初由总理约翰·梅杰（John Major）于1992年发起，是更广泛的私有化和金融化计划的一部分，并被视为提高公共支出的问责制和效率的一种手段。PFI称为PPP采购方法的子集，其主要特征是使用项目融资（使用私营部门的债务和股本，由公众承保）以提供公共服务。在英国政府网站上，PPP被定义为“是公共部门实体和私营部门提供者之间的长期合同安排。私营部门供应商从事基础设施资产和相关服务的设计、建设、融资、维护和运营。与工程延误、成本超支和资产维护相关的风险转移给私营部门合作伙伴”。PPP在英国已被用于提供基础设施投资，包括医院、学校、道路、监狱、废物管理和废物能源基础设施、住房以及军用住宿设备。

为了评估项目是否适用于PFI，英国建立了较为详尽的物有所值（VFM）评估流程，以帮助发起人验证相对于传统模式，PFI模式是否是更优的选择。VFM包含定量与定性分析，在开始评估阶段，发起人将通过定量与定性的分析在项目集层面来判定某项目是否物有所值，此后再根据项目方案从项目层面进行更为深入的分析。若此前阶段项目均通过了评估，则最终从采购层面分析PFI的物有所值。1997—2010年，英国政府平均每年签订55份PPP合同。而自2010年5月以来，已经签署了84份合同，平均每年9份。[①]直到2012年,PPP一直是政府首选的公私伙伴关系模式。2012年，传统的PFI被PF2取代，以回应对资金价值的广泛关注。PF2对PFI的改进包括：集中政府部门和政府部门的采购，增加财政部在采购过程中的参与，并将对公共财政计划的所有公共部门投资的管理移至财政部的中央部门；在较早的阶段吸引资金提供者进入项目，以减少出售时的意外情况；从PFI计划中排除可能在短时间内更改规范（例如餐饮和清洁）的“软服务”；减少银行债务在融资中的作用；提高公共和私营部门参与者的透明度和问责制；增加公共部门承担的风险比例。PF2此后仅仅使用了6次，其主要原因是改进以后的PF2模式对物有所值的要求更高，导致较少项目能够通过前期的物有所值评价。PFI与PF2也因其不灵活而受到公共账户委员会的批评，而预算责任办公室已将私人融资举措认定为政府的财政风险。此外，曾是许多PFI业务接受者的大型建筑公司Carillion破产，这对PFI业务产生了重大影响。在2018年预算中，英国财政大臣宣布政府将不再在新的政府项目中使用PF2（现有的PFI和PF2合同将不会终止）。但这并不影响权力下放机构（包括苏格兰和威尔士，它们都有自己的公私伙伴关系模式）。截至2018年3月31日，共有704个PFI和PF2项目，其中700个在运行，4个在建设中。考虑到通货膨胀因素，未来30年，这704个项目的预计总支出为1883.5亿英镑。

英国国内对单个PPP项目的批评主要包括：PFI和PF2比常规的公共工程贵；企业获得了过多的利润；与PFI业务相关的债务是资产负债表以外债务，不包括在政府债务余额中等。尽管对PFI和PF2的批评源于企业的超额利润，但决定不再使用PFI和PF2的主要原因是PFI和PF2会增加财政风险（形成财政错觉），并且PFI和PF2业务不能长期自由更改合同。无法完全理解公共部门转移给私营公司的风险也是PFI和PF2失败的主要原因，这主要是由于无法理解竞争对手的投标人所提供的质量差异所致，因为采购决策受价格驱动，从而导致最终产品的质量较低。英国国家审计署已经确定，到2020—2021财年，社会和经济基础设施的需求将超过3000亿英镑（国家审计署，2018）。面对这些巨大的需求，公共部门在财务上无法排除私营部门。由于利用私人资金的需求仍然很高，英国政府还宣布将继续促进将私人资金用于基础设施投资。

英国PPP项目管理经验为我国PPP实践带来了一定的启示。PFI产生的财政支出责任对公共机构的财务状况产生重大影响。PFI合同通常在资产负债表外，这意味着它们不会作为国债的一部分出现。这种财政技术的特点既是PFI的好处，也是

---

① 英国政府网站，网址：https：//www.gov.uk/government/publications/private–finance–initiative–process。

其缺点。由于政府部门实施PPP的动机可能包括物有所值、资产负债表外融资等，在我国当前的会计准则下，PPP并未体现在政府的资产负债表中，因此政府可能基于资产负债表外融资目的而忽视PPP项目的物有所值，这也是英国叫停PPP模式的重要原因。但是，这并不代表对PPP的全面否定，PPP项目管理需要结合自身背景进行灵活的调整。

二、英国PPP项目管理

英国财政部（Her Majesty's Treasury，HM Treasury）认为项目治理安排需要大量的时间和精力，有时是需要在政府部门的最高级别进行安排以使项目治理安排正确运行，并为利益相关者提供对安排的信心。项目的治理结构需要在项目的生命周期中不断发展，因此当它从一个阶段转移到另一个阶段时，应该定期对其进行审查。每个阶段的结构都需要考虑该阶段的要求，由此产生的安排应包括在项目批准和业务案例提交中并说明理由，以便利益相关方审查其充分性。项目治理结构也应该作为独立项目评审的参考文件。项目计划应强调关键的授权点，并将其与项目治理会议的时间表或其他利益相关方的参与点联系起来。项目治理结构的主要目标包括：在管理局内为项目交付规定责任和问责线；让管理局的利益相关方有能力管理他们对项目的偏好；通过提供资源、给予指导、促成权衡和及时决策，支持管理局的项目小组交付所需成果；提供解决问题的平台；提供获得最佳做法和独立专家建议的途径；通过向利益攸关方报告来传播信息，以便他们能够有效发挥作用；为项目披露提供框架。[①]

三、案例分析：英国伦敦市M25高速公路

M25是欧洲最繁忙的高速公路之一，是围绕伦敦的重要战略轨道路线。M25构成了英国高速公路网络的枢纽，每天最多有20万辆车辆通行。2009年，英国公路局签署了一项为期30年的PFI合同，以扩建M25高速公路的两个部分，并维持整条125英里长的道路，包括达特福德十字路口。M25高速公路的DBFO合同为期30年，在此期间，Connect Plus财团将负责扩展M25的关键部分，并提供整条道路的运营和维护服务以及生命周期的更换，包括进出伦敦的战略性道路连接，总共250英

① 英国政府网站，网址：https：//assets.publishing.service.gov.uk/government/uploads/system/uploads/attachment_data/file/225314/01_ppp_projectgovernanceguidance231107.pdf。

里。根据PFI的条款，公路局必须每年向私营承包商支付费用，以扩展，维护和运营M25。该财团主要通过贷款提供大部分初始资金，并通过在合同期限内降低成本盈利。该项目的总成本（包括运营和维护）为62亿英镑。

由于M25高速公路交通繁忙，项目采用可用性支付机制，而非拥堵管理支付机制。可用性付款取决于车道可用性、条件标准和性能指标。为了实现其目标，英国公路署（Highways Agency，HA）制定了七个关键的项目级绩效指标：可靠性：实施一个交付行动计划，解决战略道路网络上不可靠的行程；重大项目：按时交付并预算战略道路网上的主要方案；安全：实现医院管理局同意的全国道路伤亡减少目标的比例；维护：将战略道路网络保持在安全可靠的状态，实现物有所值；碳排放：通过降低HA的排放，为减少二氧化碳排放的国家和国际目标做出贡献；客户满意度：提供高水平的道路用户满意度；效率：为公路署的效率目标作出贡献。公路署通过其网络，推行多项措施，以达其目标和宗旨，并采用表现指标，在计划和项目层面上指导和监察其行动。

除了运营和维护质量管理计划之外，资产管理计划、月度进度报告、月度会议、绩效记分卡、检查、审计和智能交通系统的使用等其他工具和技术也通常包含在PFI合作协议中。每一项都有特定的管理路线。一般来说，特许公司负责独立和诚信地应用这些技术中的大部分，并向业主报告结果。然而，在某些情况下，结果通过管理链传递，这可能涉及检查工程师、审计员、项目主管和其他对项目感兴趣的第三方实体。在其他情况下，业主进行调查，以确定特许公司在达到项目目标和性能标准方面的成功程度。大多数项目将这些技术与运营和维护质量管理计划相结合，从而确保问责制。

M25项目的支付机制用于根据五个类别的绩效水平来奖励或惩罚项目承包商：（1）车道可用性，用于评估交通流量的充足性和行驶车道的可用性。每月对这一支付机制要素进行调整，以应对因计划维护和维修活动期间的交通管理行动而导致的出行公众延误。这个设定是为了激励项目承包商通过计划和执行维护和修理行动对旅行者的影响达到最小。（2）路线性能，它评估行程时间的可靠性和事故的影响。当旅行时间非常可靠时，将在每月发放奖金，当旅行时间与标准有显著差异时，则每月扣款。（3）条件标准，评估行驶质量、道路缺陷和技术系统。对于未能满足乘坐质量的情况，每月进行扣款或纠正严重的道路缺陷，以及主要用于通知公众或协助道路管理的技术系统的任何损失。（4）安全性能，用于评估道路安全。如果道路在确定的安全指标上显示出正趋势或负趋势，则进行年度奖金支付或扣减。（5）主动管理，这一要素的目的是激励建筑承包商与公路署积极合作，从而在优先事项或目标发生变化时保障建筑承包商与公路署的合作。

本项目各项扣费和奖励付费项目的要求和奖惩措施如表7-1所示。

表7-1　　　　　　　　英国M25项目绩效付费要求

扣费/奖励项目	要求	绩效达标或不达标后果
车道可用性	及时对道路进行维护保养、避免延误	如果由于车道关闭、缩窄、临时限速导致交通量下降，将对项目公司进行扣费，本项为最重要的绩效评估要素，不罚款的情形有： 1.在扩宽通道时，事先获得批准封闭部分路段； 2.基于紧急维护施工需要，对夜间核心路段进行封闭； 3.突发事件和意外事故
道路状况	保持道路安全、可用的条件	若未达到将进行扣费
线路绩效	缩短交通时间、提高交通线路效率	根据实际绩效进行奖励或扣费
安全绩效	降低严重受伤或死亡事故数	根据实际绩效进行奖励或扣费
突发事件管理： 特殊情况 重大事故	保持道路运行、避免拥堵	若由于未留出可用通道而造成使用者不便，则会产生扣费；根据是否在2小时目标时间内重新开放道路进行奖励或罚款
积极管理奖励	连续性改善	若积极地与高速交通局配合实现项目目标，将对项目公司进行奖励

资料来源：《可用性付费模式应用的国际经验总结与借鉴——以交通基础设施项目为例》。

第三节 日 本

日本是亚洲国家中较早开展PPP投资的国家之一，且建立了较为完备的政策体系，其物有所值理念深受英国PFI模式的影响。

一、日本PPP应用模式简介

日本有着长期且丰富的PPP实践经验，其主要实践模式充分借鉴了英国的PFI。日本早在1999年7月便颁布了《关于通过利用私人资金等促进公共设施改善的法律》(以下简称《PFI法》)，此外，日本政府还出台了《物有所值指南》《风险共享指南》《合同指南》和《监督指南》等具体引导规则。政府在与私人资金利用业务促进委员会（PFI促进委员会）讨论之后制定了指示PFI的"基本政策"，并建立了PFI业务框架。日本PFI的实施范围包括道路、铁路、港口、政府大楼等公共设施以及公共住房、教育和文化设施、废物处理设施、医疗设施、社会福利设施、康复和保护设施、停车场、地下商场等公益设施。大多数项目是建造—转让—运营（BTO）项目，用于建造新的基础设施，例如政府建筑物和当地公共设施。但是，由于人口老龄化和人口减少，日本对新基础设施的需求正在减少。为了反映不断变化的需求，日本政府已将维护和翻新现有基础设施列为国家优先事项。对于这些项目，鉴于国家和地方政府面临的严峻财政状况以及政府对设施的处理通常效率低下，政府正在寻求私营部门的支持。

截至2019年3月，日本已实施740个PPP项目，总规模超过6.24万亿日元。近20年来，日本PPP项目数量呈现稳步推进状态。如表7–2所示（括号内为2018年年度实施数量），其中数量最多的PPP类型为教育文化（250个）、城镇建设（171个）、健康环境（113个），日本PFI项目主要集中在福利领域，由政府提供福利设施，且无法向使用者收费，因此在所有项目中，收入主要来源于政府部门，从公共部门获得收入的项目占70%。日本PPP项目绝大多数实施机构为地方政府。[①]日本各地区均有PPP的实际应用，其区域分布较为均衡。

表7-2　　　　日本分类别PPP项目实施数量

类型	主体类别			数量合计
	国家	地方政府	其他	
教育文化	3	207（29）	40（2）	250（31）
福利设施	0	24（1）	0	24（1）
健康环境	0	111（7）	2	113（7）
产业	0	18（5）	0	18（5）
城镇建设	18（1）	151（20）	2	171（21）
警察、消防设施	8	18	0	26
办公大楼、宿舍	45（2）	16（1）	6（2）	67（5）
其他	7	63（3）	1	71（3）
合计	81（3）	608（66）	51（4）	740（73）

资料来源：日本内阁府网站。

日本有着专门的PFI/PPP协会，作为非营利性组织，其设立目的是为地方政府和私营部门组织相关活动，以加强其对PFI/PPP项目方法和实施程序的理解，并向政府和相关组织提出政策建议。[②]其活动内容包括：（1）促进PFI/PPP业务的启发和传播；（2）实施PFI/PPP项目的教育与资格制度；（3）提出关于实现PFI/PPP项目所需的放松管制措施的建议；（4）建立与征募PFI/PPP项目和开展调查支持活动有关的咨询台；（5）PFI/PPP业务的总体管理、监控、争端咨询点的实施等；（6）提供PFI/PPP业务信息收集；（7）建立参与PFI/PPP项目的全国人员网络；（8）PFI/PPP业务海外信息维护和海外项目调查；（9）计划、制作和出版与PFI/PPP业务有关的书籍、视频和其他出版物；（10）为PFI/PPP项目、第三部门项目等提供咨询服务。

PPP在日本也被作为一种缓解地方财政压力的手段，如日本PFI/PPP协会制作了《全国公共设施白皮书》，并称“目前，全国各地的地方政府都处于非常困难的财政状况。其中，在20世纪40年代和50年代建造的教育设施，住房等公共设施的

① 日本内阁府网站，网址：https：//www8.cao.go.jp/pfi/pfi_jouhou/pfi_genjou/pfi_genjou.html。

② 日本PFI/PPP协会网址：http：//www.pfikyokai.or.jp/index.html。

大规模维修以及重建工作的财务问题终于浮出水面。在这种情况下，一些地方政府以制定和公开公共设施白皮书的形式，尽快解决这一问题。令日本政府感到担忧的是，预计在未来10—20年内大规模维修破旧的设施的费用将是巨大的，且找不到它们所需的财政资源。在日益严重的财政困难中，减少公共设施的总占地面积、减少公共设施的维护和运营成本以及有效利用公共财产是每个地方政府的当务之急。将来，协会将关注公共设施的适当放置问题，并尝试使PFI/PPP方法有助于解决每个地方政府面临的问题”。由此可见，PPP在日本的保障基础设施建设、缓解地方财政压力中发挥了重要作用。

二、日本PPP项目管理

高欢欢（2017）对日本PFI模式的管理特色进行了细致地总结。日本有很多专业从事大型工程项目管理及PFI项目咨询的管理顾问公司，可以在PFI项目进展的不同阶段提供不同的专业咨询服务。在PFI项目前期调研阶段，发起机构会委托管理顾问公司对项目条件和前景进行分析和评估；PFI项目确定后，发起机构会举办PFI学习班；在PFI项目实施阶段，项目公司也需要聘请管理顾问指导PFI项目实施，同时发起机构需要聘请外部专家对PFI项目进行监督和评价。

日本PPP项目管理以VFM最大化为标准，实行项目实施全过程监督，项目发起部门通常具有项目监督职能，因此各省、院、厅以及地方公共团体有权对其发起的PFI项目实施状况及服务质量进行监督。在监督检查过程中，需聘请外部专家收集PFI项目实施状况及服务质量的相关信息并评价，并根据外部专家的意见，判断PFI项目实施是否与合同背离，发现有不符合规定的，有权要求其更正或终止合同、取缔项目。通常地方公共团体在发起PFI项目时，都首先成立专门的管理机构，负责项目前期调查、项目招标、中期检查等工作的组织和协调。同时，PFI项目是否符合接受政府补助金的条件，需经过其所属部委的评估确认。

在传统公共产品的生产和供给过程中，政府公共部门承担大部分风险。引入PFI模式后，提供公共产品和服务产生的风险由公私双方共同承担，可以由私营主体承担的风险尽量由私营主体承担，政府公共部门承担私营主体所不能承担的风险。根据双方委托—代理协议，签订详细的项目契约，合理划分职责权限以及所承担的风险，其中合理界定风险性质是关键。项目风险由政府公共部门转移给私营主体后，风险责任明确，可提升私营主体对风险管理的动力，弥补政府工作的不足。在PFI模式中，工程的设计、施工以及完工后的维护、管理和运营全部由政府部门委托给私营主体，公私双方为纯粹的委托—代理关系。私营主体是公共产品的供给者与管理者，可以充分运用其资本优势、先进技术、成熟管理经验，使公共产品供给方式由政府组织型向市场组织型转变，弥补政府提供公共产品过程中存在的供给不足与效率低下的问题。同时，由于建设资金主要由私营主体承担融资成本，在一定程度上缓解了财政压力。日本PFI模式实质上是私营主体经营公共事业，私营主体承担主要经营责任，但由于私营主体提供的是公共产品，因此政府公共部门在整个产品生产和供给期间一直负有责任。

三、案例分析：日本北九州市立思永中学校整改项目

北九州市人口约97万人，为了整改当地校舍，确保学校的耐震性，当地使用PFI（BTO）模式引入社会资本，项目占地面积约为28101平方米，合作期限为17年，其中设计与建设2年，运营期15年。项目总投资约31亿日元。

本项目的实施方案提及：[①]本项目根据《PFI法》选定社会资本，并在进行学校设施的设计和建设后，向市政府转移所有权。在运营阶段，社会资本与市政府之间有着明确的责任分担，其中市政府承担的责任包括：由于本项目相关市的责任事由导致维护管理、运营开始延迟；根据市政府的指示，要求水平等的变更；市政府事由导致学校设施、设备等的劣化；市政府事由引起的学校设施、设备等的损伤；市政府事由对学校设施、设备等进行修缮、修改；根据市政府的指示，本项目相关的维护管理和运营费的变动。社会资本承担的责任包括：因与本项目相关的上述以外事由（不可抗力及法令变更除外）导致的维护管理、运营开始时间延迟；民间收益事业的维护管理、运营开始时间延迟；要求水平等未达标、不合格等（包括施工不良）；其他事由（不可抗力除外）导致学校设施、设备等的劣化；民间收益设施、设备等的劣化；其他事由（不可抗力除外）造成的学校设施、设备等的损伤；民间收益设施、设备等的损伤；根据其他事由修理、修改学校设施、设备等；民间收益设施的修缮、修改；其他事由（不可抗力、法令变更及物价变动除外）导致本项目相关维护管理及运营费增减；民间收益设施的维护管理和运营费的增减。

① 项目实施方案链接：https：//www8.cao.go.jp/pfi/pfi_jouhou/jigyou/shousai/pdf/fukuoka/180227jissihousin.pdf。

第四节　国际PPP研究动态

随着PPP在各国的广泛传播，相关研究也在不断地动态演化之中。梳理国际PPP研究动态有助于从文献角度梳理PPP的关键逻辑。

一、文献概要

PPP在各国有着不同的应用经验，有必要梳理国际学术界的PPP研究动态，从而为我国的PPP项目管理提供借鉴。基于WoS（Web of Science）数据库，本书收集了1990—2020年8月的1390份PPP相关核心研究文献。①其中期刊来源有573份，相关作者2859位。将文献数量按年份进行展示（见图7-1），可知PPP相关文献在近10年来有着较快的增长趋势，其中2018年达到了峰值，共计164篇。这一趋势与PPP在新兴国家的推广有着直接关系，PPP自20世纪90年代起在英国、澳大利亚等发达国家初步应用，后来逐步扩散至印度、中国、巴西等新兴经济体，PPP的全球化趋势也使相关研究呈现加速增长态势。

尽管PPP相关研究逐步增多，但由图7-2可知，PPP文献的引用却在2008年前后达到峰值，这一时期出现了大量具有影响力的研究成果。尽管那一时期我国并未大规模推广PPP，但是国内亦有一系列相关研究开始关注PPP项目风险管理、失败原因等，也成为PPP推广初期重要的参考文献。

① 检索方式为“标题=public-privatepartnership” or：“标题=PPP” and “主题=public-privatepartnership”，索引为“SCI-EXPANDED”或“SSCI”。

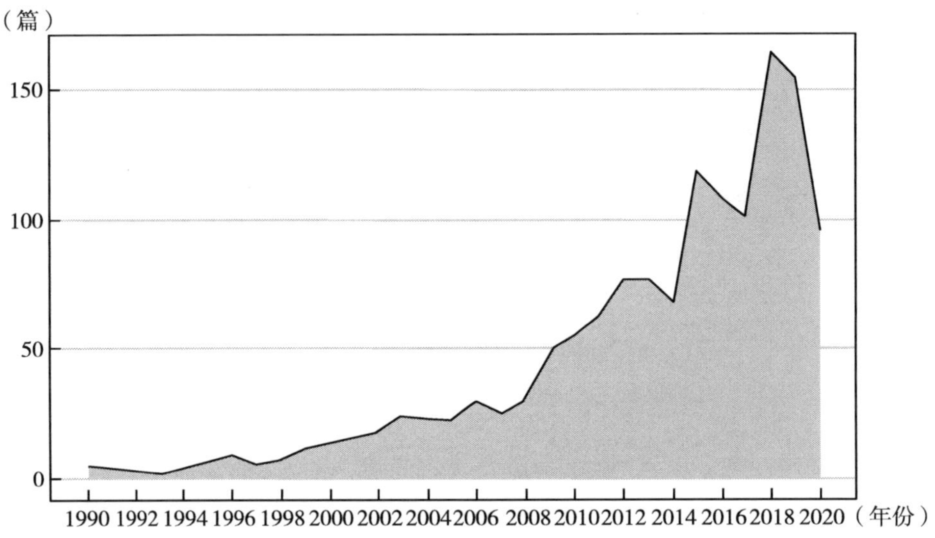

图7-1　PPP相关文献在各年份的分布

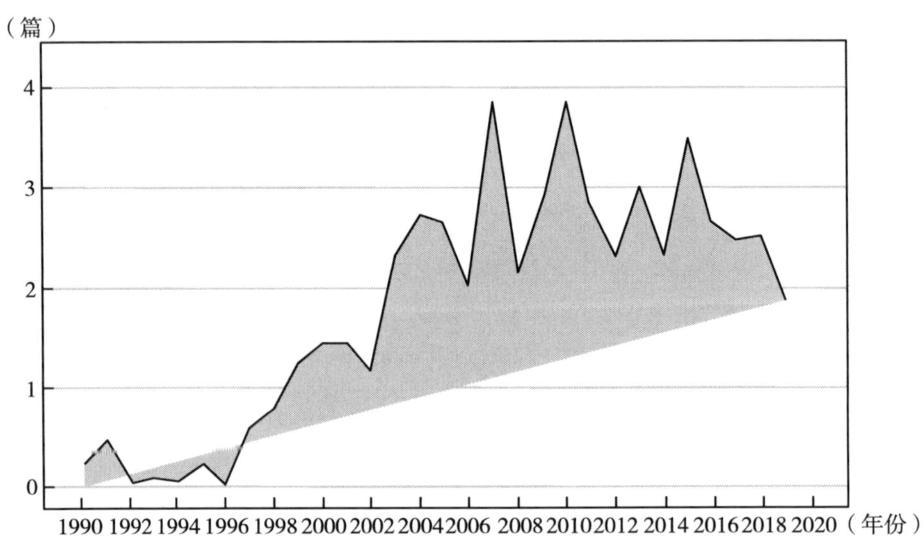

图7-2　PPP相关文献在各年份的平均引用量

本书对期刊发表PPP相关文献数量进行统计（见表7-3），可知《Sustainability》刊发的相关文献数量最多，为58篇，其次为《Journal of Management Inengineering》、《Journal of Construction Engineering and Management》等，工程、管理类期刊仍然是PPP文献的主要来源。从文献的时间分布上看，自2006年前后相关文献数量开始攀升，尤其是《Sustainability》，在近10年呈现指数型增长态势。

表7-3　　　　期刊发表PPP相关文献数量排名

排名	期刊名称	文献数量
1	Sustainability	58
2	Journal of Management Inengineering	44
3	Journal of Construction Engineering and Management	40
4	International Journal of Project Management	35
5	Transportation Research Record	29
6	Journal of Infrastructure Systems	22
7	Public Money & Management	22
8	International Journal of Strategicproperty Management	21
9	Public Performance & Management Review	19
10	Public Management Review	18
11	Journal of Cleaner Production	17
12	Engineering Construction and Architectural Management	14
13	Transport Policy	13
14	Transportation Research Part A-Policy and Practice	12
15	Utilitiespolicy	12

若从引用角度，期刊的排名将发生较大变化。如表7-4所示，若按h指数进行排名，[①]《International Journal of Project Management》排名第1位，其次为《Journal of Management in Engineering》《Journal of Construction Engineering and Management》等。而发文量最多的《Sustainability》仅位列第17位。从首次发表时间来看，有较多期刊从近10年才开始刊发PPP相关文献，这也反映了近10年PPP在全球范围内迅速扩散的趋势。

表7-4　　　　期刊发表PPP相关文献引用情况

排名	期刊名称	h指数	总引用	总发文	首次发表年
1	International Journal of Project Management	23	1615	35	2009
2	Journal of Management in Engineering	17	869	44	1998
3	Journal of Construction Engineering and Management	17	1365	40	2005

① h指数是用于衡量文献影响力的指标，从文献的数量与引用次数两个维度进行衡量。

续表

排名	期刊名称	h指数	总引用	总发文	首次发表年
4	Public Money & Management	15	622	22	1999
5	Journal of Infrastructure Systems	10	356	22	2010
6	International Journal of Strategic Property Management	10	257	21	2008
7	Public Performance & Management Review	10	249	19	2012
8	Public Management Review	10	267	18	2010
9	Bulletin of the World Health Organization	10	735	10	2000
10	Journal of Cleaner Production	9	229	17	2010
11	Public Administration Review	9	1051	10	2001
12	Transport Policy	8	221	13	2011
13	Health Affairs	8	209	10	1991
14	Public Administration	8	409	10	2005
15	International Review of Administrative Sciences	8	403	9	2004
16	Transport Reviews	8	276	9	2010
17	Sustainability	7	226	58	2011
18	Utilities Policy	7	96	12	2012
19	Environment And Planning C-Government and Policy	7	148	7	2002
20	International Journal of Tuberculosis and Lung Disease	7	154	7	2001

二、学者分布

对相关文献的作者信息进行整理并计算h指数进行排名（见表7-5），可发现华人学者在PPP研究领域占据了重要地位，如前10位中，来自香港理工大学的Albert Chan、悉尼科技大学的柯永建、香港科技大学的张学清、清华大学的王守清、东南大学的袁竞峰分别位列第1、2、3、5、8位，其发文数量均在14篇以上。从首次发文年份来看，这些学者的发表年份也大多始于2010年前后，反映了PPP领域在这段时期开始引起了学者的关注。

表7-5　　　　　　　　　　　　　作者文献引用信息

排名	作者	h指数	总引用次数（次）	总发文量（篇）	首次发表年份
1	CHAN APC	20	1557	40	2009
2	KE YJ（柯永健）	11	984	14	2009
3	ZHANG XQ（张学清）	11	712	14	2005
4	SKIBNIEWSKI MJ	10	329	20	2010
5	WANG SQ（王守清）	9	904	15	2007
6	SIEMIATYCKI M	9	297	14	2007
7	KLIJN EH	9	496	12	2003
8	YUAN JF（袁竞峰）	8	262	15	2010
9	MARQUES RC	8	316	12	2011
10	REEVES E	8	215	11	2003
11	XU YL	8	420	10	2010
12	YEUNG JFY	8	502	8	2010
13	XIONG W（熊伟）	7	149	13	2014
14	LOVE PED	7	187	11	2011
15	GEDDES RR	7	100	10	2013

进一步将主要学者的产出趋势进行作图（见图7–3，圆形的面积与每年的总发文成正比，而圆形的颜色深度与每年的引用数量成正比），可更清晰地观察到，2010年前后一些重要学者投入到这一领域并发表了较多研究成果，产出有着较强的连贯性，截至2020年8月，这一趋势仍在不断地延续之中。

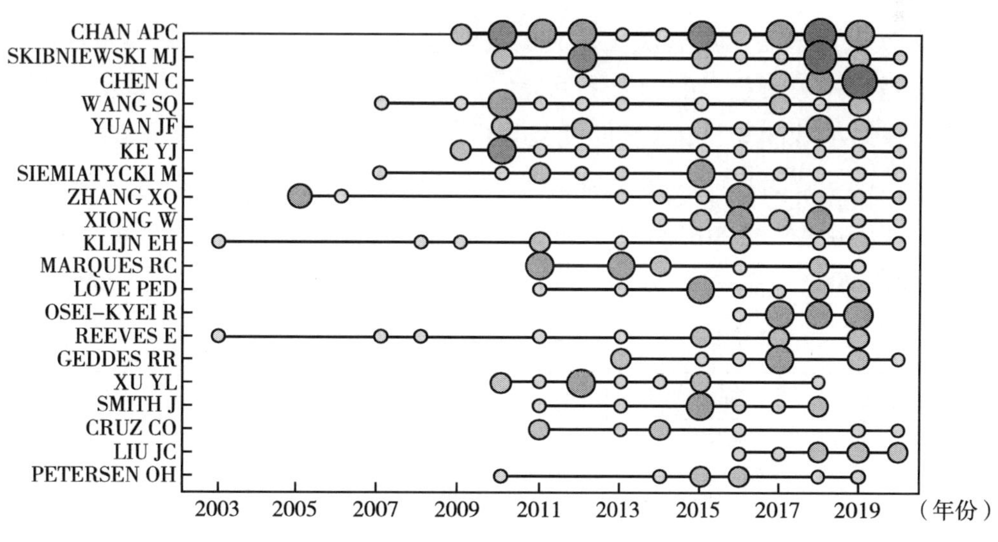

图7–3　学者产出的动态趋势

从发文机构来看，我国的大学同样占据了重要地位。按照文献数量进行排名（见表7–6），可发现香港理工大学、东南大学、马里兰大学分列前3，而在前15的机构中，共有6家机构来自我国。理工类高校成为PPP文献的主要研究阵地，这也反映了PPP相关研究主要集中于工程、管理类。

表7–6 机构发文数量

排名	机构	文献数量（篇）
1	香港理工大学	57
2	东南大学	28
3	马里兰大学	27
4	清华大学	26
5	科廷大学	24
6	大连理工大学	23
7	斯坦福大学	22
8	迪肯大学	21
9	多伦多大学	21
10	同济大学	20
11	安特卫普大学	20
12	马德里理工大学	20
13	康奈尔大学	19
14	伊拉斯谟大学	18
15	四川大学	18

从文献来源来看，尽管美国的PPP实际应用并不多，但相关研究仍然蓬勃发展，成为被引用数量最多的国家（见表7–7）。其次为中国、英国。作为全世界PPP应用数量最多的我国与PPP应用时间最早的英国，相关领域的研究有着较大的影响力。此外，排名较为靠前的澳大利亚、荷兰、加拿大等国均有着较为丰富的PPP实践经验。PPP初期在发达国家内广泛应用，后来才逐步扩散至新兴经济体，因此西方发达国家研究较多，未来来自新兴经济体的实践经验或将为PPP领域带来新的补充。

表7–7 被引用数量最多的国家 单位：次

排名	国家	总引用次数	文献平均引用次数
1	美国	4770	16.12
2	中国	4524	16.76
3	英国	2071	19.91
4	澳大利亚	1578	21.04

续表

排名	国家	总引用次数	文献平均引用次数
5	荷兰	1445	27.79
6	加拿大	742	16.13
7	瑞士	670	25.77
8	新加坡	456	35.08
9	意大利	448	12.80
10	葡萄牙	444	18.50
11	德国	438	18.25
12	西班牙	432	11.08
13	印度	399	13.30
14	比利时	398	15.92
15	法国	388	12.93

三、高被引文献及关键词分析

将文献按照引用数量排序如表7-8所示，可知PPP领域被引用数量最多的文献为Hodge和Greve于2007年发表的“Public-private partnerships：An international performance review”。在这篇文章中，作者对PPP绩效评估进行了重新的讨论，如PPP的定义、演变趋势等，成为理解PPP内在含义的重要文献。排名第2的为Hart在2003年发表的“Incomplete contracts and public ownership：Remarks and an application to public-private partnerships”，文中作者从合同角度对公私之间的界限进行了讨论，并建立了分析模型，为PPP与传统采购之间的优劣选择提供了分析框架。引用较高的文献多从PPP本质问题出发，分析政府与市场之间的关系以及PPP的内在含义，这也反映了PPP本身具有高度的模糊性，其应用不一定保证能够实现物有所值，应当注重其适用性，并用多学科的角度探讨其绩效表现。

表7-8　　高被引文献　　单位：次

排名	文献	总引用次数	年度引用次数
1	HODGE GA，2007，PUBLIC ADMIN REV	451	32.21
2	HART O，2003，ECON J	338	18.78
3	ZHANG XQ，2005，J CONSTR ENG M-a	322	20.13
4	BOVAIRD T，2004，INT REV ADM SCI	237	13.94
5	KWAK YH，2009，CALIF MANAGE REV	209	17.42

续表

排名	文献	总引用次数	年度引用次数
6	KE YJ，2010，INT J PROJ MANAG	202	18.36
7	KLIJN EH，2003，PUBLIC MONEY MANAGE	192	10.67
8	BRINKERHOFF DW，2011，PUBLIC ADMIN DEVELOP	174	17.40
9	BUSE K，2000，B WORLD HEALTH ORGAN	172	8.19
10	NWAKA S，2003，NAT REV DRUG DISCOV	171	9.50
11	XU YL，2010，AUTOMAT CONSTR	157	14.27
12	NARROD C，2009，FOOD POLICY	153	12.75
13	LINDER SH，1999，AM BEHAV SCI	153	6.95
14	BUSE K，2007，SOC SCI MED	147	10.50
15	BLOOMFIELD P，2006，PUBLIC ADMIN REV	147	9.80

对关键词进行词频统计，可知排名前十五位的关键词分别为“管理”“绩效”“项目”“基础设施”“治理”“模型”“公私合营”“关键成功因素”“ppp”“部门”“合同”“政策”“风险”“基础设施项目”“中国”（见图7–4）。这反映了PPP项目绩效管理在PPP文献中占据了极为重要的地位，有大量文献致力于总结PPP项目成功/失败经验，从而提高PPP项目绩效。此外，“中国”是唯一一个以国家名称出现的高频关键词，这反映了国内的PPP市场引起了国际学术界较大的关注，这可能与我国独有的制度安排与丰富的PPP实践经验有关，深入挖掘我国的PPP实践经验可以为其他国家的PPP实施提供一定的参考借鉴。

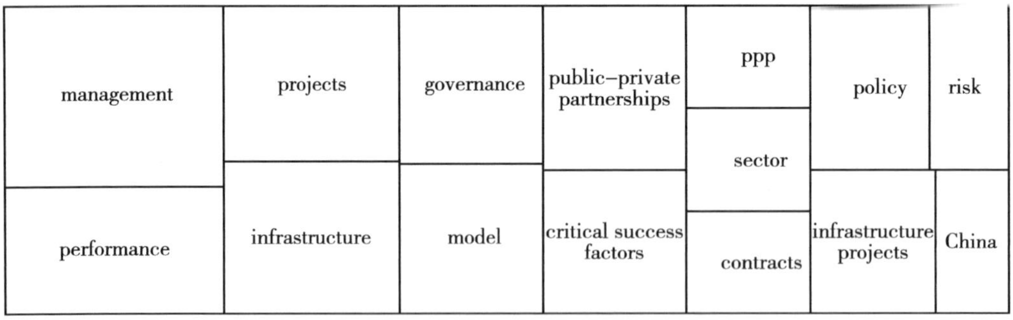

图7–4　关键词树图

从时间维度上来看，关键词在过去几年中发生了较大的变化（见图7–5）。随着PPP实施经验的积累，“管理”自2005年以来越来越成为PPP相关研究的关键词。此外，“基础设施”“绩效”“关键成功因素”“中国”等关键词近年来增长速度较快，而“部门”“合同”“政策”等关键词在近年来出现频率的增速相对较慢。其中，“中国”一词在2015年以后出现了较为明显的增长态势，PPP实践与学术研究有着较强的一致性。总体而言，研究的关注点已经从项目前期的合同签订转移至后期的运营、管理，PPP研究焦点逐渐向PPP实施阶段后期延展。

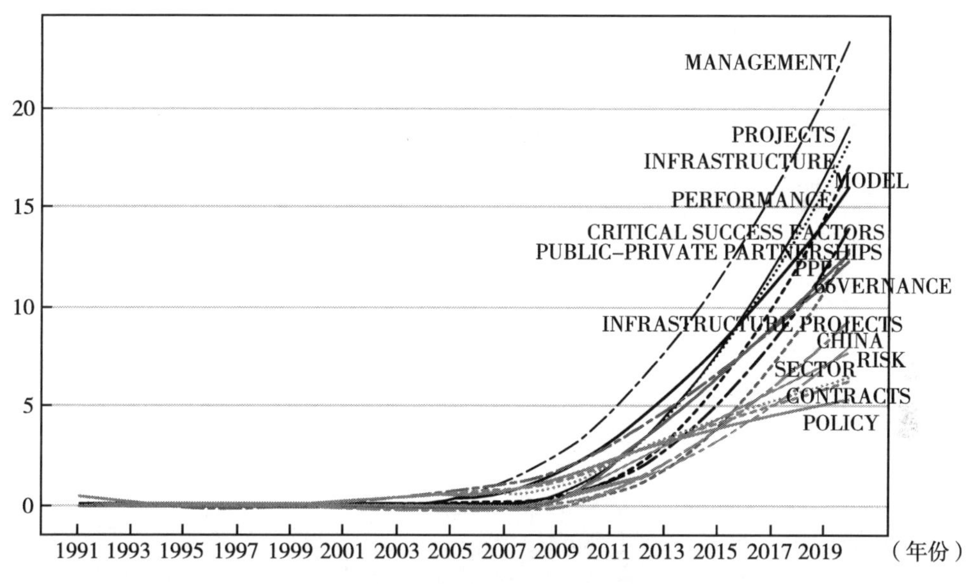

图7-5 关键词动态演变

共现社会网络图体现了关键词之间的相关性与分组。如图7-6所示，PPP领域的关键词可分为三个主要的关键词组。其中“管理”与“绩效”“治理”“政策”“部门”有着较强的相关性，同属一类关键词组，也是出现频率最大的词组。这不仅反映了当下的研究重点，还反映了PPP顶层设计的重要性。此外，“模型”“关键成功因素”“分配”“中国”等同属一类关键词组，反映出以模型分析作为主要方法论的定量研究在风险识别与分配中应用较为广泛。“中国”一词与“关键成功因素”“基础设施项目”“分配”等关键词相关性较强，说明中国学者的相关研究擅于应用定量模型，且其研究所涉及的领域较为多元。

从主题词演化的角度，可知“合同”“管理”“PPP”“行业”“影响”“健康”是2015年以前的核心研究主题（见图7-7）。然而随着时间的推移，“合同”主题逐渐演变为“项目”主题的一部分。作为项目的关键成功因素，“管理”主题延续了下来。“PPP”主题分散为“项目”与“模型”。“影响”主题也逐渐向“模型”化发展。作为PPP实施初期的主要应用场景——“健康”，随着相关领域PPP实践的萎缩，其主题逐渐消失，而“能源”则成了近年来研究的热门行业主题。

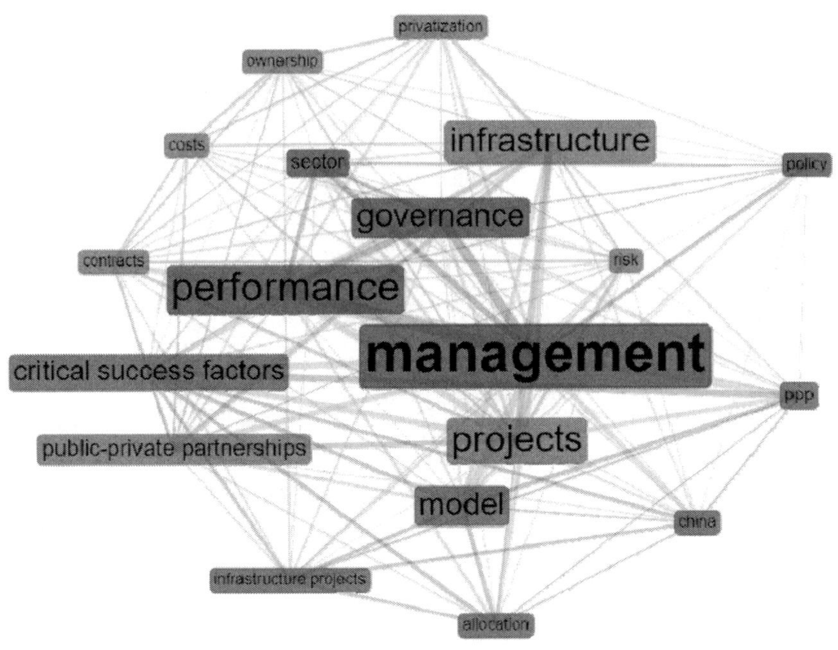

图7-6　共现社会网络图

图7-7　相关主题词演化

第五节 中外比较分析与展望

PPP的合作属性决定了其在基础设施投资中的重要地位。未来的基础设施投资可能会更多地走向共同治理，并不断地拓展公共部门与私营部门之间的合作模式。

一、PPP的全球化趋势

PPP正在迅速从发达国家（如英国、加拿大、澳大利亚）传播至新兴市场，如当前PPP在东亚和太平洋地区得到了广泛应用，中国对PPP的大规模推广就是很好的例子。此外，美国特朗普政府对基础设施的重视使美国PPP市场有了较大的发展潜力，当前已有少数几个州在交通基础设施领域有着PPP实施经验，未来美国PPP市场有着较大的发展空间。因此，PPP推广的中心正在从传统的成熟PPP市场国家转移至新兴PPP市场国家。

尽管英国的PFI模式是现代PPP的起源，有着较为成熟的运作流程，但PPP在全球范围内不存在单一的模式，在一些国家内部PPP的做法也有着较大的差异。如在公共资金的支持方面，对于不同类型的项目有着相当不同的合同安排。从项目类型来看，交通、医疗保健、教育、生态环保是各国PPP项目的主要类型，但各国的具体应用有所不同，如在加拿大，医疗保健是主要的应用方向，而在欧洲国家，交通运输的PPP项目则更为普遍。在巨大的基础设施需求下，一些国家和地区制订了明确的基础设施推动计划，从而有力地推进了PPP模式的发展。例如，欧盟委员会制订了容克计划，其主要内容是未来几年将建设数千亿欧元的交通、能源、IT基础设施，而其中的资金主要来自私营部门。欧盟的战略投资基金、欧洲投资银行等机构为容克计划实施提供了金融支持。欧洲地区巨大的基础设施投资需求能否得到满足仍未可知，但对于私营部门而言，这无疑意味着巨大的投资机会。

美国特朗普政府于2018年宣布了基础设施计划，希望重建美国当前陈旧的基础设施。其计划的几个重要关键点包括联合私营部门撬动基础设施投资、赋予地方政府更大的决策权、消除监管障碍等，这一计划与欧洲的容克计划有着一定的相似性，如政府无法提供全部的基础设施投资基金，私营部门无疑将扮演重要的角色。

随着PPP模式越来越普遍，其成熟度不断提升，相关的研究内容也在发生转变。如早期对于PPP的研究主要集中于技术问题，当前多学科的融合分析已成为PPP研究的主流，这种多学科的分析方法为PPP的绩效考量提供了更多的角度，如PPP的绩效在政治、经济、文化等领域有着不同的考量标准。随着PPP在各国的广泛应用，PPP研究也已高度国际化。PPP作为基础设施治理工具的优缺点已经得到了足够的讨论，未来对PPP合同的中长期管理可能成为重点研究领域，从而致力于提高PPP绩效管理水平。

二、国际组织扮演的角色

基础设施治理日益成为全球各国面临的关键议题，未来基础设施的推动不仅仅局限于PPP，通过各种灵活方式促进公共部门与私营部门之间的合作或将成为未来的发展趋势。其中国际组织在推动公私合作方面发挥了重要作用，如世界银行、国际货币基金组织（IMF）、联合国、OECD等，其中IMF早在21世纪初就开始发布PPP相关研究报告，并提出IMF在PPP管理中可以发挥一定作用。IMF将PPP财政风险进行了详细划分，并研发了专门的财政风险评估工具PFRAM，[①]该工具的运用基于世界银行包括PPP数据库在内的一系列宏观数据基础。作为一种分析工具，PFRAM帮助国家当局量化PPP项目对财政的影响，了解政府承担的风险并确定潜在的缓解措施。PFRAM框架提出了四个核心问题：谁发起项目？谁控制资产？谁最终为资产付款？政府是否向合作伙伴提供其他支持？自2016年首次推出以来，PFRAM不仅被用于国际货币基金组织和世界银行的技术援助，而且被国家当局（主要是财政部的PPP部门）用于更好地了解PPP项目的长期财政影响。OECD在PPP领域发布了一系列研究成果与政策建议，在《迈向基础设施治理框架》中，

① PFRAM工具由国际货币基金组织（IMF）财政事务部和世界银行集团PPP跨领域解决方案组织（PPP-CCSA）共同开发。2019年9月公布了最新2.0版本及使用手册，下载链接：https：//www.imf.org/external/np/fad/publicinvestment/#4。

OECD认为基础设施交付有着不同的模式：直接供应、传统公共采购、国有企业投资、PPP以及私有化，OECD提出基础设施计划的目标是“以成本有效且可负担的方式投资正确的项目，并得到用户与市民的信任”。联合国长期以来也在致力于推广PPP，并为其设置了办公室，联合国欧洲经委会PPP中心提出了自己的使命：“帮助各国政府在PPP方面做到最好，解决人类最紧迫的问题，包括绿色经济、减缓气候变化的影响，并发现世界上哪些合作伙伴关系对发展带来了有益影响。”为了促进PPP善治，联合国欧洲经委会还提出了七项指导原则：（1）协调一致的PPP政策；（2）强大的扶持机构；（3）法律框架；（4）合作风险分担与相互支持；（5）合作伙伴选择的透明度；（6）以人为本；（7）实现可持续发展。世界银行在过去相当长时间也在积极制定PPP政策，其出发点为“无论是公共部门还是私营部门都无法弥补基础设施的缺口”，将PPP视为解决发展中国家面临问题的解决方案，此外，世界银行建立基础设施私人参与（PPI）数据库，包含有关137个低收入和中等收入国家的6400多个基础设施项目的数据。该数据库是研究发展中国家PPI趋势的主要来源，涵盖了能源、运输、供水和污水处理、ICT骨干网和城市固体废物（MSW）部门中的项目（MSW数据包括2008年以来的项目）。项目包括管理或租赁合同、特许权、绿地项目和资产剥离。世界银行网站提供了相关数据的可视化页面、STATA格式数据与相关研究报告。①

由上文可知，国际组织通过信息传播、经验总结、开发工具（如PFRAM）等有力地帮助各国建立适合自身环境的基础设施市场。不同组织之间的政策建议存在一定的共识，但各国在发展自身PPP市场时仍然应当谨慎的面对深层次的问题，如资金问题、问责问题、机构设置问题等。

三、从PPP走向基础设施治理

PPP的概念本身是由BOT、PFI等发展而来，其内涵是一个不断演变的过程。未来，基础设施治理或有可能取代PPP作为关键术语，例如已有国际组织将基础设施治理作为核心概念，英国不再实施PF2以后，其相关部门所指向的基础设施范围也会更为广泛。②

“治理”一词在学术界变得越来越受人瞩目。党的十九届四中全会提出“推进国家治理体系和治理能力现代化”，反映了治理理念在我国新时期改革中的重要性。而在国际学术界，治理也越来越成为公司治理、法律、经济等研究领域的关键词，

① 世界银行PPI数据库下载地址：https：//ppi.worldbank.org/en/ppidata。

② 英国相关政府部门网站：https：//www.nic.org.uk/。

如OECD在《迈向基础设施治理框架》中将基础设施治理定义为："政府组织及其对应方在制定、实施和管理过程中使用的互动、决策、监控的流程、工具、规范，公共部门在这一过程中可获得基础设施服务。因此它涉及政府机构内部的互动，以及政府机构与私营部门、用户、公民的互动。它涵盖了资产的全生命周期，但是最耗费资源的活动通常集中于资产的计划与决策阶段。更具体地说，它涉及公共部门与私营部门之间的关系，如传统的公共采购、国企、PPP、特许经营与私有化。"

OECD在报告中还提出了十项针对政府的主要挑战：（1）建立基础设施的战略远景；（2）处理对完整性的威胁；（3）选择如何交付基础架构；（4）确保良好的监管设计；（5）整合咨询程序；（6）协调各级政府的基础设施政策；（7）保障可负担性和物有所值；（8）生成、分析和披露有用的数据；（9）确保资产在其整个生命周期内均表现良好；（10）公共基础设施必须具有弹性。

将"基础设施治理"一词分开来看，基础设施有着广泛的内涵，可以涵盖几乎所有的服务或有形资产，通常包括道路、医院、建筑物、法院、教育设施、监狱等，也可包括其中的相关服务，如法律、治安、教育系统。治理一词具有高度的抽象性，范围广泛且有着较大的灵活性，有着积极、进步、共识的内涵，意味着政府作为权威的角色发生转变，而企业、民间社会参与者的作用得到扩大。因此，当将"基础设施"与"治理"进行合并，所涵盖的范围可能是极其宽泛的，远远超越了PPP的范畴。在这一概念下，Hodge和Greve（2019）认为有如下几个特征值得关注：（1）强调政治在公共基础设施决策和提供问题上的中心地位；（2）强调社会的权力下放（从政府本身转移到多个权力结构，或政府与其他团体的组合）；（3）将过去的做法与假设和将来的做法与假设区分开来；（4）强调混合机制和制度；（5）指出了中长期的指导问题；（6）脱离了采购转向；（7）取代了物有所值的技术手段、合同化的口头禅和技术官僚的天真；（8）强调政府交付基础设施时所涉及的八项基本任务（定义需求、计划、设计、筹资、建设、运营、维护、拨款），并使这些任务与任何推动PPP的政策意识形态重新平衡；（9）鼓励在分析和讨论中跨学科。

由此可见，基础设施治理强调分散的治理，而非附属于任何特定的组织形式（如PPP），在当前背景下，这一定义可能会成为决策者制订基础设施议程的更佳方式，因为其有着更为广泛的内在含义，且象征着多种不同学科间的融合。

▶ 本章小结

我国的PPP模式于2014年起步之初曾经借鉴世界银行国际经验，吸取了英国与法国的经验，后来又与联合国欧经会、亚太地区进行过国际交流。正如世界银行PPP实施指南所述，PPP没有统一的定义，而且仍在不断演化发展。当前在实践中所遭遇的困境，本质上是各参与方难以摆脱旧有项目运作思维，过于追求短期利益所造成的。我国的PPP绩效管理刚刚起步，需要充分吸取其他国家实践过程中积累的经验与教训，用可持续发展理念在更长期、全面的视角进行思考。

课后习题

名词解释

PFI　PF2　基础设施治理

简答题

1. 简要叙述美国PPP模式应用的主要场景。
2. 简要叙述近年来英国PPP模式的应用情况。
3. 简要叙述日本PPP模式应用的主要特征。
4. 简要叙述PPP相关学术研究中的主要关键词。

论述题

1. 请说明英国PPP模式的演变过程对我国的启示。
2. 请说明在全球范围内，PPP面临怎样的发展趋势。
3. 请说明国际组织在PPP推广中所发挥的作用。

本章推荐阅读文献

［1］［美］E·S.萨瓦斯.民营化与公私部门的伙伴关系［M］.周志忍，等，译.北京：中国人民大学出版社，2002.

［2］［英］达霖·格里姆赛.PPP革命：公共服务中的政府和社会资本合作［M］.济邦咨询公司，译.北京：中国人民大学出版社，2016.

［3］王天义，杨斌.日本政府和社会资本合作（PPP）研究［M］.北京：清华大学出版社，2018.

［4］王天义，杨斌.澳大利亚政府和社会资本合作（PPP）研究［M］.北京：清华大学出版社，2018.

本章主要参考文献

［1］明树数据.可用性付费模式应用的国际经验总结与借鉴——以交通基础设施项目为例［Z］，2017，http：//bridata.com/report/detail?id=1184.

［2］谈婕，赵志荣.政府和社会资本合作：国际比较视野下的中国PPP［J］.公共管理与政策评论，2019，8（03）.

［3］Hodge，G·A.，Greve，C.The Logic of Public - Private Partnerships. 2019. Edward Elgar Publishing.

▶ 第八章
PPP 项目绩效管理案例分析

内容提要

近年来，在政策的引导下，PPP 项目绩效管理模式较早期的项目规范性得到明显提升。本章基于财政部 PPP 中心的项目库，选取了 3 个相关信息披露较为完善的 PPP 项目进行案例分析，回报机制分别为政府付费、使用者付费、可行性缺口补助。PPP 项目的绩效管理应当在满足政策规范的前提下，根据项目实际情况结合行业特点进行专业的设计，从而调动各参与方的积极性，提高运作效率。

第一节 政府付费类PPP项目绩效管理案例

一、项目基本信息

WX县工业园区建设项目一期工程PPP项目发起时间为2017年，项目具体包括：WX县龙从作业区进港大道、WX县黔西工业园区2号路工程、WX县工业园区基础设施建设一期工程——WX县城东工业园区大道工程等3个子项目。提供的服务内容是为城市、工业园区和小区居民生活和生产提供优质的生活和交通基础设施。项目建成后可供行人、车辆通行；完善区域配套基础设施，有利于改善项目区交通不便的问题，提高当地群众的生活水平。

本项目PPP投资总额为83217.45万元，资金来源为政府方投资和社会资本投资两部分。政府投资主要为政府承担的征地费718.00万元和出资额1802.00万元，社会资本方预计投入总额为80697.45万元。项目合作期共15年，其中建设期为3年，运营期为12年。本项目属于新建项目且项目涉及期满移交，为保证政府和社会资本在合作期限内能够充分发挥各自优势，采用建设—运营—移交（BOT）一体化模式。项目的投资回报采用政府付费方式，自项目投入运营之日起，WX县住房和城乡建设局根据绩效考核结果向项目公司支付运营补贴。

二、绩效考核机制

本项目考评主体为项目实施机构，即WX县住房和城乡建设局。WX县住房和城乡建设局应根据合同约定，监督社会资本或项目公司履行合同义务，定期检测项目产出绩效指标，编制年报，并报财政部门（政府和社会资本合作中心）备案。考评对象为项目公司。项目的绩效考核体系包括三个方面，分别为建设期绩效考核指标、运营维护期绩效考核指标以及移交绩效考核指标。考核内容根据国家对道路等设施设备的运营维护等的相关要求及规定，视情况增减，具体细化指标由实施机构提前一年制定。

（一）建设期考核

定期考评每年进行一次，考评时间为每年的12月，具体时间另行约定，按照项目建设期绩效考评指标（见表8-1）的全部内容进行考核，每次考评单独计分。不定期考评按照项目建设期绩效考评指标的一项或者多项指标进行考核，每次临时检查所发现的问题由实施机构汇总并下发整改通知书。按规定时限和要求完成整改的，不计入当期定期考评扣分中；未按规定时限和要求完成整改的，或已经发生违约情形无法挽回的，计入当期定期考评得分公式中的不定期考评累计扣分项。

考评分为绩优考评和绩差考评。绩优考评指的是对项目公司达到考评要求时进行考评加分；绩差考评指的是对项目公司低于基本指标要求时进行考评扣分。绩效考核表中标“▲”的基本指标为硬性指标，扣分不能与加分项加分抵减，未标“▲”的基本指标为非硬性指标，扣分则可与加分项分数抵减。考评采用百分制，每次定期考评基准分为100分，考评得分满分为100分，即考评得分超过100分按100分计。

每次定期考评得分B_i=100分－当期定期考评扣分＋当期定期考评加分－K×当期不定期考评累计扣分。其中K代表不定期考评累计扣分调整系数，按以下公式计算：

$$K=\frac{\text{一个定期考评周期内发生不定期考评累计扣分的总次数}}{\text{一个定期考评周期内进行不定期考评的总次数}}$$

建设期绩效考评得分取建设期内定期考评得分的平均值，则建设期绩效考评得分$M=\sum_{i=1}^{n}B_i/n$。其中：B_i为每次定期考评得分，n为建设期内定期考评次数。

建设期绩效考评得分取建设期内定期考评得分的平均值，WX县住房和城乡建设局根据建设期绩效考评得分按下述要求提取建设履约保函的金额：当100分≥建设期考核总分≥80分，建设期绩效考评等级为优，政府按照合同约定不提取建设履约保函金额；当80分>建设期考核总分≥70分，建设期绩效考评等级为良，政府按照合同约定提取建设履约保函5%金额；当70分>建设期考核总分≥65分，建设期绩效考评等级为中，政府按照合同约定提取建设履约保函15%金额；当65分>建设期考核总分≥60分，建设期绩效考评等级为差，政府按照合同约定提取建设履约保函30%金额；60分以下为不合格，政府按照合同约定提取费用建设履约保函50%金额。在建设期内，社会资本方有义务保证建设履约保函项下的金额保持PPP项目合同约定金额，若建设期考评中，发生违约行为，实施机构提取该保函至低于规定金额时，社会资本方应当按照PPP合同约定及时将该保函恢复至该规定金额。

表8-1　　　　　　　　建设期绩效考核指标

大类名称	小类名称	评分标准
一、项目管理	1.1建设管理制度	建设管理制度体系未建立扣2分；制度不健全、没有针对性、不符合项目实际的，每项扣1分
	1.2档案管理	档案管理制度体系未建立扣2分，不健全扣1分
		查出有工程资料签章不齐全、资料收集不齐全情况的每次扣1分
		当有因工程资料缺失导致监管部门、监理单位对其质量有异议的，应重新检测或验收，若该项检测结果不合格，每次扣5分
二、组织管理	2.1组织机构及人员配备	没有按投标文件承诺组建项目公司项目管理机构，扣2分
		项目公司驻场人员要求常驻施工现场项目部，日常考勤实行刷脸考勤或打卡考勤，缺勤每人次/天扣1分，检查或抽查时发现无正当理由不在岗每人次扣2分
		若因项目建设需要，实施机构提出驻场人员变更要求，未按要求及时进行变更的，每次扣2分
三、质量管理	3.1工程质量管理制度和体系	未按要求提交或提交方案未通过实施机构审查确认的扣2分
	3.2质量管理制度执行	检验批（一般项目）抽查不合格一项扣1分
		检验批（主控项目）抽查不合格一项扣3分
		分项工程不合格一项扣5分
		分部工程不合格一项扣10分
	3.3工程质量达标	工程质量不达标则建设期绩效考核为不合格，经整改后验收仍未合格，应启动相应退出机制
	3.4工程竣工验收	工程竣工验收不合格，则建设期绩效考核为不合格，经整改后验收仍未合格，应启动相应退出机制
	3.5竣工验收备案	没有完成备案，每延误一天扣2分，非项目公司原因延误不扣分
四、进度控制	4.1建设、技术管理方案	未提供《建设、技术管理方案》供实施机构审核备案扣2分
	4.2施工进度计划	未提供施工进度计划供实施机构审核备案扣2分
	4.3施工进度控制	（1）非因政府方或不可抗力原因，项目公司每超过计划工期1%工日暂扣1分；超过计划工期40%工日则建设期绩效考核为不合格，若项目公司通过合理措施挽回工期在计划工期内完工，则不扣分，但由此造成的成本费用由相关责任方承担，否则，在合同约定工期未能完工并交付使用的，应启动退出机制

续表

大类名称	小类名称	评分标准
四、进度控制	4.4工期延误	（2）因政府方或不可抗力原因造成工期延误，不扣分，项目公司也应采取措施挽回工期，由此造成的成本费用由政府方承担
	4.5资金拨付和财务管理制度	资金拨付和财务管理制度未报实施机构审核备案，扣2分；建设资金支付应符合工程进度计划，程序合规，查出违规情况每次扣1分
五、安全管理	5.1安全生产	一般事故扣15分
		较大事故扣30分，启动相应退出机制
		重大事故及以上按不合格评定并按规定退出
六、项目公司义务	6.1配合现场检查	不配合检查行为，每次扣2分
	6.2配合政府工作	不配合政府工作行为，扣10分
	6.3建设期资金链保证	发生前述行为，建设期考核不合格，按合同要求提取建设期履约保函，启动退出机制
		发生资金链中断，建设期考核不合格。按合同要求提取建设期履约保函，启动退出机制
		资金使用计划未报实施机构审核备案扣2分
	6.4融资文件	融资文件不合规，扣20分，并要求立即整改；整改后仍不能合规，应启动退出机制
		未按时完成备案，每次扣2分
	6.5工程承包商选择	▲出现转包或违法分包情况，建设期考核不合格，应启动退出机制
	6.6工程建设保险	未购买扣2分
七、其他	7.1行政处罚	每单行政处罚决定书扣1分
八、加分项	8.1提前完工	比计划工期提前完工30日以上（以竣工验收合格为前提）加5分
	8.2安全文明施工	市建设工程安全文明标准化诚信工地加1分
		所在省份建筑施工安全文明标准化工地加2分
		全国AAA级安全文明施工标准化工地加5分
	8.3工程质量优质奖	获得国家级工程优质奖加5分
		获得自治区工程优质奖加3分
		获得市工程优质奖加1分

（二）运营维护期考核

运营期绩效考评采用日常考评、年度考评等方式结合进行。在项目运营期内，社会资本方有义务保证运营维护保函项下的金额保持PPP合同约定金额，若运营期考评中，发生违约行为，实施机构提取该保函至低于该规定金额时，社会资本方应当按照PPP合同约定及时将该保函恢复至该规定金额。

日常考评：考评主体不定期对考评对象在日常工作、履行绩效考评工作等方面进行督查，在督查过程中发现问题则需在24小时内以书面的形式通知项目公司。项目公司在接到WX县住房和城乡建设局的书面通知后，应在要求的时间内修复缺陷。日常考评结果一般不作为考评对象违约情形处理，除非发现的缺陷导致可用性破坏或存在重大安全隐患。无论何种情况，项目公司应及时修复缺陷，否则WX县住房和城乡建设局可根据项目PPP合同约定提取项目公司提交的运营维护保函中的相应金额。

年度考评：年度考评每年进行一次，考评时间为每年的12月，具体时间另行约定。项目公司按绩效考评指标（见表8–2）内容向WX县住房和城乡建设局提交情况报告，WX县住房和城乡建设局接到报告后5日内通知项目公司开始考评，项目公司在WX县住房和城乡建设局的监督下，在规定的考核现场对WX县工业园区建设项目一期工程PPP项目的道路等设备设施表面状况进行物理检查，对其他指标完成情况进行资料检查，考评工作应在7日内完成。考评主体在考评工作完成后3天内出具考评报告，并将报告提交财政部门（政府和社会资本合作中心）备案，考评报告与运营补贴支付挂钩。

考评分为绩优考评和绩差考评。绩优考评对项目公司达到考评要求时进行考评加分；绩差考评对项目公司低于基本指标要求时进行考评扣分。绩效考核表中标"▲"的基本指标为硬性指标，扣分不能与加分项加分抵减，未标"▲"的基本指标为非硬性指标，扣分则可与加分项分数抵减。考评采用百分制，基准分为100分。考评得分=基准分–年度扣分+年度加分。考评得分满分为100分，即考评得分超过100分按100分计。

运营期考评等级运营期绩效考评结果应与运营补贴的支付挂钩，对于运营维护服务绩效未能达到绩效标准要求的，WX县住房和城乡建设局将按考评标准调整对项目公司的运营补贴金额：当100分≥运营期考核总分≥85分时，运营绩效考评等级为优，100%支付年运营补贴金额；当85分>运营期考核总分≥80分时，运营绩效考评等级为良，年运营补贴金额扣减5%；当80分>运营期考核总分≥70分时，运营绩效考评等级为中，年运营补贴金额扣减10%；当70分>运营期考核总分≥60分时，运营绩效考评等级为差，年运营补贴金额扣减15%。根据《关于规范政府和社会资本合作（PPP）综合信息平台项目库管理的通知》（财办金〔2017〕92号）中严格新项目入库标准规定："（三）未建立按效付费机制。包括通过政府付费或可行性缺口补助方式获得回报，但未建立与项目产出绩效相挂钩的付费机制的；政府付费或可行性缺口补助在项目合作期内未连续、平滑支付，导致某一时期内财政支出压力激增的；项目建设成本不参与绩效考核，或实际与绩效考核结果挂钩部分占比不足30%，固化政府支出责任的。”即项目的建设成本与运营成本均应根据绩效考核结果进行支付，且建设成本中参与绩效考核的部分占比不得低于30%，本项目的社会资本方建设总成本为84923.25万元，运营总成本为13477.91万元，根据92号文件规定，参与绩效考核部分至少不能低于建设成本84923.25万元的30%加运营总成本13477.91万元，即38954.89万元。本项目运营期为12年，则每年应参与绩效考核的金额至少为3246.24万元，即38954.89 ÷ 12=3426.24（万元/年）。本项目根据实际情况，运营期绩效考核年度考评得分与年运营补贴的支付挂钩，当总分小于60分时，运营绩效考评为不合格，WX县住房和城乡建设局应扣减年运营补贴金额（年运营补贴金额为12939.97万元）的30%即金额3881.99万元（大于92号文件规定值3246.24万元/年）。对于项目公司怠于或延误整改权限的，WX县住房和城乡建设局可根据项目PPP合同相关约定提取项目公司提交的运营维护保函中的相应金额。连续两年绩效考核总分小于60分时，项目提前终止，社会资本退出，项目由政府临时接管。

表8-2　　　　　　运营期绩效考核指标

大类名称	小类名称	基本指标	评分标准
一、服务条件考核	1.1道路等设施设备条件	▲考核车道、人行道、路基、排水及其他设施的条件，需符合《城镇道路养护技术规范》（CJ36–2006）	低于WX县城市道路使用标准扣15分
二、公共服务考核	2.1道路	道路平整度、接茬不满足标准	每次（处）扣2分
		铺筑缝隙和外观质量不满足养护标准	
		路面裂缝普遍存在灌缝不及时	
		路面网裂、碎裂现象较多；井周路面开裂、破碎现象多；夏季高温留下的车辙未及时修复	
		人行道板有缺失、松动、下沉和路面积水等问题	每次扣2分
		各类井盖有缺失、破损、未盖好及井周空洞等现象；	每次扣2分
		突发事件现场未按规定设置警示标志和围挡设施	每次扣3分
		在标准规定时间内未完成道路及室外配套设施等问题处置	每次扣3分
	2.2道路照明设施	▲城市主干路亮灯率达98%以上；次干路亮灯率达96%以上；支路亮灯率达95%以上	每低于标准1%扣0.5分
		▲城市道路照明设施完好率达95%以上	每低于标准1%扣0.5分
		▲路灯光源照度和亮度达到国家标准要求，主干路、重点区域的维持照度不低于20LX，次干路不低于10LX，支路不低于8LX	低于标准扣2分
		▲道路照明的维护系数不低于0.70	低于标准扣2分

续表

大类名称	小类名称	基本指标	评分标准
二、公共服务考核	2.3排水设施	▲井盖和雨水箅、盖板等地面设施缺损	每处扣2分
		▲因排水设施管护不及时，造成淤堵、积水、路面沉降等事故	每次扣2分
		未及时处置媒体报道及居民反映的排水问题	每次扣2分
	2.4景观绿化	▲乔灌木修剪不及时；修剪质量不合格；病虫害防治不及时	每株（m^2）扣0.2分
	2.5道路环境卫生	▲未按规定的时段和标准对街路进行清扫和保洁；清扫不达标，路面有废弃物，尘土计量超标	每次（处）扣0.5分
		▲未按时收集、未送到指定容器存放清扫的垃圾污物	每处扣0.5分
		▲未按规定配齐配足清扫保洁作业人员；未配足作业设备	每人次（台次）扣0.5分
三、运营团队考核	3.1人员配备	▲本科以上学历人员占总人数的50%	每少1人扣2分
		▲中、高级职称人数占总人数的30%	每少1人扣3分
		▲经营管理主要负责人具有2年以上城市市政道路运营经验	不达标扣3分
	3.2组织管理	管理组织岗位职责清晰明确、工作制度健全	不达标扣3分
		保障工作人员合法权益，建立和落实相关奖惩制度	不执行扣3分
		▲运营过程中，违反法律、法规、合同规定，造成重大负面影响	每出现一次扣5分
	3.3财务管理	▲严格贯彻执行国家、地方有关的财务管理制度	不执行扣3分
	3.4档案管理	设立档案室，完善档案管理制度，档案齐全	无档案室扣2分，无档案人员扣2分
四、安全管理和突发事件管理	4.1安全事故发生次数	▲发生安全事故的，以安监部门调查报告认定事故监管责任为准	一般事故扣15分；较大事故扣30分；重大事故及以上按不合格评定并按规定退出
五、加分项	5.1争优创优	项目运营奖	获国家级奖项，每种奖项每个加20分；获省级奖项，每种奖项每个加10分；获市级奖项，每种每个加5分
	5.2影响力	获媒体正面报道	获国家级媒体报道每篇加5分；获省级媒体报道，每篇加3分；获市级媒体报道，每篇加1分
	5.3处理突发事件（事故）	得到社会好评，并经政府确认	每次加1分

（三）移交期绩效考核

WX县住房和城乡建设局有权按届时有效地移交绩效考核指标（见表8-3），向项目公司移交项目情况进行量化考核。如未达到移交考核标准时，WX县住房和城乡建设局可根据考核办法约定提取项目公司提交的项目移交履约保函中的相应金额。考评分为绩优考评和绩差考评。绩优考评对项目公司达到考评要求时进行考评加分；绩差考评对项目公司低于基本指标要求时进行考评扣分。绩效考核表中标“▲”的基本指标为硬性指标，扣分不能与加分项加分抵减，未标“▲”的基本指标为非硬性指标，扣分则可与加分项分数抵减。考评采用百分制，基准分为100分。考评得分=基准分-扣分+加分。考评得分满分为100分，即考评得分超过100分按100分计。根据移交绩效考评得分，WX县住房和城乡建设局按下述要求提取移交履约保函的金额和扣除剩余运营补贴：当100分≥移交绩效考核总分≥85分时，移交绩效考评等级为优，按照合同约定不提取费用移交履约保函金额并支付剩余运营补贴；当85分>移交绩效考核总分≥80分时，移交绩效考评等级为良，按照合同约定提取费用移交履约保函的10%和扣除剩余运营补贴的5%金额；当80分>移交绩效考核总分≥70分时，移交绩效考评等级为中，按照合同约定提取费用移交履约保函的30%金额和扣除剩余运营补贴的15%金额；当70分>移交绩效考核总分≥60分时，移交绩效考评等级为差，政府按照合同约定提取费用移交履约保函的60%和扣除剩余运营补贴的25%金额；60分以下为不合格，按照合同约定提取费用移交履约保函100%金额且不支付剩余运营补贴。社会资本所应提交的履约保函均为见索即付保函，作为社会资本和项目公司履行在PPP合同下的投融资义务、建设、运营、移交义务和其他违约赔偿义务的担保。因社会资本违约原因造成损失的，实施机构提履约保函项下款项后仍不足以弥补损失，有权向社会资本追偿。

根据《政府和社会资本合作模式操作指南（试行）》（财金〔2014〕113号）第五章第二十六条，项目实际绩效优于约定标准的，项目实施机构应执行项目合同约定的奖励条款，并可将其作为项目期满合同能否展期的依据。工期奖励机制是指社会投资人因改进技术方法，优化建设方案，在不增加建设投资及保证施工质量的前提下缩短施工工期，经WX县住房和城乡建设局批准报经县政府同意，给予项目公司适当奖励。

表8-3　　移交期绩效考核指标

大类名称	小类名称	基本指标	评分标准
一、大修要求	1.1 大修次数	▲合作期移交前进行一次大修	不满足要求扣20分
	1.2 费用	▲项目大修费用应按政府审定的测算费用投入	不满足要求扣10分

续表

大类名称	小类名称	基本指标	评分标准
二、时间要求	2.1移交前大修开始时间	▲移交日12个月前对本工程进行一次计划内的恢复性全面大修	未按时开展扣5分
	2.2大修完成时间	▲不迟于移交日前6个月完成	移交日前6个月经相关部门认定由于社会资本原因未完成大修的，扣3分
三、大修标准	3.1设施设备完好率	▲设施设备完好率达到100%以上	未达标扣5分
	3.2固定资产状况	▲固定资产和设施完好、能正常运营、无债务、无设定抵押担保	未达标或检测不合格，扣10分
	3.3质量控制	▲所有设备工况良好，满足性能、工艺参数要求满足当时的国家标准	未达标扣10分
四、大修方案	4.1时间	▲移交日前12个月由项目公司提出大修方案	未按时提出大修方案的，扣5分
	4.2方案确定	▲移交方案必须提交给WX县住房和城乡建设局，并且经过双方共同确认大修方案后才能进行大修	未经WX县住房和城乡建设局确认通过的方案且拒不完善大修方案的，扣5分

第二节 使用者付费类PPP项目绩效管理案例

一、项目基本信息

QY县纯源水务污水处理厂PPP项目一期建设规模日处理污水量2万立方米，二期建设规模日处理污水量4万立方米，污水排放标准达到《城镇污水处理厂污染物排放标准》（GB18918–23002）的一级排放标准A标准。

本项目总投资5191.58万元，资本金1039万元，占总投资20.01%，项目资本金1039.00万元，由政府与社会资本共同投入；项目公司（社会资本）申请银行贷款等融资4152.58万元。项目合作期30年，其中建设期1年，运营期29年。综合考虑本项目收费定价机制、项目投资收益水平、风险分配基本框架、融资需求等因素，本项目采取建造—运营—移交（BOT）运作方式。社会资本方取得投资回报的方式为使用者付费。就本项目而言，项目公司主要通过提供污水处理服务，获得经营收入。由于运营期内污水处理量存在不确定性，本项目通过设计基准污水处理量的方式为政府方和社会投资人有效分担该风险。根据《关于推广运用政府和社会资本合作模式有关问题的通知》（财金〔2014〕76号），《关于印发政府和社会资本合作模式操作指南（试行）的通知》（财金〔2014〕113号）文件精神，按照“风险由最适宜的一方来承担”的原则，项目设计、建设、财务、运营维护等商业风险原则上由社会资本承担，政策、法律和最低需求风险等由政府承担，具体基准污水处理量在PPP合同中约定。

二、绩效考核机制

对于本项目，项目的评价分为两个阶段，一是项目建设阶段，二是运营阶段。

（一）建设期绩效考核

本项目建设产出指标有七大项，从综合管理、质量管理、进度管理、资金管理、安全管理、廉政建设、工程资料等方面规定项目建设标准和验收规范（见表8-4）。当项目建设完成，满足PPP项目协议约定的绩效标准并通过验收后，即满足可用性服务费的支付条件。可用性付费金额需根据PPP项目协议中对项目可用性审计的相关条款确定。政府方通过季度考核的方式对项目公司建设绩效水平进行考核。考核周期为每季度进行一次，建设期末，对每次考核结果进行加权平均，计算出本项目建设期考核指标最终得分。本项目建设期考核指标最终得分将与政府方付费数额挂钩，按照项目建设成本的30%金额作为考核基数，综合打分90分以上为合格，不扣费，90分以下按照比例从政府方付费中扣除。公式如下（90分以上不适用）：

$$扣费金额=项目建设成本\times 30\%\times\left(1-\frac{考核得分合计\div 考核次数}{90}\right)$$

表8-4　　　　　　　　　　建设期绩效考核指标

考核项目（分值）	考核内容（分值）	扣分标准（分值）	得分
一、综合管理（15分）	强制性指标	（1）存在违法转包、违规分包（扣10分）	
		（2）超越资质要求承担施工任务（扣15分）	
		（3）因施工原因造成一般质量事故或安全事件（扣10分）	
	1.履约情况（8分）	①项目经理、主要技术负责人员未经业主同意而更换（2分）	
		②更换的项目经理资质等级降低或专业不符（2分）	
		③拖欠分包商工程款和劳务人员工资（2分）	
		④未履行承诺配备主要施工设备（2分）	
	2.施工组织管理（7分）	①施工组织设计或施工方案未经监理同意而实施（2分）	
		②未及时向监理报批开工申请，施工月报未按时送监理单位（2分）	
		③未履行对分包工程的管理职责及存在以包代管现象（1分）	
		④未达到文明施工要求（2分）	

续表

考核项目（分值）	考核内容（分值）	扣分标准（分值）	得分
二、质量管理（50分）	1.质保体系（2分）	*质量保证机构、制度未建立	
		①质量管理人员和机构配置不齐全（2分）	
	2.质量控制（9分）	①未按规定要求进行自检（1分）	
		②监理指令未落实（扣1分/次，2分）	
		③设备性能不满足工程需要，对工程建设造成影响（2分）	
		④工程变更、材料更换未履行报批程序（扣2分/次，4分）	
	3.隐蔽工程、重要部位、重要工序施工（4分）	①未按相关程序验收（2分）	
		②未通过检验合格就进入下道工序（2分）	
	4.检测控制	*主要材料及构件未按规定进行检测，或检测资料不真实或等级不合格而投入使用，对工程建设造成影响	
		①工地实验室不符合规定或委托不满足规定资质要求的检测机构进行检测试验（2分）	
		②检测频率不够、签章不齐、未经监理审核批准等（扣1分/次，2分）	
		③材料及半成品进场及使用统计记录不规范（2分）	
		④使用了未按规定进行检测（验）或未通过检测的材料或构件，但未对工程造成影响（2分）	
	5.质量事故、问题及处理（7分）	*发生质量问题影响工程建设的	
	6.现场实体质量（20分）（分土建部分和设备安装部分，各20分，根据项目特点，由专家确定土建部分和设备安装部分权重）	*发生一般质量事故未及时报告	
		①质量事故防治无预案措施（1分）	
		②质量通病防治无预案措施（1分）	
		③一般质量事故、问题处理不符合有关规定、不及时有效（扣2.5分/次，5分）	
		土建部分（20分）:	
		①工程土建施工不满足设计要求（位置、轴线、尺度、标高、坡比等）（扣1分/次，8分）	
		②实体外观存在缺陷（轴线偏差、标高、平整度、垂直度、色差、焊缝质量等）（扣1分/次，6分）	
		③工程构件、实体不完整，表面缺陷处理等不符合要求（扣1分/次，6分）	
		设备安装部分（20分）:	

续表

考核项目（分值）	考核内容（分值）	扣分标准（分值）	得分
二、质量管理（50分）		①工程设备安装不满足设计要求（扣1分/次，8分）	
		②设备构件、细部构造不完整、表面缺陷处理等不符合要求（扣1分/次，4分）	
		③施工工艺、工序等不符合设计、规范要求（扣1分/次，4分）	
		④设备安装与调试不满足规范要求，设备运转不正常等（扣1分/次，4分）	
三、进度管理（5分）	强制性指标	因施工原因造成总体进度滞后影响工程建设（5分）	
	1.进度计划（1分）	①未编制施工总进度计划、年度计划、月度计划（1分）	
	2.进度控制（1分）	①未根据工程进展情况适时优化、调整进度计划（1分）	
	3.进度完成情况（3分）	①关键节点进度未按总进度计划完成（1分）	
		②实际进度滞后，并未采取有效整改措施（2分）	
四、资金管理（6分）	1.专款专用（3分）	挪用工程款（3分）	
	2.费用控制（3分）	因施工原因造成工程费用增加（3分）	
五、安全管理（11分）	1.安全制度（2分）	*未建立安全管理制度及安全生产应急预案	
	2.安全措施（7分）	*安全隐患未采取相应的整改措施	
		①安全施工措施未经批准或批准后未落实（1分）	
		②未按规定进行安全检查、培训、警示等（扣2分/次，4分）	
		③现场存在安全隐患（2分）	
	3.事故处理（2分）	*安全事故未及时上报	
		①安全事故处理不及时（2分）	
六、廉政建设（5分）	1.廉政制度（2分）	①未制定廉政建设规章制度（1分）	
		②未签订廉政合同（1分）	
	2.执行情况（3分）	①有违反廉政规定，但不构成党纪、政纪处分（3分）	
七、工程资料（8分）	1.管理人员和制度（1分）	①无专人和相应制度（1分）	
	2.资料收集及整理（2分）	①资料分类不清、收集不及时，资料收集与工程进度不同步（1分）	
		②应有原始记录及检查凭证不能及时提供（1分）	
	3.资料质量（5）分	①记录（台账）与资料不对应（1分）	
		②资料填写不真实、不规范、未签认，与工程实际施工情况和规范要求不相符，扣1分/份（4分）	
合计得分			

（二）运营维护期绩效考核

本项目通过专家的经验判断对各指标（见表8-5）进行打分，并采用层次分析法来确定其权重。对项目进行评价过程中，可根据各指标评价内容，选定评价指标按照下列权重比例进行考核。采用绩效考核与扣费关联机制，根据绩效考核评分结果，按照基准污水处理费作为考核基数，实行百分制原则。综合打分90分以上为合格，不扣费，90分以下按照比例从运维期保函值或政府应支付的基准污水处理费中扣除。公式如下：

$$扣款额度=基准污水处理费\times\left(1-\frac{当年考核得分合计\div当年考核次数}{90}\right)$$

考核平均分90分以上不使用本公式。

表8-5　　运营期绩效考核指标

标准内容	评分细则	分值
一、污水管理		15
1.污水处理量	（1）投运七年以上：实际处理量≥基准水量的100%，得满分；实际处理量<设计水量的80%，不得分；介于上述两者之间，得2分；（2）投运五年以上、七年以内：实际处理量≥基准水量的80%，得满分；实际处理量<设计水量的60%，不得分；介于上述两者之间，得2分；（3）投运五年以内：实际处理量≥基准水量的60%，得满分；实际处理量<设计水量的40%，不得分；介于上述两者之间，得2分 注：因来水水量不足造成实际处理量达不到上述考核标准时，以上考核均不扣分。	3
2.污水处理质量	污染物每日平均排放值CODCr、BOD5、SS、NH3-N、TN、TP达标，得7分；有一项不达标即认定为一天不达标，一天不达标扣1.5分，扣完为止	9
3.污水处理现状	能正常运行得3分；否则不得分	3
二、污泥管理		10
1.污泥外运量	污泥安全外运率=（安全运输总量/污泥总量）×100%，得分=3×污泥安全外运率	3
2.污泥运输办法	有科学、合理的污泥运输办法，并且未对周边环境造成二次污染，得3分；有污泥运输办法，但会造成周边环境一定程度的二次污染的，得1分；无污泥运输办法，不得分	3
3.污泥处理质量	年平均污泥含水率≤80%，得2分；80%<污泥含水率≤84%，得1分；污泥含水率>84%，不得分	2
4.污泥运输设施	污泥运输设施不具备，不得分，污泥运输设施具备但未开展正常生产，且无合理理由，得1分	2
三、生产运行管理		16
1.持证上岗	操作人员持证上岗，并具有完善的培训体系，操作人员（含特殊工种）需经行业主管部门培训合格持证上岗；提供相关证书。得分=2×持证率；持证率（%）=（持证人员数/操作人员总数）×100%	2

续表

标准内容	评分细则	分值
2.人员配备	依据建设部建标〔2001〕77号文《城市污水理工程项目建设标准》:（1）人员配备满足处理规模要求，且生产人员>50%，技术人员比例≥20%，得2分；人员配备相对合理，得1分；人员配备不合理，不得分；（2）技术负责人需具有中级以上职称，5年以上类似工作经验，得1分；否则不得分	3
3.生产计划及实施	（1）制订科学、合理的年度、月度生产计划，并按计划有序实施，得2分；（2）有科学合理的年度、月度计划，但未按计划有序实施，得1分；（3）无科学、合理的年度、月度计划，不得分	2
4.工艺管理	有全面、详细的工艺运行管理规定、调控方案、应急预案以及年度、季度工艺运行分析报告，得4分；每少一项，扣1分，扣完为止	4
5.再生水回用	厂内回用于脱水机反冲洗、绿化浇灌、道路喷洒等；厂外回用于景观、工业等，需有具体实施方案，厂内回用及厂外回用各得1分；无再生水回用不得分	2
6.消毒	消毒设施正常运行，并有规范的安全运行场所和防护措施，得1分；设施正常运行，有规范的安全运行场所，但无安全防护措施或安全防护措施不完善，得0.5分；消毒设施不能正常运行，不得分	1
7.技术改革	有很好的工艺、设施、设备等的技改技革措施，并能产生较好的实施效果，得1分	1
8.双回路供电	有双回路供电，得1分；否则不得分	1
四、台账管理		10
1.污水台账	（1）运行台账记录齐全、真实可靠，得2分；（2）运行台账记录不齐全，每缺一项扣0.5分，扣完为止；（3）记录数据不真实不得分；无运行台账不得分	2
2.污泥台账	污泥处理运行台账和污泥处置凭证记录齐全、真实可靠，得2分；记录不齐全，每缺一项扣0.5分，扣完为止；记录数据不真实不得分；无台账不得分	2
3.设备及在线仪表台账	台账记录齐全、真实可靠，得2分；记录不齐全，每缺一项扣0.5分，扣完为止；记录不真实，不得分；无台账不得分	2
4.化验台账	记录齐全、真实、合理、可靠，得2分；记录不真实，不得分；缺少一项扣0.5分，扣完为止	2
5.档案管理	（1）配备专（兼）职档案管理人员，得0.5分；否则不得分；（2）资料完整、安全。月报、年报统计真实可靠，运行记录等档案资料妥善保管，得1分；无月报、年报统计得0.5分；（3）档案保持期限不低于三年得0.5分；否则不得分（运行不足三年的污水厂，各年度档案齐全得0.5分，否则不得分）	2
五、污水处理		
1.能耗一览表	污水处理运行单位耗电一览表完整、真实、准确得2分；不完整得1分；不真实不得分	2

续表

标准内容	评分细则	分值
2.污水处理能耗	污水处理单耗以年计，仅指厂内且尾水抽排不计入，查电费单据、污水处理水量年报等，一级A标准：污水处理单耗<0.39度/立方米，得3分，0.39(含)—0.42度/立方米，得2分；0.42(含)—0.47度/立方米，得1分；0.47（含）—0.50度/立方米；得0.5分，≥0.50度/立方米，不得分	3
3.成本一览表	运行成本分析一览表数据完整、真实、准确得3分；不完整得1.5分；不真实不得分	3
4.污水处理成本	污水处理成本中不含污泥厂外处置成本，仅指厂内直接运行成本（不含外碳源投加费用)，即为扣除利润、折旧、大修、税费以外的运行费用，依据社会资本投标时报的污水处理成本，在规定范围内得2分；高于规定范围上限5%以内得1.5分；10%以内得1分；20%以内得0.5分；20%以上不得分	2
	六、水质与检验	10
1.化验室配备	污水处理厂的运行应有化验数据的支撑和指导，应配备化验室；未配备化验室，不得分；检测仪器设备配备不足，常规项缺1项扣1分，扣完为止；化验室配备但不能正常工作的，常规项缺1项扣1分，扣完为止	3
2.化验项目及频次	（1）化验分析项目及频次齐全，得3分；（2）化验项目每少一项扣0.5分，频次每少一次扣0.1分，扣完为止；（3）未开展化验项目，不得分	3
3.化验分析方法	GB18918–2002《城镇污水处理厂污染物排放标准》的规定或建设部CJ/T51–2004《城市污水水质检验方法标准》、CJ/T221–2005《城市污水处理厂污泥检验方法》执行。采用国家或行业标准检验分析方法，得2分；有一项不合理扣0.5分，扣完为止	2
4.化验质量控制	化验室内部应建立健全水质分析质量保证制度；每日样品需进行精密度（平行双样）和准确度（加标回收）控制，定期进行标准样品、仪器设备的量值溯源，并完整保存记录；每有1项不符合要求，扣1分，扣完为止	2
	七、设备与仪表	8
1.设备运行	设备外观整洁；螺栓齐全牢固；设备无腐蚀，无渗漏，润滑充分；电气设备符合安全要求；附属设备工作正常；整机运行平稳可靠；仪器仪表准确灵敏；使用高效节能设备；设备完好率>95%。每有一项不符合扣0.5分，扣完为止	4
2.备品备件	遵循备品备件管理原则，记录及时、准确、可靠得1分；备品备件的浪费或不足的，扣0.5分；备品备件的记录不及时、准确、可靠反应情况的，扣0.5分；无备品备件，不得分	1
3.在线监测仪表	按工艺要求布设仪表，且仪表工作正常，得3分；有一套在线仪表工作不正常，扣0.5分，扣完为止；不按工艺要求布设的，有一套扣0.5分，扣完为止；仪表的完好率、运转率不达要求的，各扣0.5分，扣完为止	3
	八、安全管理	10
1.安全管理制度	有健全的各级安全管理机构；安全规章制度；安全检查记录齐全；发现安全隐患有积极的响应措施、并能及时解决；安全检查台账及安全隐患排除记录齐全，缺一项扣0.6分，扣完为止	3

续表

标准内容	评分细则	分值
2.安全规程及防护	操作规程齐全、到位；岗位人员有必要的安全保护措施；必要场所有安全警示牌；有毒、有害场所有安全防护仪器、仪表、器具配备；危险品、易燃、易爆品有相应的管理规定。缺一项扣0.4分，扣完为止	2
3.安全培训	安全培训要有年度、月度计划，并结合工作岗位对职工进行安全教育，并有安全教育台账；厂主管领导和安全负责人要接受正规安全培训并具有上级颁发的安全培训证书。缺一项扣1分，扣完为止	2
4.应急预案	专项应急预案应包括水质、管道、电器、停电等突发事故及火灾、爆炸、中毒等重大安全事故的预案，并根据实际情况，定期组织演练。建立完善的污水处理厂应急预案，并定期组织演练，得3分；有应急预案，无定期组织演练得2分；无应急预案不得分	3
九、厂容厂貌		5
1.室外	建筑物外观整洁、无明显的破损和渗漏；厂内道路完好、通畅，无破损；所有车辆在固定场所停放有序；各种管道色标明显、阀门井、计量井等处整齐完好，井内无积水污物；厂内照明设施完好；厂内可绿化面积30%以上，且绿地植被无死亡缺损现象，每有一项不符合扣0.2分，扣完为止	1
2.室内	办公室、值班室、操作室、机房内物品摆放整齐，卫生整洁，无烟头污渍等，照明齐全有效；门、窗、玻璃明亮无破损，墙壁整洁；办公桌椅、操作工具摆放整齐；淋浴室、卫生间设施齐全、无破损、无异味；操作人员着装整齐、干净、文明礼貌，有一项不符合扣0.4分，扣完为止	2
3.构筑物	构筑物无渗漏；油漆良好无锈蚀；堰口、池壁保持清洁、完好、出水均匀；池面清洁；闸阀无渗漏、安全有效，每有一项不符合扣0.4分，扣完为止	2
十、制度建设		6
1.操作管理	构筑物、设备、岗位、安全的各项操作规程应健全、科学、完善；各工艺、工段操作规程齐备；各工艺、工段安全操作规程、防护规程齐备；生产管理制度、岗位责任制度设备管理制度、化验室管理制度、岗位工作职责均应齐备，缺一项扣0.5分，扣完为止	2
2.考核制度	有完善的考核制度且确保很好地实施，得1分；有考核制度但不能很好地实施，得0.5分，无考核制度不得分	1
3.标准化管理	开展ISO9000、ISO14000、OHSAS18000国际标准贯标和认证工作，实行标准化管理，每取得一项得0.5分。	1.5
4.信息建设	包括内部信息传递、信息上报；对内、对外信息管理；"全国城镇污水处理管理信息系统"信息填报工作按建设部建城〔2007〕277号文件规定执行。有很好的信息化建设平台，能很好地通过对内对外信息平台为生产服务；网上上报建设部运营信息，数据要真实可靠，并及时按月上报，得1分；否则不得分	1
5.企业文化建设	企业文化包括招牌、门面、服饰、工作环境等，还包括人员素质、生产经营能力、管理水平、资本实力、产品质量等。有良好的企业文化氛围，得0.5分；否则不得分	0.5

运营维护期内，项目实施机构主要通过常规考核和临时考核的方式对项目公司（SPV）服务绩效水平进行考核，并将考核结果与运维绩效付费支付挂钩。常规考核半年进行一次，在项目公司（SPV）向项目实施机构提交半年度运维情况报告后5日内进行，并应在7日内完成。项目实施机构需提前48小时通知项目公司（SPV）开始考核的时间。常规考核结果与运维绩效付费的支付挂钩，若运维服务绩效未能达到绩效标准要求的，项目实施机构将按公式减付绩效付费；对于项目公司（SPV）怠工或延误修复缺陷的，项目实施机构可根据PPP项目协议相关约定提取项目公司（SPV）提交的运营维护保函中的相应金额。项目实施机构可以随时自行考核项目公司（SPV）的运维服务绩效，如发现缺陷，则需在24小时内以书面形式通知项目公司（SPV）。项目公司（SPV）自接到项目实施机构的书面通知后，应在绩效考核要求的时间内修复缺陷。临时考核结果一般不作为项目公司（SPV）违约情形处理，除非临时考核发现的缺陷会导致项目资产可用性破坏、公共秩序受到严重影响，或存在重大安全隐患。无论何种情况，项目公司（SPV）应及时修复缺陷，否则项目实施机构可根据PPP项目协议相关约定提取项目公司（SPV）提交的运营维护保函中的相应金额。

第三节 可行性缺口补助类 PPP 项目绩效管理案例

一、项目基本信息

某高速公路项目全长106.055千米，设计速度采用80千米/时，路基宽25.5米。本项目采用股权合作+BOT模式，由省交通运输厅授权特许经营者投资、建设、运营及管理本项目，特许期届满移交政府。按照收费公路条例，本项目特许经营期内的特许经营权包括高速公路经营权、沿线广告经营权及沿线附属设施经营权（加油站及服务区）。合作期限34年，其中建设期4年，运营期30年。

本项目总投资1738957.13万元，资本金为项目总投资的25%，政府出资代表和社会资本按持股比例出资。融资部分为项目总投资的75%，由项目公司负责融资，社会资本提供必要的协助。融资方式包含股东借款、银行贷款等。政府方资本金来源为由省本级财政，运营期补贴资金由省本级、市、区县共同承担。项目回报机制采用可行性缺口补贴模式。项目公司回报包括通行费收入、政府可行性缺口补助及其他收入部分。通行费收入部分为项目公司获得的未来实际的通行费收入，可行性缺口补助额由基准通行费比率、未来实际通行费及合理收益水平等确定，其他收入包含公路沿线广告费收入、加油站、服务区经营收入等。结合本项目实际情况，综合考虑本项目财政支出能力、市场竞争情况、合理的最低交通需求量、项目公司的前期财务生存能力、项目的融资等方面因素，本项目回报机制为可行性缺口补助，具体补贴的额度与项目的运营服务质量水平、未来实际的车流量、绩效考核结果挂钩。

二、绩效考核机制

为了保证项目公司和社会资本在项目全生命周期内履行相关的义务和职责，同时确保其提供的高速公路公共产品和服务的质量，本项目设置了绩效考核体系，在项目合作期内将分别针对建设期、运营期、移交期阶段对社会资本和项目公司进行绩效考核。本项目绩效考核细则，在经公开招标选择社会资本后，最终由省交通厅确定，并落实在PPP项目合同中，政府方将依据绩效考核细则对项目公司进行相应的绩效考核。

（一）建设期绩效考核指标

在项目建设期，政府对施工过程、工程质量、施工安全性、建设进度、资金管理、财务管理和其他事项等7个方面分别进行考核。建设期考核标准满分为100分。综合考虑建设质量、运营维护水平以及同类项目绩效考核的经验，及格分暂定为85分。建设期绩效考核标准见表8–6。

表8–6 建设期绩效考核指标

序号	考核内容	满分	评分标准
一、施工过程	根据交通部发布的《公路工程竣（交）工验收办法》《公路工程竣（交）工验收办法实施细则》《公路工程竣工质量鉴定工作规定（试行）》和G省交通建设工程质量监督局相关规定制定考核标准，包括但不限于：（1）前期工作：如驻地建设、场站建设、人员管理、制度建设、临时工程、文明施工等；（2）路基工程标准化：如施工准备、一般及特殊路基施工、冬季或雨季路基施工、排水工程设置、防护与支挡工程设置、涵洞及通道工程设置、路基整修、重点工程检测、取土及弃土场建设等；（3）桥梁工程施工标准化：如施工准备、通用技术设置、桥梁桩基、下部结构、上部结构等；（4）隧道工程施工标准化：如施工准备、洞口与明洞工程、超前地质预报、洞身开挖、初期支护与辅助工程措施、仰拱与铺底、防水与排水、二衬施工、附属设施等；（5）路面工程施工标准化：如施工准备、集料生产、垫基和底基层、基层、透封粘层、沥青混合料、桥面沥青装、隧道路面等；（6）绿化和景观工程：绿化和景观工程是否按照设计方案施工；（7）其他设施工程：管网设施、配电设施、照明设施、房屋建筑建设是否按照设计方案施工	25	每一细项不符合相关验收标准的，扣除2分，扣完为止

续表

序号	考核内容	满分	评分标准
二、工程质量	根据交通部发布的《公路工程竣（交）工验收办法》《公路工程竣（交）工验收办法实施细则》《公路工程竣工质量鉴定工作规定（试行）》和G省交通建设工程质量监督局相关规定制定考核标准，包括但不限于：（1）路基工程：路基压实度、分层厚度、路拱及平整度、边坡坡率、填筑材料、排水工程断面尺寸和铺砌厚度、支挡工程混凝土强度和断面尺寸、涵洞工程混凝土强度和断面尺寸、弯沉值是否满足设计要求等；（2）桥梁工程：混凝土强度、结构物平面图和几何尺寸是否满足设计要求，钢筋保护层厚度是否大于85%等；（3）隧道工程：二衬强度和厚度、锚杆长度、洞身几何尺寸是否满足设计要求，洞身混凝土是否存在裂缝、有无渗漏水等；（4）路面工程：底基层厚度、成型情况、压实度是否满足设计要求，基层厚度、成型情况、压实度是否满足设计要求，沥青混凝土面层表面平整密实、无明显缺陷和离析现象，面层总厚度（毫米）、上面层厚度（毫米）、压实度（%）、孔隙及油石比例符合要求；（5）绿化和景观工程：绿化和景观工程是否达到设计要求、是否存在损坏情况；（6）其他设施工程：管网设施、配电设施、照明设施、房屋建筑建设是否达到设计要求、是否存在损坏情况。	30	每一细项不符合相关验收标准的，扣除2分，扣完为止
三、安全生产	根据G省交通建设工程质量监督局发布的《G省交通建设工程质量安全监督条例》《建筑施工安全检查标准（JGJ59-1999）》《施工企业安全生产评价标准》（JGJ/T77-2003）及相关规定制定考核标准，包括但不限于：（1）安全生产条件：施工单位安全生产资质、相关人员安全教育及管理、设备安全管理、安全管理应急机构建立；（2）安全生产管理制度：安全生产责任制落实、安全宣传教育、隐患排查与整改、安全生产责任事故调查及报告制度、安全检查制度、安全奖罚考核制度、安全应急预案制定、安全档案管理；（3）安全生产技术管理：专项施工方案、施工组织设计、安全技术交底、风险预控、临时用电方案、应急预案及演练；（4）政府主管部门安全专项工作：政府主管部门安全专项工作落实情况及考核评价	10	每一细项不符合相关验收标准的，扣除2分，扣完为止
四、建设进度	（1）项目实施计划制定与提交：根据投标时所承诺的目标修订的项目实施计划应在PPP合同签订后30日内提交；（2）项目实施计划详尽程度：所提交项目实施计划应包括详细的建设方案与计划、施工计划安排以及预计工期，有明确的阶段性目标控制点及相应的保证措施；（3）按时开工：项目开工日期以政府相关部门颁发项目施工许可证之日为准；（4）按时交工：交工日在开工日后4年应按时交工	10	若非不可抗力因素造成延误，上述每一细项不达标均扣除5分

续表

序号	考核内容	满分	评分标准
五、资金管理	（1）项目资本金：项目资本金是否按时足额到位，是否存在抽回、侵占和挪用项目资本金的行为；（2）项目建设资金：项目建设资金是否按时足额到位，是否存在抽回、侵占和挪用项目资本金的行为；（3）项目前期费用：是否在规定时间内，将各项前期工作费用按合同规定要求支付，政府已代为支付的，在接收相关合同和协议后60天内一次性返还给政府	10	每一细项不符合相关验收标准的，扣除2分，扣完为止
六、财务管理	（1）财务相关报表上报：财务报表上报及时、准确，财务资料档案管理规范完善，公路生产建养统计报表上报全面、及时、准确；（2）财务管理相关事项：财务及费用管制度建设完善规范、无财务及费用管理失误事件	10	每一细项不符合相关验收标准的，扣除2分，扣完为止
七、其他事项	农民工工资发放进度：按时、足额发放农民工工资，无拖欠情况	5	每一细项不符合相关验收标准的，扣除5分，扣完为止

（二）运营期绩效考核指标

在运营期间，本项目主要针对道路技术状况、运营维护状况、品质工程、财务管理和满意度管理等5个方面分别进行考核。运营维护考核总分为100分。综合考虑建设质量、运营维护水平以及同类项目绩效考核的经验，及格分暂定为85分。运营期绩效考核标准见表8–7。

表8–7　运营期绩效考核指标

考核项目	考核内容	满分	评分标准
一、道路技术状况	运营养护应满足以下标准：（1）道路整体技术状况达标：公路技术状况指数MQI≥92；（2）路面技术状况达标：路面养护质量指数PQI≥75；（3）路基技术状况达标：路基养护状况指数SCI≥75；（4）桥梁技术状况达标：桥涵构造物养护状况指数BCI≥75；（5）隧道技术状况达标：桥涵构造物养护状况指数BCI≥75；（6）绿化和景观技术状况达标：树木、花草的成活率≥98%，保存率≥95%；（7）其他设施技术状况达标：沿线设施养护状况指数TCI≥75	45	每一细项不达标均扣除5分
二、运营维护状况	（1）通行服务质量：服务质量应达到《公路工程技术标准》（JTGB01–2014）规定的三级服务水平；（2）日常巡查及报送：建立道路设施巡查责任制度和日常道路情况报送制度，并定期进行道路状况及其附属设施的检查及报送；（3）日常养护及维修：编制月度设施养护维修计划和月度养护维修报告，并报实施机构审核，根据计划进行日常养护维修及相关的验收工作；（4）应急抢险：建立健全突发事件应急工作预	20	每一细项不达标均扣除2分

续表

考核项目	考核内容	满分	评分标准
二、运营维护状况	案和应急机制，相关人员、设备及物资落实到位，必要时刻服从上级部门统一调配；（5）投诉受理：制定各类投诉的受理、处置、反馈制度，同时建立相关舆情监督机制，月度投诉处理率应达100%；（6）运营台账管理：建立运营台账，实时记录运营维护状况，并对上级部门要求的数据、表格进行及时报送	20	每一细项不达标均扣除2分
三、品质工程	根据交通部发布的《关于打造公路水运品质工程的指导意见》（交安监发〔2016〕216号）和G省对于高速公路建设品质工程相关要求，本项目力争打造高速公路“品质工程”示范项目：“品质工程”检查合格：项目的质量抽检指标合格率应高于全国平均水平，一次性交工验收合格率达100%，单位工程90分及以上的达80%以上，具体目标参考《G省普通国省干线公路建设品质工程行动计划》及G省高速公路品质工程建设相关标准	15	每一细项不达标均扣除5分
四、财务管理	（1）财务相关报表上报：财务报表上报及时、准确，财务资料档案管理规范完善，公路生产养护统计报表上报全面、及时、准确；（2）财务管理相关事项：财务及费用管理制度建设完善规范、无财务及费用管理失误事件	10	每一细项不达标均扣除2分
五、满意度管理	公众满意度调查：向公众开展上一季度通行服务满意度调查评分（10分），其满意度调查评分的平均值作其考核评分	10	

（三）移交期绩效考核指标

移交期绩效考核标准见表8-8。

表8-8　　移交期绩效考核指标

考核项目	考核内容	满分	评分标准
一、项目范围内资产使用权、收益权等移交	政府应在接收人和项目公司代表在场时对项目设施进行移交验收；如果不能达到要求的参数，项目公司应修正项目设施的任何缺陷，并重新进行验收	40	如项目公司不能保证项目资产100%可用，扣10分；在移交日前未完成修复的，每晚1天扣除1分
二、项目范围内资产、设备与器材验收	项目合作期满至少6个月前，经检测项目上的各种工程及设施等均应处于良好的技术和安全状态，并达到合同要求的服务水平目标；项目公司应向接收人无偿移交90天内项目正常需要的消耗性备件和事故修理备品备件	20	不按期使项目上的各种工程及设施达到合同要求的，每晚1天扣除0.5分；如不按期移交提供备品备件，每晚1天扣除0.5分

续表

考核项目	考核内容	满分	评分标准
三、接收员工培训	项目公司在移交前12个月应向本项目实施机构报批对项目接收人员开展使用、养护、维修培训计划，并且于移交前3个月完成培训	10	未按规定时间完成报批或培训的，每晚1天扣除0.2分
四、技术转让	项目公司应在移交日期将届时使用的运营和维护项目设施所需要的所有技术和技术诀窍无偿移交和授让（包括以许可证或分许可证的方式）给接收	10	如未按期进行项目公司名下的技术转让的，每晚1天扣除0.2分
五、保险和承包商保证的转让	项目公司应将所有承包商和供应商提供的尚未期满的担保及保证无偿转让给接收人，并且将所有保险单、暂保单和保险单批单转让给接收人。接收人应支付或退还上述移交之后保险期间的保险费	10	如未按期进行保险和承包商保证的转让扣履约担保的，每晚1天扣除0.2分

项目绩效考核结果：分数未达及格标准的，政府方有权从履约保函中扣除一定金额的绩效违约金；政府有权要求项目公司对不达标项进行整改直至达标，整改产生相关费用，由项目公司自行承担本项目的考核结果分数用K表示，绩效考核结果的绩效违约金如表8-9所示。

表8-9　　　　　　　　　　绩效考核违约金

考核结果分数	绩效考核违约金（万元）
K≥85	0
85>K≥75	200+（85-K）×10
75>K≥65	300+（75-K）×20
65>K≥55	500+（65-K）×50
55>K≥45	1000+（55-K）×100
45>K	2000+（45-K）×300

财办金〔2017〕92号文件要求“项目建设成本不参与绩效考核，或实际与绩效考核结果挂钩部分占比不足30%，固化政府支出责任的”不得入库。本项目严格按照财办金〔2017〕92号文要求对项目公司进行绩效考核，按照考核处罚标准，合作期每年考核金额为15500万元，建设期、运营期、移交期总考核金额为54.25亿元，达到政策标准。

▶ 本章小结

基于财政部PPP中心的PPP项目信息，可发现随着政策的不断完善，PPP项目绩效管理水平较早期有明显提升。除满足合规性以外，PPP项目开始制订较为详细的流程安排，在不同阶段设定不同的考核指标，并对一些提高项目运营效率的行为进行奖励。当然，PPP项目绩效管理仍存在一定的改进空间，能否有效实现行为激励、保障公共利益有待实践过程的进一步检验。

课后习题

名词解释

政府付费　使用者付费　可行性缺口补助

简答题

1. 简要叙述PPP绩效管理实践中包括哪些参与主体。
2. 简要叙述PPP项目绩效考核体系的构成。
3. 简要叙述我国当前政策对绩效考核挂钩的资金占比要求。

论述题

1. 请说明不同回报机制下PPP项目的绩效管理存在哪些差异。
2. 请说明不同行业领域PPP项目的绩效管理存在哪些差异。
3. 请说明PPP项目中绩效考核的设定体现了怎样的政策背景。

本章推荐阅读文献

[1] 财政部政府和社会资本合作中心.PPP示范项目案例选编（第一辑）[M]，北京：经济科学出版社，2016.

[2] 财政部政府和社会资本合作中心，E20环境平台.PPP示范项目案例选编（第二辑）[M].北京：经济科学出版社，2017.
[3] 财政部政府和社会资本合作中心，中共中央党校新型城镇化课题组，北京方程财达咨询有限公司.PPP示范项目案例选编（第三辑）[M].北京：经济科学出版社，2017.
[4] 王守清，王盈盈.政企合作（PPP）王守清核心观点[M].北京：中国电力出版社，2017.

本章主要参考文献

[1] 陈志勇，毛晖，张春雨，林诗贤.部门预算绩效评价结果应用：现状与展望[J].财政监督，2019（24）.
[2] 范永彬，侯植桓，杨默.浅谈政府和社会资本合作项目绩效管理[J].建筑与预算，2020（02）.
[3] 何永浪，吴宗法.发展结果导向的公共项目绩效管理理念[J].当代经济管理，2009，31（01）.
[4] 姜楠，高斌.PPP项目绩效管理研究[J].项目管理技术，2020，18（06）.
[5] 焦军，秦士坤.绩效管理溯源与PPP项目绩效指标应用研究[J].中国政府采购，2020（04）.
[6] 李春根，徐乐.预算绩效评价结果应用的现状与优化[J].中国行政管理，2019（10）.
[7] 马海涛，曹堂哲，王红梅.预算绩效管理理论与实践[M].北京：中国财政经济出版社，2020.
[8] 马海涛，孙欣.预算绩效评价结果应用研究[J].中央财经大学学报，2020（02）.
[9] 上海市财政局.全方位、多渠道加强绩效评价结果应用——上海市2013年度市民热线建设运行服务外包经费绩效评价项目解读[J].财政监督，2015（18）.
[10] 孙欣，马海涛.我国预算绩效评价结果应用：主要模式、问题及对策[J].经济研究参考，2019（11）.
[11] 吴雪芬.对地方财政支出绩效评价结果应用的探讨[J].财政科学，2019（04）.
[12] 夏颖哲.建立健全PPP项目绩效管理体系[J].中国财政，2019（24）.

[13] 杨元宗，郁春松，程鹏.PPP项目绩效考核与绩效评价[J].中国招标，2020(07).
[14] 张晓庆，李兰霞，张馨予.PPP项目绩效审计评价指标体系实践运用[J].现代审计与经济，2019(06).
[15] 赵周杰.基于全生命周期管理的PPP项目绩效管理体系研究[J].财政科学，2020(05).